陇上学人文存

LONGSHANG XUEREN WENCUN

陇上学人文存

包国宪 卷

包国宪 著　何文盛　王学军 编选

甘肃人民出版社

图书在版编目（ＣＩＰ）数据

陇上学人文存. 包国宪卷 ／ 范鹏，马廷旭总主编 ；包国宪著 ；何文盛，王学军编选. -- 兰州 ：甘肃人民出版社，2022.1（2024.1 重印）
ISBN 978-7-226-05785-8

Ⅰ. ①陇… Ⅱ. ①范… ②马… ③包… ④何… ⑤王… Ⅲ.①社会科学－文集 Ⅳ. ①C53

中国版本图书馆CIP数据核字(2021)第276871号

责任编辑：袁　尚　马元晖

封面设计：王林强

陇上学人文存·包国宪卷

范鹏　马廷旭　总主编

包国宪　著　何文盛　王学军　编选

甘肃人民出版社出版发行

（730030　兰州市读者大道 568 号）

德富泰（唐山）印务有限公司印刷

开本 890 毫米 × 1240 毫米　1/32　印张 12.25　插页 7　字数 309 千
2022 年 3 月第 1 版　　2024 年 1 月第 3 次印刷
印数：1501～3500

ISBN 978-7-226-05785-8　定价：60.00 元

（图书若有破损、缺页可随时与印厂联系）

《陇上学人文存》第四辑

编辑委员会

《陇上学人文存》第九辑

编辑委员会

总　序

陇者甘肃，历史悠久，文化醇厚。陇上学人，或生于斯长于斯的本地学者，或外来而其学术成就多产于甘肃者。学人是学术活动的主体，就《陇上学人文存》（以下简称《文存》）的选编范围而言，我们这里所说的学术主要指人文社会科学研究。《文存》精选中华人民共和国成立以来，甘肃人文社会科学领域成就卓著的专家学者的代表性著作，每人辑为一卷，或标时代之识，或为学问之精，或开风气之先，或补学科之白，均编者以为足以存当代而传后世之作。《文存》力求以此丛集荟萃的方式，全面立体地展示新中国为甘肃学术文化发展提供的良好环境和陇上学人不负新时代期望而为我国人文社会科学事业做出的新贡献，也力求呈现陇上学人所接续的先秦以来颇具地域特色的学根文脉。

陇原乃中华文明发祥地之一，人文学脉悠远隆盛，纯朴百姓崇文达理，文化氛围日渐浓厚，学术土壤积久而沃，在科学文化特别是人文学术领域的探索可远溯至伏羲时代，大地湾文化遗存、举世无双的甘肃彩陶、陇东早期周文化对农耕文明的贡献、秦先祖扫六合以统一中国，奠定了甘肃在中国文化史上始源性和奠基性的重要地位；汉唐盛世，甘肃作为中西交通的要道，内承中华主体文化熏陶，外接经中亚而来的异域文明，风云际会，相摩相荡，得天独厚而人才辈出，学术思想繁荣发达，为中华文明做出了重要贡献。

近代以来，甘肃相对于逐渐开放的东南沿海而言成为偏远之地，反而少受战乱影响，学术得以继续繁荣。抗日战争期间作为大后方，接纳了不少内地著名学府和学者，使陇上学术空前活跃。新中国成立之后，人文社会科学领域的专家学者更是为国家民族的新生而欢欣鼓舞，全力投入到祖国新的学术事业之中，取得了一大批重要的研究成果，涌现出众多知名专家，在历史、文献、文学、民族、考古、美学、宗教等领域的研究均居全国前列，影响广泛而深远。新中国成立之后，人文社会科学几次对当代学术具有重大影响的争鸣，不仅都有甘肃学者的声音，而且在美学三大学派（客观派、主观派、关系派）、史学"五朵金花"（史学在新中国成立之后重点研究的历史分期、土地制度史、农民战争史等五个方面的重点问题）等领域，陇上学人成为十分引人注目的代表性人物。改革开放以来，甘肃学者更是如鱼得水，继承并发扬了关陇学人既注重学理求索又崇尚经世致用的优良传统，形成了甘肃学者新的风范。宋代西北学者张载有言："为天地立心，为生民立命，为往圣继绝学，为万世开太平"，此乃中华学人贯通古今、一脉相承的文化使命，其本质正是发源于陇原的《易》之生生不已的刚健精神，《文存》乃此一精神在现代陇上得到了大力弘扬与传承的最佳证明。

《文存》启动于中华人民共和国成立六十周年之际，在选择入编对象时，我们首先注重了两个代表性：一是代表性的学者，二是代表性的成果，欲以此构成一部个案式的甘肃当代学术史，亦以此传先贤学术命脉，为后进立治学标杆。此议为我甘肃省社会科学院首倡，随之得到政界主要领导、学界精英与社会各界广泛认同与政府大力支持，此宏愿因此而得以付诸实施。

为保证选编的权威性，编委会专门成立了由十几位省内人文社会科学领域著名学者组成的专家指导委员会，并通过召开专题会议研讨、发放推荐表格和学术机构、个人举荐等多种方式确定入选者。为使读者对作者的学术成就、治学特色和重要贡献有比较准确和全面的了解，在出版社选配业务精良的责任编辑的同时，编委会为每一卷配备了一位学术编辑，负责选编并撰写前言。由于我院已经完成《甘肃省志·社会科学志》（古代至 1990 年卷，1990 至

2000 年卷）的编辑出版工作，为《文存》的选编提供了坚实的基础和基本依据，加之同行专家对这一时期甘肃人文社会科学发展的研究，使《文存》能够比较充分地反映同期内甘肃人文社会科学的基本状况。

我们的愿望是坚持十年，《文存》年出十卷，到 2019 年中华人民共和国成立七十周年之际达至百卷规模。若经努力此百卷终能完整问世，则从 1949 至 2009 年六十年间陇上学人以"人一之、我十之，人十之、我百之"的甘肃精神献身学术、追求真理的轨迹和脉络或可大体清晰。如此长卷宏图实为新中国六十年间甘肃人文社会科学全部成果的一个缩影，亦为此期间甘肃人文社会科学学术业绩的一次全面检阅，堪作后辈学者学习先贤的范本，是陇上学人献给祖国母亲的一份厚礼。此一理想若能实现，百卷巨著蔚为大观，《文存》和它所承载的学术精神必可存于当代，传之后世，陇上学人和学术亦可因此而无愧于我们所处的伟大时代，并有所报于生养我们的淳厚故土。

因我们眼界和学术水平的局限，选编过程中必定会出现未曾意料的问题，我们衷心期望读者能够及时教正，以使《文存》的后续选编工作日臻完善。

是为序。

2009 年 12 月 26 日

目　录

政府绩效领导

公共治理

组织管理与公司治理

管理教育

编选前言

余为包国宪先生弟子，受业于先生师门下业已近二十载。恰适《陇上学人文存》编修，先生以章典文华入列，得辑一卷。今承甘肃省社会科学院命编选先生文卷，喜幸惶惧，交叠纷至。喜在先生斯文得见于陇原集萃，文脉传铭。幸在不弃学生轻微，衔命纂著。惶惧在恐误取先生皇著琳琅，离本趣末。然纵忝列门墙，既受其命，责有攸归，恳勉为之。编选之际重读先生著作，深思其教、学，更追先生卓识高风，再叹幸甚，故简记数行为识。

包国宪先生现任兰州大学管理学院名誉院长，兰州大学萃英学者，兰州大学管理学院学术委员会主任委员，兰州大学中国政府绩效管理研究中心主任，华夏文化数据开发与管理研究中心理事长，第四届、第五届全国工商管理专业学位研究生教育指导委员会委员，《视野》杂志主编，曾任教育部学风建设委员会委员，兼任全国政府绩效管理研究会副会长，甘肃省行政管理学会副会长，甘肃省管理学会会长，北京大学公共管理研究中心、中国政治学研究中心兼职研究员，国内多所大学兼职教授，甘肃省人民政府决策咨询委员会委员及政府效能与营商环境组组长等职，先后获得"全国先进工作者"，"国家级教学名师"，教育部高等学校教学名师，"万人计划"第一批教学名师，宝钢优秀教师，甘肃省领军人才等荣誉称号。同时担任《兰州大学学报（社会科学版）》副主编，Chinese Public Administration Review、《公共管理学报》《公共行政评论》《管理评论》编委，《行政论坛》顾问委员会委员,《公共管理与政策评论》学术委员会委员,享受国务院颁发的政府特殊津贴。

1979 年,包国宪先生毕业于兰州大学物理系半导体物理专业,毕业后按政策要求回庆阳县,后招干至庆阳县陇东中学任物理教师,自此与教育终生结缘。在陇东中学任教期间,先生改新教学方法,力图导思启智,甫翌年即有多名学生考入重点大学物理专业。

1984 年,先生调至庆阳县委组织部和科协工作,1986 年又转至西峰市人民政府从事行政工作。基层党,政两方面的工作经历不仅促使了自然科学背景的包国宪先生的学理思考向社会科学的转向,担任科委、经委主任的工作实践也奠立了先生最初的研究旨趣。

1988 年,先生调入兰州大学管理科学系工作,先后担任团总支书记、副系主任。1990 年至 1994 年师从段一士先生学习行政管理,并获经济学硕士学位。1998 年,先生随学校院系调整,转至兰州大学经济管理学院工作任教,2000 年至 2003 年师从李宗植、高新才教授,并获经济学博士学位,2002 年后担任学院副院长,并获聘为教授、博士研究生导师。在此期间,先生主要从事企业管理研究,在结合自身学科基础的同时逐渐凝练出"虚拟企业管理""独立董事制度"等研究方向。

2004 年,包国宪教授受命创建兰州大学管理学院,担任学院首任院长。学院有公共管理、工商管理两个领域内的相关专业,先生同时作为公共管理、工商管理两个学科的带头人申报学科学位授权点。次年学院获批工商管理、公共管理两个一级硕士学位学科授权点,由此初步确定了综合性管理学院的学科格局。2006 年获批西北地区首个行政管理专业博士授权点,2010 年公共管理一级学科博士点通过学校审核,次年政府绩效管理二级学科博士授权通过专家评审,2012年获批建立公共管理博士后科研流动站。学院建成后,先生的研究视野逐步回归公共管理,在此期间渐立起"政府绩效评估与管理"的研究方向。

一、生礼于有,君子富道

商虞出,财匮盈,三宝丰。丰足之道,工商是营。上者富国,下者富家。是故欲研究经济发展,必不可不研究企业经营;欲研究企业经营,必不可不研究组织制度。

现代中国企业管理制度鉴引自西方,其中独立董事制度又是公司治理结构中的重要组成。该制度在中国实践伊始,曾存在结构驳杂、同属并立的局面。具体地:美国治理结构中只有独立董事和董事会,欧洲的有监事会而没有董事会,但中国既有董事会、监事会也有独立董事,这造成公司治理职责区隔不清。2000 年,先生受聘担任兰州黄河企业股份有限公司独立董事。为更好履职,先生专程参加了由中国证监会与清华大学联合举办的旨在建立科学合理的现代独立董事制度的中国上市公司独立董事培训班。尽管本次研习旨要在于促进企业治理实践,先生仍旧以学者的敏锐知觉认识到独立董事制度研究的学术价值,并受邀在《光明日报》撰文专述。这篇文章系统分析了独立董事制度的起源、条件、模式和其在中国情境下的应用路径。这对当时如何优化公司治理结构、实现科学管理、利用外部资源,特别是治理资源,规范公司治理行为,颇有借鉴意义。

随着二十世纪信息技术革命在诸多领域的扩展,为适应瞬息相易的市场需求,企业求诸增加自身灵活性,其组织结构亦乘此呈现出脱实就虚的特征,"虚拟企业"的概念应时而生。先生在此时也关注到了这个概念,并在回溯其学理中发现在概念界定之初便莫衷一是,这成为了学术研究交流的藩篱和实践应用的滞碍。在学校社会科学研究项目的资助下,先生进行了一系列虚拟企业系统的研究,开辟了兰州大学虚拟企业的研究方向,创建培养了一支专业学术团队。在理论上发展出具有一般意义的虚拟企业概念,并以此为基础拓展了虚拟企业的组织结构、分析方式、信任机制、激励机制、评价方式与稳定性研究,形成了一系列研究成果。这些成果为深入理解、应用和研究虚拟企业提供了一个基本的框架,为虚拟企业组织问题的研究找到了关键环节和切入点,提出了虚拟企业知识管理绩效评价指标体系,为更加深入广泛地展开相关问题的研究搭建了基础理论平台,也在实践上为虚拟企业的组建和运行提供了思路,对虚拟企业实施知识管理战略具有指导意义。后又将这一理论框架运用于公共治理和公共服务研究之中,从而使兰州大学公共管理学科更显交叉性特点。

二、平章绩效、昭明治道

治道之兴,为利吾国。慈幼、养老、振穷、恤贫、宽疾、安富皆保息之举,使惠而不知,以求郅治。先生经事行政学,动念于阡陌之间,意在以行济世,以政经民,增益公共。治学以来,于公共管理诸多领域,皆有思考探究。

建院之初,受甘肃省政府委托,先生主持进行"甘肃省非公有制企业评价政府绩效"项目。这是甘肃省在行政许可法生效之际,各地地方政府探索信息公开,第三方评价蔚然成风的背景之下的一次尝试,也是先生以"绩效"作为学术切口的起点。项目实施的 2004 年,正是甘肃急于通过营商环境建设提振民营经济、促进经济社会发展的关键时期。先生开创性地以"第三方"视角,带领团队对甘肃省十四个市、州政府和三十九个省直部门进行由民营企业评估政府的第三方评价。这次评价是国内首个系统性、整体性的第三方政府绩效评价,被学界称为"甘肃模式",并成为中国地方政府绩效评价的四大模式之一。2005 年,先生在《中国行政管理》期刊上撰文向学界阐述"甘肃模式"的思考,通过比较中外政府绩效评价的实践和甘肃省这次实践的总体思路、指标体系、评价方法、评价过程以及模式创新进行了介绍,对我国开展政府绩效评价的意义与功能、如何建立和完善我国政府绩效评价体系进行了理论探讨,极具启发意义。而后又撰文专门阐释了政府绩效评价结果管理、评价权属等理论问题,颇具洞见。以此为研究契机,加之对于政府绩效评估中暴露出的障碍和缺陷的思考,先生开始着眼于政府绩效基础理论的探索。

尽管政府绩效领域的研究来自于实践、服务于实践却不仅限于实践。同自然科学一样,基础理论的研究对应用型社会科学也至关重要。早年的政府绩效研究和实践大都限于组织内部。先生的研究正是增补政府绩效管理理论,使之更贴近中国发展实践的需要,更具备同国际公共管理研究对话的体系,并在公共管理的学术巨塔中寻找到政府绩效管理的发端与前景。

获益于交叉学科的背景优势,先生以其敏锐的理论自觉发现了绩效评价这一概念在公、私部门之间桥接的理论断点。

绩效管理与评价引介自西方,最初应用于私人部门。上世纪中叶以来,受"凯恩斯主义"的影响,西方国家政府的干预政策普遍奉行。管理权力的扩张使得"大政府"造成的积弊日显,引发严重的财政危机和公共信任危机,政府管理的"绩效"成为了选民和政府的必然追求。在学界,这一追求衍伸成为了更加强调政府的"顾客"服务职能和绩效产出的新公共管理运动。自20世纪70年代新公共管理运动发起以来,将私人部门管理方法外推至公共管理领域以追求公共部门更高的绩效表现蔚然成风。无论是学术研究领域还是公共行政部门皆然。绩效管理逐渐成为提高政府工作效率和改善服务质量的重要工具。然而随着研究的深入和实践结果的反馈,新公共管理运动的弊端也随之浮现。完全采用私人部门管理方法,过分注重政府的"绩效"

表现事实上模糊了公共部门和私人部门的界限，忽视了公共部门的"公共性"。对新公共管理的反思成为了公共管理诸多新范式建立的逻辑起点，部分"反思"甚至在几乎全部观点上与之背道。

先生反思新公共管理运动，认为传统的政府绩效管理理论就是工具理性为主的理论导向，包括方法、模型、工具、手段。这的确是由于在实践中公共部门和私人部门在一定程度上存在"混同"。政府是垄断公共权力和绝大部分公共资源的"公共性"组织，大部分时候政府的价值并非任务导向的。以任务导向的方式解决非任务导向的问题，必然造成其重结果而轻过程、重近利而轻远期、重操作而轻制度、重战术而轻战略、重目的而轻法制的弊端。不仅在西方，在中国的实践中同样也存在重控制而轻激励、重竞争而轻优化等类似问题。但这是否意味着新公共管理在实践上必然式微？反观新萌的新公共服务、新公共治理等理论，尽管理论上回避了新公共管理的缺陷却又缺乏如同新公共管理的实践可行性，难免拘泥于理论讨论之中而无法真正落地。这样的疑难促使先生在这一问题上进行了长久的学术思考，并认为政府绩效管理并非一定具备新公共管理长期为人所诟病的诸多弊病，弊端的生发之源首先在于政府绩效管理缺乏系统的理论建构，容易落入私人部门逐利管理的窠臼之中。其次在于政府绩效管理的研究和应用的碎片化。根本上在于政府绩效管理之中公共性与公共价值在理论框架和实践操作中都难以体现。

而后先生与研究合作者，美国波特兰州立大学马克·汉菲尔德政府学院道格拉斯·摩根（Douglas F.Morgan）教授在甘肃多地进行调研。中国西部是具备代表性的研究场域，发展成效的高与低、发展速度的快与慢于一地而得以尽览。不由更使学人产生对平衡效率和公平这一矛盾性问题的思考。更好的追求公共价值的实现，由此进入了先生的政府绩效管理研究视野，基于长期的理论研究和实践积累，以公共价值为基础的政府绩效治理的理论雏形渐成。这一理论的雏形首先见诸于 2011 年在美国波特兰举办的 "政府绩效管理与绩效领导" 国际学术会议上作宣讲报告，因为其横亘价值和绩效的学术创见，论文在国际顶级 SSCI 期刊 *Administration & Society* 上发表，题为《超越新公共治理：基于价值的全球绩效管理、治理和领导框架》(*Beyond New Public Governance：A Value Based Global Framework for Performance Management, Governance, and Leadership*)。这篇文章还被收录在全球范围内关于新公共治理的最新著作之一：《新公共治理——一种以制度为中心的视角》(*New Public Governance –A Regime –Centered Perspective*)中。

凝结长期的理论思索，2012 年先生在《公共管理学报》发表《以公共价值为基础的政府绩效治理：源起、架构与研究问题》一文，系统阐释以公共价值为基础的政府绩效治理(PV–GPG)理论。PV–GPG 理论认为政府绩效是一种社会价值建构，在建构基础上的产出即绩效。同时，只有来源于社会、符合公共价值的政府绩效才能获得合法性基础，也只有根植于社会的政府绩效才能产生其可持续提升的需要，这是实行政府绩效管理的根本动力。而在政府绩效价值建构基础上的科学管理，才能保证政府产出最大化。PV–GPG 理论以价值管理和管理科学理论为基础，构建起了同时具备价值建构、组织管理和协同领导系统的治理模型，成为了兼具理论与操作性的理论体系，这为破解当前政府绩效管理中的问题与困惑等提供了解决思路。该文也成为了政府绩效治理研究领域的高引论文，获得了第七届高等学校科学研究优秀成果奖(人文社会科学)二等奖和甘肃省哲学社会科学优秀成果一等奖。尔后，先生更以高屋建瓴的前瞻视野呼吁构建基于公共价值的政府绩效管理学科体系，为政府绩效管理学科化培定根柢。

2015 年，在以往研究成果上，先生立足中国转型期的特殊国情和本土实践,广纳中外政府绩效管理学文献的经典思想和方法,充分汲取现代政府绩效管理的精髓理念,终成先生学术理论集大成之作——《政府绩效管理学——以公共价值为基础的政府绩效治理理论与方法》。这本书系统阐释了以公共价值为基础的政府绩效治理理论体系的构成、内涵以及作用机理,回应了政府绩效管理的五大基本问题:政府绩效的社会价值建构及其公共价值生成、政府绩效管理组织演化与战略路径、政府绩效治理基础与机制、政府绩效领导与可持续问题、政府绩效管理中的信息不对称问题。在以公共价值为基础的政府绩效治理框架下,先生除了将公共价值概念引入政府绩效治理之外,还提出了"绩效领导""绩效损失""绩效价值链"等概念,这也成为了 PV-GPG 理论的创新所在,该书亦于 2020 年获得第八届高等学校科学研究优秀成果奖(人文社会科学)二等奖。

绩效领导的渊源在于领导学。领导者的基本理论源自工商与社会组织研究,由于理论源流不一,学界对领导的内涵、结构等研究尽管纷繁却没有同一性的认识。于国家而言,没有领导就没有生产力。领导者能够深刻影响国家发展。先生结合中国现实,认为中国特色的"领导班子"制度是社会主义中国一项重要的制度优势,如何将中国的制度优势进行理论抽象成为研究难题。通过在政府领导大量调研的基础上分析何为好的领导者、领导行为,先生认为领导有效性是关键,绩效领导的概念由此产生。将绩效领导作为我国深化干部队伍和领导班子建设的理论突破,对如何选择领导、建设领导团队颇具实践意义。而先生在后续深入研究中提出的整合性的公共领导框架,进一步深挖绩效领导的内涵、结构、影响路径。对形成我国领导干部及领导班子治理能力方面的理论优势,为发展和进一步完善党政领导能力和水平提供了有益的思路。

绩效损失作为以公共价值为基础的政府绩效治理理论构建的逻

辑起点,先生于此用力颇深。研究以绩效为视角,建立"绩效损失"的概念框架并将其引入纵向的社会价值建构维度,在此基础上,结合上述对概念的分析和引入最终形成政府绩效损失的研究方法。通过对实践案例的分析,对"绩效损失"的产生原因和形成机制进行了探究与分析并进一步对 PV-GPG 理论相关论点进行了论证。

　　以公共价值为基础的政府绩效治理理论对中国公共管理学的发展影响深远。时任中国行政管理学会执行副会长兼秘书长、全国政府绩效管理研究会会长高小平研究员评价先生此书是将一般意义上的政府绩效管理提炼和拓展为一门学科,形成政府绩效管理学的原创性研究成果。美国国家行政科学研究院院士戴维·罗森布罗姆(David H.Rosenbloom)教授评价先生此书实现了当代公共管理两大中心主题——行政绩效和公共价值的有机协同,拓展了传统意义上集中于效率、经济和效益的绩效内涵,更加关注公共价值,将价值、领导、管理和治理整合在一起,具有范式意义和整体性视角,对公共管理理论研究做出了历史贡献。美国公共行政学会年会(ASPA)也曾连续三届举办 PV-GPG 专项论坛讨论 PV-GPG 理论的发展和实践成果。

　　在进行政府绩效管理和治理研究的同时,先生也格外重视政府绩效管理研究团队和平台的建设。他发起成立的兰州大学中国政府绩效管理研究中心是全国首家政府绩效研究的专业学术组织。自中心成立以来,先生带领团队成为了政府绩效领域研究的重要力量,推动成立了全国政府绩效研究会和政府绩效国际学会(International Consortium of Government Performance,ICGP),编纂出版《中国政府绩效管理年鉴》,完成了首个全国县级政府绩效指数——《中国县级政府绩效指数报告》,持续在中、美、日、泰、越等国举办政府绩效管理与绩效领导国际会议,为学术界和实践界培养了大批政府绩效领域的专才。2017 年，中心入选中国智库索引（China Think Tank Index, CTTI）来源智库。2019 年兰州大学政府绩效管理学科因其特色和成就，在美国《科学（Science）》杂志兰州大学 110 周年校庆专刊中刊登特别介绍。

除了政府绩效管理和治理研究之外，先生的研究视阈也包括治理理论、公共政策、组织理论和战略管理等诸多方向。在医疗卫生、环境保护、行政改革、地方财政和国家发展领域亦有著述。先生主持国家基金项目 5 项（含国家自然科学基金重点项目"政府职能转变背景下绩效管理研究"1 项），出版专著 6 部，发表学术论文 170 余篇，多篇论文被《新华文摘》《中国学术年鉴》《人大复印资料》等全文转载。

回顾先生研究历程，成果历历且主线清晰：以绩效视角议国家治理，以国家治理谋国家发展。无论是理论研究或是实践探索乃至于学科建设，皆不出此径。先生研究志趣，以先生借朱镕基总理之言给后学的寄语："管理科学，兴国之道"总述，合辙恰当。

三、启愤发悱，景行范世

化民成俗，其必由学。师为教本，教为善本，故谓学必有师。先生治学，不仅为拓展学问，更为以学育人。先生教学顺天致性，全应其长，硕茂其实。日常更是修身垂范，言传身教。学生心往，不令而行。

作为教师，先生以明治学，尚道重理。起始当溯至先生执教陇东中学时期，先生在日常教学之余学习各种教育理论，在学校领导的支持下和一些热心青年教师组建了教育控制论研究小组，撰写了讲义、开办了系列讲座，以此教学相长，立己达人。

作为教授，先生将教学授业摆在百业之先。坚持为学院包括本科生和研究生、博士生的全部学习阶段的学生分别开设《管理学原理》《公司战略管理》《政府绩效管理》《高级管理学》《公共管理前沿》《国民经济管理》等课程,其中《管理学原理》被评为甘肃省精品课程。我等有幸入列先生门墙成为先生的学生,对作为导师的先生更是感念万千。师门内,先生对学生可谓游志存心,既让学生以自己的研究兴趣为发端自由探索,又时时关注学生的学习近况,启智启思。先生常说,治学最重要的就是培养发现问题的能力和解决问题的思路。为培养寻找和回答问题的能力,先生总教我们"无疑须有疑,有疑却无疑",这些教导回想推敲起来越发深刻,思之悠远。除了治学,先生也教学生如何在时代变迁的大潮中立身,极早先生便有意识教育学生思考如何做大国公民,鼓励学生使用国际语言,拓展国际视野,运用国际思维和国际行为诠释世界,成全自己,贡献社会。先生也重视对学生受挫能力和意志力的培养,尽管毕业经年,每在遇到挫折时,想起先生的乐观豁达总能引导我们积极面对。先生从教几十年间,招生不唯出身,一视同仁,培养了大批从事行政管理实践和研究的优秀人才,也培养出了中国首位政府绩效管理学博士,桃李遍及天下。

　　行是知之始,知是行之成。先生是兰州大学管理学院的创院院长,早在教育部出台人才培养质量意见之前,便力主提升本科教学质量、文化建设、团队建设等教育工作的理念。先生不仅从教授教学的角度思考如何导学,更站在全体学生培养的高位上思考如何更好的培养人。这里的培养,讲的不仅仅是学术培养,先生更注重学生的综合素质与能力和情怀视野。他曾说过:管理学院的学生可以什么都没有,但不能没有领导力和社会责任。因此,先生积极推动各项教学改革,成立了兰州大学管理学院管理教育研究所和领导力与社会责任发展中心,并举办了首个以培养大学生领导力与社会责任特质为目标的示范研修班,研修班利用学生的课外业余时间自主开展学习研究,通过课程学习、讲座论坛、项目研究的形式,培养大学生领导力的同时也培养学生的团队精神以及民胞物与的社会责任感。先生还提出了"课程学习—问题研究—自我管理"三位一体的本科生素质教育模式。借由院训"学习管理就是学习成功"之名,主持开展了迄今为止延续十余年针对本+科生培养的"成功计划"。成功计划以"学术活动月（2016 年更名为雏鹰大讲堂）、大学生课外科研创新培育项目、导师计划"为核心内容。学术活动月中,先生以各种方式遍邀名家来校为学生开展高水平学术讲座。在导师计划的支持下,许多学生在本科阶段就有机会深度参与科学研究,成为研究生导师科研团队的年轻力量。而各类科研创新培育项目更是培养了学生的开放性学术视野和研究型学习能力,在实践中开拓学生视野、提升专业素养和实践创新能力。这一计划获得 2014 年度甘肃省高等教育教学成果奖一等奖,更在 2018 年获得高等教育国家级教学成果奖二等奖。先生利用西部地区的有限资源,克服教育教学工作中的诸多困难,为社会和国家育才。即便在西部欠发达地区难以留住优秀人才,优质生源大量流失的现实困境下,先生仍然告诫院内老师不允许阻滞学生,鼓励毕业学子到国内外更好的学校深造。

兰州大学管理学院是中国唯一的综合性"985 工程"大学中的综合型管理学院,工商管理专业的培育和发展亦是先生教育教学思考中的关键一环。先生从自身现实分析,明确兰州大学 MBA 教育三点显著而独特的优势:首先是"双综合"的优势,作为中国唯一的综合性"985 工程"大学中的综合型管理学院,孵育基础奠定了 MBA 培养目标所要求的深厚历史文化根基、构建起了 MBA 综合素质所需要的兰州大学管理学科大平台。其二是根据中国特别是中国西部企业的需求、生源的知识结构和学历背景现实而采取的以系统的知识学习为主,知识学习以课堂教学为主的"两个为主"教学模式与特色。这一教学模式打造了兰州大学 MBA 毕业生扎实的知识功底和强劲的发展后劲。第三,MBA 和 MPA 项目资源共享、教学互动带来的优势。使

MBA 学生有条件在国家战略需求和宏观政策的领悟上得到熏陶,有助于培养学生战略思维能力、强化学生的宏观大局意识,在实践上也能使他们在处理企业与政府关系方面更为成熟。? 结合自身优势的同时,先生始终坚持把荣誉和责任教育放在 MBA 教学培养的突出地位,始终把职业精神、道德操守、社会责任教育贯穿于 MBA 教育的全过程,将兰州大学 MBA 品牌建设作为 MBA 教育的主线。

先生十余年 MBA 学科建设经验,在多次全国性、世界性会议中得以阐述,在先生担任全国工商管理专业研究生教育指导委员会委员期间,也因其对西部 MBA 教育事业做出的重要贡献,获得了委员会的高度赞扬。全国工商管理专业学位研究生教育指导委员会秘书长、清华大学副校长杨斌教授在寄来的感谢信中评价先生积极探索、勇于创新,填补了中国西部高水平工商管理教育的空白,为中国工商管理教育做出了杰出贡献。

先生的治学为人深受学生推崇喜爱,在学校组织的由全校学生投票选出的兰州大学第二届"我最喜爱的十大教师"中,先生位列其中。2018 年先生的导学团队获评兰州大学首届研究生"十佳导学团队"。在诺贝尔经济学奖获得者蒙代尔组织的"世界企业家高峰会"上,连续多年被评为"中国最受尊敬的商学院院长"。广泛的社会称誉正是先生长期以来传道、授业、解惑的成果显现。

四、启泉集练,植桐引凤

济济多士,维周之桢。非梓材无以负质,非栋梁无以承椽。掌学之道亦然。先生创院于微,其为人也穆穆,广致贤才,其谋筹也翼翼,瞻高致远。建院以来,应世事变易,楫时世洪流,行事实使命,育治世良才,追清晏愿景,已见初成。

学院成立之前,工商管理与行政管理分属各系。1998 年学校院系设置调整后,行政管理学科建设曾几近停滞。而这段时期正是国内行政学恢复后快速发展的时期, 无论是从国家建设的现实需要还是公共行政理论的发展实际来看, 建设专门的管理学院平台成为了发展兰州大学管理学科的必由之径。2004年兰州大学管理学院成立之后先生便带领学院进行学位授权点申报的艰苦工作,欣喜于2006年获得博士授权点, 填补了西北地区行政管理专业和甘肃管理学门类博士授权点的空白,完成了促进学科发展的第一步。

学院发展, 非战略无以致长远。尽管建院办学之路道阻且艰,先生仍在力微言轻的创院之初,便定下今后三十年发展之纲领,以此佐助学院发展行动。先生擘划要用三十年时间,把管理学院建成"高度开放、研究支持、国内一流、国际知名"的综合性管理学院。并为达成该目标,力主人才强院战略、国际化战略、学院文化促进发展三大战略。如今建院所约三十年之期业已过半,回顾学院从无到有的发展历程,更觉先生展望之深远。

人才当然是科研治学之本。立院之始,师资力量薄弱,全院在岗教师仅36名,在岗教授仅4名,有博士学位教师仅2名。先生身兼数职,既是行政管理的学科带头人,也是工商管理的学科带头人,用先生自己的话讲,这正是学院建立初期人才匮乏的无奈表征。先生深谙人才的重要性,奔走于国内外著名高校为学院引纳人才。先生以其鲜明的个人魅力和先进的管理模式为学院引进一大批优秀教师, 学院的师资力量得以持续壮大。迄今为止,管理学院大部分专职教学科研人员都有海外访学经历,其中不乏"万人计划"青年拔尖人才、教育部新世纪优秀人才、宝钢优秀教师、甘肃省领军人才、甘肃省宣传思想文化系统"四个一批"人才等杰出人才代表,众多优秀人才也成为了学院进一步发展的根底所在。

国际化战略则更加显现出先生的前瞻性眼光。改革开放以来,特别是加入世贸组织以来，中国回归国际社会，积极参与全球发展进程，全球化的观念在中国逐渐深入人心，国际化成为一时风潮。尽管身处发展落后的西北内陆，先生仍旧意识到一个国内尚岌岌无名的新生学院若非主动与国际最先进研究机构接轨，则永远没有迎头赶上的一天。先生独辟蹊径，主张学院发展应不忘国际化路线。为探索国际化路线的具体实现路径，先生带领学院班子，出访大量国家与地区，积极寻求院际合作。2005年先生与时任兰州大学校长李发伸教授前往世界著名商学院德国莱比锡商学院洽谈合作，此行促成了院校战略合作意向书的签署。次年，先生又在机缘之下结识了来访兰州的美国波特兰州立大学汉菲尔德政府学院院长罗纳德·塔门（Ronald L.Tammen）教授。塔门教授在兰期间，先生积极与其探讨西部地区公共管理问题，并对塔门教授讲述了其对在中国西部开展公共管理研究的认识。先生认为：中国东部的公共管理问题西部皆有，而西部的公共管理问题为其所独有，例如反贫困、民族地区治理、生态问题、资源型城市转型等。这些在世纪之初便有的战略性学术眼光不仅在如今看来紧握学术发展脉搏，在当时便引起了塔门教授的强烈兴趣，并达成了合作意向。尔后，先生便受邀前往美国波特兰促成两校合作协议的签署，确定了政府绩效管理与绩效领导国际学术会议议程，并在之后促成了政府绩效国际学会（International Consortium of Government Performance，ICGP）的建立。学院发展的国际化为先生的科学研究提供了国际视野、国际合作和国际交流，更为学院在国际公共管理学科中寻找到自身定位开辟了路径。在先生带领下，管理学院领导团队努力开拓国际合作的范围与深度，先后与德国莱比锡商学院、美国波特兰州立大学马克·汉菲尔德政府学院、美国内华达大学雷诺商学院、美国密苏里州立大学商学院、日本早稻田大学公共服务研究所等建立了全面合作关系，并逐步形成与美洲、欧洲、澳洲，韩国和中国的香港、澳门以及中国台湾的许多著名大学管理学院和公共管理学院深层次合作机制。自 2005 年起至 2016 年的十年间，兰州大学管理学院与德国莱比锡商学院签署意向合作协议书开始，管理学院的国际合作步入机制性轨道。管理学院的国际化水平逐年迈上新台阶。

学院文化是学院明确自身发展方向，培育归属感和认同感的重要路径。学院建设之初，学院文化促进发展便被先生立为学院发展战略。先生生于祖国西北，独爱高原雄鹰。兰大管理学科源远流长，从建校伊始即有管理专业，发展到本世纪初才拥有博士授予点，历程几近百年。似雄鹰般华丽自我蜕变，方才融入时代潮流和学科伟业。先生认为管理学院文化当如鹰般进取，永志创新，并以鹰为意象在管理学院成立十周年之际为院歌《我们是西北高原的一群鹰》作词。

先生认为学院文化建设的根本目标在于创造适于发展的环境，这种环境要义就在"以人为本"，和"一切为了师生的成长和成才"。具体地：先生凝练合作、创新、进取、责任为学院文化的核心。合作在于先生通过超越常规，打破科层官僚传统，以解决发展中面临的问题，营造积极和谐的氛围，促进人的全面发展的目标建立科研、课程团队，培育师生团队精神。创新在于通过对课程体系、学科目标、组织结构、发展路径的创新促进学院快速发展。进取在于倡导积极承担社会责任，做有意义有价值的研究和实践。责任在于在学院内培育老师要对学生负责，学院要对老师负责，先生带领的领导班子要对整个学院的使命负责的"责任"环境，使学院能整合资源、持续发展。正是先生对学院各项发展战略的把握和践行，推进兰州大学管理学院得以快速发展并跻身全国前列，由此看来，先生不仅是教授学者，也是教育家和战略家。

借文存编修之际，回顾先生学术研究与志趣，感触实多。先生为人通达乐观，博约开阔；治学严谨求实，淹博贯通；育人循循善诱，海人不倦,细思更觉景仰。

先生著作精深,学生在辑录之时难免踌躇,只得多方收集先生各类文献资料,用文献计量法确定各研究主题内诸如:该领域的第一篇文献、总结性文献、概念创新文献、方法创新文献以及具备理论和实践意义的文献的代表性成果。而后按先生治学历程发展次序,取"政府绩效评价与管理""政府绩效治理""政府绩效领导""公共治理"四章分别回顾先生在公共管理领域内多个时期的主要著述。这些成果不仅彰示所在时期先生的学术思考,也可由此管窥兰州大学政府绩效管理学研究的发展历程。本书另设有"组织管理与公司治理"一章,收录先生在工商管理领域的研究成果,呈现先生早期的管理学思考与探索。除却先生学术著作之外,还专设"管理教育"一章,收录先生自建院以来在擘画学院发展、探究教育本质、寄语后学等方面的学术论文与讲话,借以回顾了先生何以从学至教,从理学入社科,从物理到管理。冀此可以更全面的向读者展现先生的理论思考和实践阅历。但碍于篇幅所限,本书仅得以选择三十余篇,大部分作品无法选入。因此只能由后学权衡,难免纰漏,但愿可以此窥一斑而知全貌,不令误读先生文作。

何文盛　王学军

政府绩效评价与管理

绩效评价:推动地方政府职能转变的科学工具

——甘肃省政府绩效评价活动的实践与理论思考

研究建立科学的政府绩效评估体系,推动地方政府职能转变是我国当前行政改革中的一项重要内容。本文以 2004 年甘肃省非公有制企业评价政府绩效活动为研究对象,以国内外已经开展的政府绩效评价实践为参照,结合西方先进的绩效评价理论,对甘肃省这次实践的总体思路、指标体系、评价方法、评价过程以及模式创新进行了介绍,并对我国开展政府绩效评价的意义与功能、如何建立和完善我国政府绩效评价体系进行了理论探讨。

一、政府绩效评价的意义与功能

政府绩效评价是指运用科学的评价工具,对政府部门的行政行为、公共产出及其效益进行客观、公正的测试、分析和比较。建立政府绩效评价体系的核心,就是把管理主义的理念和现代公共服务精神融入政府日常工作中去,把对政府的内部控制和外部监督结合起来,提高政府运作效率,增强政府与市场的协调能力。政府绩效评价结果是对特定时间段内政府工作的核算与评判,是政府制定下一阶段工作计划的依据和准绳。

现代政府绩效评价起源于西方。20 世纪 70 年代末 80 年代初,西方国家由于政府规模不断扩张,财政压力越来越大,政府绩效问题日益引起人们的关注。为此,西方国家都不约而同地作出了积极努力,从而掀起了政府改革的浪潮。这场政府改革试图将市场机制引入政府管理领域,采用企业管理的理论、方法和技术,以求节省行政成本,提高政府管理水平和公共服务质量。

在我国,随着经济体制改革的不断深化和政府管理体制改革的深入,政府绩效问题也受到了广泛的关注。一些地方政府和部门已经开始尝试政府绩效评价的实践活动。例如,1994年6月,烟台市政府针对市民对城市服务质量差问题的强烈反映,率先在建委试行"社会服务承诺制";1995年2月,河北省委在全国率先启动了干部实绩考核制度。之后,一些行业管理组织的绩效评价和地方政府的专项绩效评价广泛地开展起来。这些活动的开展对改善政府绩效、提高地方政府管理水平起到了很大的推动作用。

我们认为,对当代中国而言,政府绩效评价的根本意义在于通过绩效评价所形成的导向功能来推动和引导政府职能向改革的目标模式方向转变。具体体现为以下几个方面:

(一)促进政府管理理念的变革,树立科学发展观

现行的政府体系基本上是按科层制原则建立起来的。一方面,这种结构形式很容易养成政府及其工作人员的官僚习气,从而形成政府与社会的隔阂,堵塞了政府与公众间的信息沟通渠道——政府不知道公众的真正需求;另一方面,建立在这种结构基础上的政府权力流程主要是自上而下的,下级政府主要只对其上级负责,而并不需要知道公众的需求,这就是地方政府及其工作人员的职能容易发生错位的原因所在,从而形成了政府管理中的唯上倾向。显然,这与科学发展观所要求的人的能力的发展、权利实现、人际和谐以及人与自然的和谐发展等目标是背道而驰的,其后果就是政府失去了正确的价值评判标准,迷失了方向。政府可以仅仅是为了向上级交出一个统计数据而强迫农民毁掉已接近收获的庄稼而改种指定的经济作物,为

了发展地方经济而庇护造假企业、袒护吞噬工人性命的小煤窑,掠夺性地开采自然资源,无视生态环境的恶化等等。

科学的政府绩效评价通过引入外部评价机制、吸收外部评价主体,可以有效地向政府表达公众的意愿,并迫使其接受科学的管理理念。特别是当绩效评价的结果与相应的激励和问责机制结合起来以后,可以形成强大的外部导向和压力,强制性地扭转政府对其行政结果所作的错误价值衡量,纠正政府的违法行为,引导政府回归科学与理性。

(二)重新界定政府职能,推动政府职能转变

目前,我国的社会主义市场经济体制已基本形成并在不断深化,与此相对应的政府职能转变却严重滞后,繁琐的行政审批程序、垄断性的资源开发利用、公开的地方保护主义、对企业经营自主权的公然侵犯等现象还广泛存在。这种政府职能上的错位、缺位、越位正日益成为正常市场经济秩序的破坏力量,并直接影响到了地方经济社会的协调发展。产生这一现象的原因是多方面的,如利益的驱动、观念的陈旧等,但根本原因还在于推动政府主动界定并转变其职能的动力机制的阙如。

政府绩效评价对政府职能界定与转变的推动作用主要表现在:第一,社会公众、企业及其他评价主体对特定政府职能的评判所形成的强大压力可以促使政府对其职能以及职能行使的方式进行反思。例如,我国的收容审查制度、城市暂住制度就是在社会的激烈声讨中被废止的,同样,各地纷纷实行的一站式服务、政务公开等也是在社会的强烈要求中产生的。第二,绩效评价在很大程度上为政府衡量特定职能的合理性与必要性提供一个较为清晰的标准和尺度,这为政府主动界定其职能提供了一个方向。第三,在引入科学发展观的理念后,绩效评价中的行政效益测定机制可以更为科学全面、系统合理,

更能全面反映政府的系统效益,引导政府舍小就大、趋利避害。

(三)降低行政成本,提高行政效能

政府的任何行为都必然伴随着相应行政资源(经费、设备、人员等)的支出,同时,政府的绝大多数公共行为都是以特定社会主体的参与、协助和相应自然资源的消耗为前提的,这些都构成了政府的行政成本,而这些成本最终要由纳税人来承担。从经济学的角度来看,特定成本的投入只有在获得超过其本身价值的产出时才是有意义的。在传统行政体制中,人们关注的焦点往往错误地集中在成本投入的过程中,即政府或政府工作人员做了什么、正在做什么,而忽视了对产出的考察,或者相反,仅满足于计算行政产出,即我们得到了什么,而忽略了对成本的追究。这种片面的政绩观所造成的直接后果之一就是,在多数情况下,纳税人所获得的公共产品和半公共产品都是以超过产品价值的负担为代价的,在一些特定情况下,我们甚至付出了很多,却一无所获。

政府绩效评价的一项任务就是成本控制,即对政府投入和产出的比较和计量。绩效评价,特别是在评价结果与相应的激励和问责机制挂钩之后,可以有效地制止政府行为中的亏损现象和浪费现象,促使政府在行政管理的各个环节进行审慎的抉择和衡量,合理地配置和使用行政资源,从而达到降低行政成本,提高行政效能的目的。

(四)改进政府业务流程,提高公共服务质量

我国现行政府业务流程绝大多数都是在长期的行政过程中通过经验积累方式而逐步形成的,很少经过科学的论证和测评,大多具有以下缺点:(1)流程中存在大量多余的、重复的环节和无价值的延迟环节,如重复的审查、不合理的拖延等。(2)长期形成的流程是单向性的,因而在结构上主要着眼于政府工作的便利,而较少考虑服务对象的要求。(3)同一机关的不同机构之间以及业务相关的不同部门之间

的业务流程无法有效地衔接,从而造成部门间工作的脱节,甚至成了冲突的源泉。(4)有不少的业务流程缺乏明确的功能,或者从其输入与输出的对比上来看,根本不产生任何的增值,甚至是负效值。这类业务流程的普遍存在容易引起服务对象对政府的不满,降低了行政效率。

客观地说,我国很多地方政府并非没有意识到这些问题,很多地方政府还花大力气积极采取了相应的改进措施。但由于缺乏科学的理论指导和测评工具,所采取的措施的实际效果并不理想,甚至成为形式主义、官僚主义的表现形式,或成了政府高额成本的重要影响因素。根据西方国家的经验,政府绩效评价正是解决这一问题的最有效的工具。通过绩效评价,一方面可以建立起一套科学的业务流程测评与优化机制,有利于政府及时找出问题、对症下药;另一方面,政府部门也可以借此了解服务对象对政府业务流程的具体要求,设计出更科学、更合理、更人性化的政务流程,进而达到改进政府业务流程、提高公共服务质量的目的。

(五)改善政府形象,增进政府与公众的亲和力

政府绩效评价活动,特别是由外部评价主体进行的绩效评价活动,实际就是政府向社会展示其工作情况并由评价主体判定其效果的过程。首先,通过这种评价活动,政府的行政过程和工作内容从"暗箱"中转到了"阳光"下,体现了政府愿意和敢于接受公众监督的勇气,有助于增进公众对政府工作的了解。其次,通过评价,政府工作中取得的成绩容易得到公众的认可,进而赢得公众对政府的支持和信任。第三,在评价中即使暴露了政府工作中的不足和失误,也未必一定损害政府的声誉,相反,政府向公众说明所面临的困难和问题,虚心接受公众的批评,并积极采取措施进行改正或补救,正好反映了政府求真务实的态度,可以缓解公众的不满情绪,有利于克服公众对政

府的猜疑和偏见。第四,由公众对政府工作的绩效进行评价,可以满足和实现公众参与国家政治生活的愿望,体现公众在社会和政治生活中的主体地位——这也是社会主义民主政治的基本要求。因此,公开、透明、客观的绩效评价活动可以促进公众与政府间的互动,增进政府与公众的亲和程度,有助于改善政府形象。

此外,政府绩效评价在培养公众政治参与意识、推动社会主义民主化进程、强化政府的责任意识和服务意识、促进政府管理创新等方面都可以发挥重要的导向作用。

二、政府绩效评价在甘肃的实践

诞生于 2004 年的甘肃省政府绩效评价活动,开创了我国政府绩效"外部评价"的先河,是对我国政府绩效评价体系的补充和完善。为企业创业和发展营造一个规范严明的法制环境、诚实守信的信用环境、优质高效的服务环境和宽松和谐的创业环境,甘肃省政府决定,从 2004 年起,将全省 14 个市、州政府及其省属职能部门的绩效评价工作委托兰州大学中国地方政府绩效评价中心具体负责组织与实施。

(一)政府绩效评价体系的构建

要正确评价政府绩效,建立一套行之有效的评价体系是首要前提。政府绩效评价体系的构建,既要充分体现科学性、前瞻性、可操作性的原则,又要体现国情和省情;既要包括完整的考核指标体系,又要包括严密的组织体系。通过构建全方位、多层次的评价体系,以达到不断地提高政府绩效和促进政府职能转变的目的。

1. 评价体系总体框架构建的基本思路

科学发展观要求树立科学的政绩观,科学的政绩观需要建立科学的评价体系。对甘肃省政府绩效评价体系总体框架的构建,我们坚持以党的十六大和十六届四中全会精神为指导，围绕加强党的执政能力建设，地方政府及其部门树立科学发展观和加快区域经济发展这个主题，真实、全面地反映地方政府及其职能部门的工作实绩。在评价指标体系的设计和评价方法的选择方面，我们根据中国各级地方政府绩效管理的优化目标，并结合甘肃省情和甘肃省政府阶段性的工作目标，确定甘肃省政府绩效评价的判断标准，建立政府绩效评价的计量模型；并根据判断标准和约束条件确定具体评价形式；根据具体模型，确定指标体系内容。在评价指标体系的设计中，我们着重考虑了三个方面的因素。一是紧密围绕政府的基本职能进行。不同的政府职能理论会导致不同的政府绩效评价标准，明确了政府职能，考核绩效也就有了依据。二是突出评价的导向作用。过分强调经济领域而忽视社会发展领域是现行考核的普遍缺陷，政府业绩考核中过分强调 GDP 必然导致唯 GDP 论；政府投入与产出缺乏协调，政府行为只讲结果，不计成本；一味追求经济指标，公共服务投入严重不足，居民生活质量被忽视，社会问题越积越多。三是紧扣外部绩效评价的功能特点和要求。重在评价公民对政府及其职能部门工作的认知程度，不涉及政府及其部门内部的日常事务和公务员具体工作细节等情况的评价，避免评价"错位"现象的发生。在评价的组织与实施方面，我们站在第三方的位置独立地开展评价工作，坚持"公平、公正、公开"的原则，将评价过程、评价结果置于社会各界及媒体的监督之下透明操作。

2. 评价主体和对象的选择

在对甘肃省政府绩效评价的主体选择方面，我们从不同角度、不同层面将能够反映政府工作业绩的市场主体纳入评价主体范围。根据公共管理理论中有关顾客理论，政府是为特定的顾客提供特殊服务的。在我国，企业是政府服务的重要顾客。之所以把非公有制企业作为评价主体之一,主要初衷是甘肃省非公有制经济发展缓慢,成为制约甘肃经济和社会发展的一个重要因素。为了给非公有制经济发展创造一个良好的发展环境,在评价主体选择上,我们实行"直接服务对象导向式"的做法,选择了非公有制企业这个评价主体。同时,政府工作做得如何,感受最深切、看得最清楚、最有评判权的是公民,为此我们把从熟悉甘肃省整体情况和市、州政府基本情况的公民中遴选出的专家组成的专家委员会作为评价主体之二。政府的行政成本、经济增长、财政支出等情况,局内人要比局外人清楚,掌握的数据和资料更多,我们把从政府官员中遴选出的专家作为评价主体之三。这样,由非公有制企业、专家委员会和省政府评议组三位一体构成的评价主体,克服了过去我国部分省、市开展的内部评价形式中的"官考官"或完全由公民评政府的这种单一评价主体存在的缺陷,可以比较准确地反映政府工作的实际,有利于政府更好地审视自身的工作。

在对评价对象的选择方面,我们既对甘肃省 14 个市、州政府的绩效进行评价,又对甘肃省政府的组成部门和直属部门的绩效进行评价。这种评价对象的组合与过去我国一些地方要么是对某一级政府评价或要么是单纯的行业评价更为合理科学。因为目前我国地方政府部门的管理受当地政府和上级对口管理部门的双层领导。地方政府绩效的高低在很大程度上取决于上级政府部门职能的发挥程度。通过纵向和横向的双层考核,能够客观、公正地反映各地方政府的工作业绩,也便于分析、查找影响各市、州政府及省政府职能部门绩效的不利因素,既为省政府决策提供咨询和报告,又能促进各地相互学习、相互交流、共同进步。

3. 评价指标体系的设计

评价指标体系是否科学、有效,是绩效评价能否达到预期目的的关键。在 2004 年的甘肃省政府绩效评价中,我们在总结国内外相关指标体系设计思想和方法的基础上，经过深入调查，并组织有关专家论证分析，初步建立起符合甘肃省情的市、州政府绩效评价指标体系和甘肃省政府所属职能部门的绩效评价指标体系。每套评价指标体系分别按企业、上级政府、专家三类评议主体分别设计。其中企业评议市、州政府绩效采用问卷调查形式，上级政府评议地方政府绩效和专家评议地方政府绩效采用指标考核形式。在进行评价指标体系和调查问卷的设计时，企业评价采用主观性指标，政府评价采用客观性指标，专家评价采用主观性和客观性指标相结合的综合性指标。根据两类评价对象和三类评价主体，共设计了四套指标体系和两套调查问卷。每套指标体系均由一、二、三级指标构成。一级指标按照政府的基本职能来设计；二级指标是对一级指标的细化和拓展；三级指标是政府工作的具体内容。

在市、州政府绩效评价指标体系的设计中，我们紧紧围绕能够体现社会主义市场经济体制下政府的职能进行。一般来说，一级政府如果能全面地履行其职能就可以说是一个合格的政府。同时，我们紧密结合甘肃省的实际情况，把注重经济发展同关注经济与社会发展相协调结合起来考虑，设计了"职能履行、依法行政、管理效率、廉政勤政、政府创新"5个一级考核指标、"经济运行、市场监管、公共服务"等17项二级指标、"GDP与GDP增长、财政收支状况、就业状况"等40项三级指标。按照现代经济学理论，"经济调节"的成败主要体现在经济增长、社会就业和政府财政收支状况等方面。"投资环境"是促进经济增长的基础和保障，主要反映在当地治安状况和劳动力状况等方面。"市场监管"是指维持市场经济秩序的执法活动，主要表现在法规的完善程度和执法的力度等方面。"公共服务"是现代政府要着力加强的职能，人居环境和社会保障体现着公共服务质量的高低。"依法行政"是政府职能发挥的手段和实现途径，通过对行政许可、行政审批和行政监督的考核,督促地方政府贯彻落实《行政许可法》。评价政府职能的发挥不仅要看质量,还要看效率,主要表现在组织效率和服务效率两方面。廉政勤政是对政府管理的基本要求,同时也是政府绩效的一个重要方面,特别是在我国现阶段,反腐倡廉是衡量一届政府工作好坏的重要标准。政府创新体现了时代精神,通过充分运用新科技成果,创新政府的观念、制度、管理,追求最优的行政文化。

在对省政府职能部门评价指标体系的设计中,为便于测度和比较,将政府职能部门中具有共性的管理职能、服务事项、政风与公务员素质筛选出来进行考核,设计了"职能发挥与政策水平、依法行政、政风与公务员素质、服务质量"4个一级指标;"职能发挥、政策水平、行政许可、行政审批、行政监督、部门风气、公务员素质、服务效率、服务水平"9个二级指标;"职能转变、履行公共服务职能、履行应急管理职能"等31项三级指标。通过对这些指标的考核,促使政府部门加强制度建设、简化工作程序、提高办事效率、改变工作作风、提高工作水平;彻底纠正"门难进、脸难看、事难办"的问题,敷衍塞责、推诿扯皮的问题,效率低下和不负责任的问题。

4. 评价的方法

考虑到政府绩效评价工作的复杂性以及不同评价主体掌握信息情况的不同,为了保证评价结果的科学、公正,我们采取了问卷调查、主要绩效指标考核、实地察看基础上的专家打分,定性考察和定量分析相结合的方法进行评价,并对调查数据利用SPSS统计工具进行综合分析。对市、州政府和省政府职能部门评价采用两方面衡量标准:一是市、州政府及省政府职能部门绩效运用综合绩效指数来衡量,由高到低分为五个等级;二是对甘肃省政府2004年确定的"首问责任制"等五件事八项重点工作做专项调查,以非公有制企业的满意率来衡量。将五件事八项工作根据甘肃省政府职能部门和市、州政府职能特点及评议主体可理解的语境进行了细化和具体化分解，省政府职能部门设置了 8 项指标，市、州政府设置了 10 项指标进行评价。每项指标用"非常满意""满意""一般""不满意""很不满意"五个等级来测度。

对各个评分指标所占分值权重的确定采用修正的德尔菲法。我们根据甘肃省地方政府绩效评价的目标与指导思想，借鉴相关研究对权重的分析，先行确定一套权重集，对各个具体指标的重要性进行标度，再提交有关专家进行德尔菲法调查，对原来的权重集进行调整并最终确定地方政府绩效评价综合得分计算所用的权重集，以权重矩阵予以表示。

(二)评价的组织与实施

2004 年 8 月起，受甘肃省政府的委托，兰州大学中国地方政府绩效评价中心开展了对甘肃省 14 个市、州政府及其省属职能部门的绩效评价活动。兰州大学中国地方政府绩效评价中心作为一家非营利性的学术中介机构，完全站在第三方的角度开展了此项工作。评价活动从方案的设计、调查问卷和评议调查表的印制、专家评议组和省政府评价组的专家选择、问卷与调查表的发放和回收、数据统计乃至最终评价结果的形成完全由第三方中介学术机构独立完成，评价结果不受政府影响，较为真实地反映了评价主体的意见，而且提高了操作专业化水平。整个评价从理念、内容、程序、方法和结果都是对社会公开的。这一方面使参与者和公民能更好地理解评价的意义、掌握评价的内容；另一方面，作为评价组织者的第三方也受到社会的监督，从而增强了评价的权威性和可信度。

(三)评价活动产生的效果

开展政府绩效评价活动的目的在于以评促建、以评促改。2004年甘肃省开展的市、州政府及其省属部门的绩效评价活动不论从其意义,还是从规模以及科学性、系统性来讲,在国内都是前所未有的,也引起了社会的广泛关注。在评价结果公布之后,迅速引起了各地政府及有关部门领导的高度重视,无论是总体评价较低还是个别单项评价较低的政府及相关部门,大多积极地与我们进行联系,询问评价中反映出的主要问题以及原因。很多地方政府和部门还专门召开会议,针对评价中反映出的问题进行研究,制定整改措施。如,今年5月8日兰州市委十届十三次会议通过的《关于整治干部平庸行为的计划》中明确规定:对在全市群众评议机关作风活动中连续再次排名倒数第一的单位领导班子成员要求集体辞职。兰州市委、市政府提出:年内办件比例要由原来的6.31%提高到20%,串联式审批年内降至10%,兑现承诺招商引资的优惠条件等。甘肃省公安厅出台了40条服务非公有制经济发展措施,对扰乱企业生产经营秩序、侵犯非公有制企业法人的违法犯罪行为严惩,严禁一切形式的乱收费、乱摊派和乱罚款行为。放宽城镇落户政策;提高车辆暂扣门槛;在有条件的市、区、县公安机关设立综合服务大厅;实行"一站式"服务等。同时,自5月18日起,利用4个月时间集中处理群众信访问题,统一开展一次"大接访"工作,人人受到局长接待,件件得到依法处理。据统计,全省公安系统仅在开展"大接访"活动20余天内接待上访群众857人次,回访上访43人;办结信访案件50起,解决群众实际困难9件,纠正执法过错2起,实现群众停访息诉92起。从社会反应来看,无论是公众还是企业,都对评价活动表现出了浓厚的兴趣,对这种评价方式及评价结果也进行充分的肯定,并建议政府将此次评议活动进一步完善后制度化、长期化、深入化。

三、甘肃省政府绩效评价的启示和建议

甘肃省政府绩效评价的最大创新点就是引入了"外部评价"模式。

其最大的意义并不只在于系统的评价指标体系和科学的评价方法，而在于对传统评价模式的突破，代表着政府绩效评价的一种趋势和方向，带给我们的启示是深刻的。

（一）第三方专门机构评价政府绩效意义重大

由第三方评价政府绩效不但引入了科学的评价体系和方法，可以从更为广泛的视角看政府绩效，用更自觉的主体评价政府绩效，采取更科学的形式和方法去衡量测度政府绩效，从而预防政府绩效评价陷入"盲人摸象"的困境之中。更为重要的是激发了政府行政理念的变化，这本身则是一种考评政府制度创新的灵魂。通过第三方评价使政府真正能体会到"政权在民、责任政府"的内涵，迫使树立起科学发展观和正确的政绩观，使政府及其官员把对上级负责、对人民负责、对历史负责统一起来，把眼前政绩与长远战略、行政行为与行政结果统一起来，把政府主导和公众参与统一起来，从而推动政府职能转变，由政府管理转向政府治理，并最终转向广大公民和社会组织积极参与的公共治理达到"善治"状态。这正是我们提倡的构建和谐社会的核心。但这里需要强调的是，引入"外部评价"并不否定内部评价的功效和作用。在大多数的政府绩效评价实践中，要正确、客观地把握政府绩效，就必须把外部评价和内部评价有机结合起来，并根据评价内容和价值判断不同而考虑其侧重。

（二）政府绩效评价应与地方具体情况结合起来

在我国，各级政府部门进行政府绩效评价总的目的是不断降低行政成本，提供优质服务和公共产品，提高政府能力。但就实际而言，由于各个地区有着自己的特殊性，政府的具体工作任务也存在着较大差异，因此绝不能千篇一律地照搬照抄。具体要做到以下几点：第一，要明确目标，清楚地知道我们通过绩效评价想达到什么样的目的。第二，根据评价的需要选择恰当的评价对象和评价主体。第三，评价问题要具体,可把握。这表现在设计评价指标体系时不要流于宽泛,需联系实际,与评价目标契合。在今后的评价过程中,随着评价目标和评价主体的不断变化,评价指标体系设置也需要根据变化来加以调整,使之更加科学、合理、客观地反映实际情况。

(三)正确对待政府绩效评价中的两类矛盾

一是政府的权威性和评价结果的客观性之间的矛盾。由学术性中介机构组织实施的政府绩效评价活动比起"官办"的政府绩效评价具有较为广泛的民间基础;评价过程更加科学、透明;又具有人才、理论和学术的优势,因而更容易产生出客观的、有公信力的结果,暴露出许多被掩盖着的问题,特别是当地方政府工作本身存在较大缺陷的时候。这样,就会打破传统的政府的权威性。政府应该怎么办?是坚持自身的权威并用其去掩盖暴露出的问题,还是放下架子,坚持顾客导向,改进工作、改善绩效,从而取得公众的支持和信任。二是结果的易获得性和问题的解决或改进的困难性之间的矛盾。在建立一整套相对完善的评价体系并运用科学的统计分析工具之后,加之现代技术手段的支撑,得出结果特别是有关政府工作不足方面的结果是较为容易的。但问题的解决或改进不可能是一朝一夕的事情,有些问题可能会由于历史的、现实的诸多原因解决起来非常困难和缓慢,广大人民群众往往又对此类问题的解决或改进心情急切。这种难与易、急与缓的矛盾在政府绩效评价中是客观存在的。如何更好地解决这些问题,是今后我们进行绩效评价需要认真加以重视的问题,其关键是形成评价机构与政府部门良性互动的机制。三是政府绩效评价是以结果为导向的,具有容易测度和得到认可等优点,但这也容易促使政府及部门、工作人员急功近利,以致影响政府的战略目标。因此处理好政绩与政府的长远战略又是极为重要的。如何在绩效评价体系和指标体系中体现这些思想显得极为重要。

（四）建立有效的反馈机制，谨防评价中的形式主义

从一个较长的时间来看，在政府绩效评价中会出现两种性质不同的循环现象，即良性循环和恶性循环。政府绩效评价是对政府前一个阶段工作的反馈，反馈的结果又会成为政府下一阶段工作的"前车之鉴"，政府部门对这些反馈出来的问题采取什么样的态度，怎样去解决或改进，解决或改进的结果如何，非常之关键。重视反馈出的问题，科学、认真地分析并努力地解决或改进，就会推动政府自身行政能力的良性循环。否则，形式主义的"走过场"重评价而不重解决和改进就会陷入恶性循环。每次政府绩效评价都会反映和暴露出一些问题和矛盾，应对此建立信息数据库，并且建立二次反馈机制，在留足充分的整改时间之后，组织一次专门的评价活动，反馈一下在绩效评价中暴露出来的问题和矛盾是否得到了解决或改进，解决或改进的程度如何，百姓是否满意。这样，不仅可以促进问题的解决和工作的改进，也顺应了民意并提高了评价的效益。

（五）需要完善政策和立法，使政府绩效评价制度化

立法是开展政府绩效评价的重要保障，法制化也是国际上评估活动的趋势之一。1993 年，美国通过了《政府绩效与成果法》，成为世界上第一部政府绩效评价方面的法律，其他西方国家也纷纷立法以保证绩效评价的实施。我国要进行政府绩效评价，相应的立法是其成功的重要保障。首先，要从立法上明确政府绩效评价的重要地位和特殊作用，保证政府绩效评价的经常化和制度化。我们在组织实施中感受到一个很重要的问题就是政府绩效评价需要建立长效机制，切不可如昙花一现，做表面文章，玩数字游戏。其次，要建立一套严格、有法律效力的评价体系，对政府绩效评价的范围、形式、内容和目的等诸多问题都做出详细规定，使评价有了科学的法律依据。第三，必须从法律上保障政府绩效评价组织机构所处的地位及权威性，保证其

收集信息、开展活动、分析结果、提出改进方案等评价全程的畅通无阻。最后,必须用法律规范政府绩效评价组织者的行为,防止失范行为和腐败现象的发生。从我国政府绩效评价正处在探索阶段这个实际出发,可以先从地方立法做起。

（原载于《中国行政管理》,2005 年第 7 期）

我国地方政府绩效评价的回顾与模式分析

20世纪90年代以来，我国许多地区开始借鉴西方发达国家新公共管理的经验，并结合本地区实际，进行了政府绩效评价的探索和尝试，取得了一定的成果。本文分四个阶段对我国地方政府绩效评价实践进行了简单的回顾，在理论研究的基础上概括为四种模式：甘肃模式、青岛模式、思明模式和珠海模式，并对这四种模式的本质、特点、适用条件、发展与完善等进行了初步探析。

20世纪中叶以来，受凯恩斯(John Maynard Keynes)主义的深刻影响，西方国家普遍对社会公共事务实施积极干预，导致政府规模不断扩张，大政府管理模式的弊端日益暴露，政府面临着严重的财政危机和公众信任危机，财政压力和选民要求更高的工作绩效，推动西方国家掀起了政府改革的浪潮。在我国，随着社会主义市场经济体制改革的不断深化以及加入WTO，客观上要求政治权力的行使再不能像计划经济时代那样任意、专断，政府职能及其目标模式与管理方式、方法都必须置于WTO的框架之下。如何转变政府职能，适应市场经济和全球化的需要是我国各级政府面临的重大课题。同时，随着我国民主政治的推进，政务公开的程度和公众参与意识的提高，自20世纪90年代起，我国许多地方政府部门开始学习和借鉴西方发达国家新公共管理的经验，进行了政府绩效评价的探索和尝试。

一、历程回顾

从我国地方政府绩效评价的初衷来看，其实践大体可分成四个阶段。

第一阶段是以提高政府机关工作效率为目的的政府绩效评价。1997 年 9 月，江泽民同志在中共十五大报告中指出："机构庞大，人员臃肿，政企不分，官僚主义严重，直接阻碍改革的深入和经济的发展，影响到党和群众的关系。"朱镕基总理在多次会议强调要通过改革创造一个高效、廉洁、有权威的政府。政府官员和专家学者们也都认为，建立与我国逐渐成熟的社会主义市场经济形态相适应的政治体制的改革势在必行。对机构改革而言，就是根据精简、统一、效能的原则，转变政府职能，建立办事高效、运转协调、行为规范的政府管理体制。1998 年 2 月，中共十五届二中全会审议通过了《国务院机构改革方案》。在基本完成了国务院各部门的机构改革工作以后，我国还继续进行了中共中央部门的机构改革以及省、市、县、乡级的政府机构改革和事业单位的改革等。配合这一改革任务，一些地方政府相应开展了以提高政府机关工作效率为目的的绩效评价活动。福建省漳州市通过两个层面对机关绩效进行考核：一是由市考评市直单位，由单位考评工作人员；二是由县考评各县直单位，由单位考评工作人员。之前，深圳市于 1991 年、北京市和山东省于 1995 年、吉林省于 1997 年、重庆市于 1998 年分别实施了行政效能监察的实践探索。

第二阶段是以改善政府及行业服务质量、提高公民满意度为目的的政府绩效评价。我国体制改革的深化要求各级政府部门和各行业不断地更新观念，更新工作方式方法，不断提高服务质量和水平。在此背景下，许多地方政府开展了绩效评价活动。1994 年 6 月，烟台市针对城市社会服务质量差的问题，借鉴英国和香港地区社会管理部门的做法,率先在烟台市建委系统试行"社会服务承诺制"。2003年10月,湖南省湘潭市开展了社会公认评估活动,77个市直单位领导班子要过社会公认评估关。除此以外,厦门市政府于1998年5月颁布实施了《厦门市民主评议行业作风暂行办法》;上海市于2001年2月对旅游行业、2004年对通信行业进行行风评议,青海省于2003年、江西省于2004年对通信行业进行行风评议;河北省于2004年对司法和行政执法部门进行评议;江苏省无锡市于2004年8月对律师行业进行评议,等等。1999年10月珠海市正式启动"万人评政府"活动,一个由人大代表、政协委员、新闻记者、企业代表组成的200人测评团,明察暗访,并用无记名方式对被测评单位作出"满意"或"不满意"的评价。之后,珠海市又连续大规模地开展这种评价政府活动。类似的活动也在我国其他地方广泛地开展,1998年沈阳市的"市民评议政府";1999年起每年一次的南京市"万人评议政府";2000年邯郸市的"市民评议政府及部门问卷调查活动"、广州市的"市民评政府形象"活动;2001年辽源市的"万名市民评议政府活动";2002年温州市市民对"48个市级机关部门满意度测评调查"、邵阳市的"优化环境综合测评";2003年北京市的"市民评议政府"活动;2004年年底西安市的"网民热议西安发展十大教训"活动等。这些评价活动的开展,促使着政府部门把关注点向公众转移,对于政府转变工作作风,改变服务态度,提高服务质量具有重要的作用。

第三阶段是以建设效能政府、全面提高政府管理质量和能力为目的的政府绩效评价。2002年11月江泽民同志在中共十六大的报告中正式提出了进行新一轮机构改革,与中共十五大报告中关于机构改革的论述比较,这次关于机构改革的提法、目标都明显深化了。要求按照精简、统一、效能的原则和决策、执行、监督相协调的思想,继续推进政府机构改革;2003年2月的中共十六届二中全会审议通过了《关于深化行政管理体制和机构改革的意见》，指出通过机构改革建立全新的"行为规范、运转协调、公正透明、廉洁高效"的行政管理体制，更好地为改革开放和社会主义现代化建设服务。各级地方政府围绕着这一要求，对政府及其部门进行改革，力求建设效能政府。自1999年起，青岛市委、市政府借鉴发达国家的有益经验和现代企业管理的先进模式，确立了督查工作与目标绩效管理相结合、考绩与评人相结合的新的督查模式。从2001年开始，厦门市思明区探索构建一个适应地方实际的公共部门绩效评估模式，对于明确政府各部门工作人员职责、创造性地完成任务、提高服务质量和工作效能起到了推动作用。2004年7月1日，重庆市正式开始实施《重庆市政府部门行政首长问责暂行办法》，这一办法通过18种问责情形和七种追究责任，对政府行政"一把手"追究其不履行或不正确履行法定责任，引起国内外广泛关注。

第四阶段是根据广义政府绩效概念内涵，以强化公共治理为目的的政府绩效评价活动。2004年3月国务院发布了《全面推进依法行政纲要》，强调政府工作要依法行政，基本要求是：合法行政、合理行政、程序正当、权责统一、诚实守信；2004年7月，《中华人民共和国行政许可法》正式施行，这部法律对于推动政府规范审批行为，依法行政，保障和扩大民权，具有重要的意义。2004年9月召开的十六届四中全会上，胡锦涛总书记提出构建社会主义和谐社会的命题，指出我们所要建设的社会主义和谐社会，应该是民主法治、公平正义、诚信友爱、充满活力、安定有序、人与自然和谐相处的社会。据此，我们提出了广义政府绩效的科学概念，认为完整的政府绩效不仅仅表现为政府的行政结果与行政投入之比，还应当包括公民满意度和地方发展战略机制两个重要方面，并在这一思想的指导下，于2004年底至2005年初组织了甘肃省政府所辖的14个市（州）政府和39个部门的绩效评价工作,完成了评价报告并向社会发布了评价结果。

二、模式分析

我国地方政府绩效评价的实践丰富多彩,形式各具特色,但有些又有着共同的本质。综合来看,形成了四种较为典型的评价模式。

(一)甘肃模式

2004 年 10 月,针对甘肃省非公有制经济发展缓慢、落后的情况,甘肃省政府决定让非公有制企业评价政府绩效,以制定发展非公有制企业的政策。并将这一评价工作委托给兰州大学中国地方政府绩效评价中心组织实施,开创了我国第三方评价政府绩效的先河,形成了独具特色的"甘肃模式",具有重要的里程碑意义。

1. 甘肃模式的本质和适用性分析。后现代国家的治理理论强调国家提供服务下的多元分权管理,提倡政府、市场、非政府组织及公众在内的多元主体通过合作、协商等伙伴关系对公共生活进行协同管理,以实现"善治"的状态。甘肃模式把评价权交给政策直接受益者——非公有制企业,把评价组织权交给第三方学术性中介组织,评价的指标体系公开,评价过程透明,评价结果向社会公布,是我国公共治理的真正开端,也是我国政治文明建设的重要成果和显著标志之一。甘肃模式适用于从外部多角度对政府的一般职能和整体行为进行评价。作为第三方评价,其组织机构独立于政府之外,可以使评价工作免受长官意志的干扰;由专业人员组成的第三方评价机构具有理论和学术优势,其评价结果会更加公正;第三方强烈的成本意识有助于评价活动向着高效、低成本的方向发展;第三方组织的政府绩效评价活动,可以获得较为广泛的民间基础,更容易得到公众的认同,促使公众对公共事务由被动关心转为主动介入。但是,这一评价模式应与政府的权威性很好结合起来,否则,政府可能会坚持自身的权威性并用其去掩饰暴露出来的问题，使得评价结果得不到落实和运用。另一方面，第三方组织的政府绩效评价活动所需的信息获取相对困难，尤其是说服性强的数据资料。

2. 甘肃模式的完善和思考。第三方评价的顺利开展必须建立在政府和公众对政府绩效评价足够重视、电子政务发展程度高、民主政治建设较为完善等基础之上。在我国，第三方评价政府绩效刚刚起步，今后要从以下几个方面不断地完善这一评价模式：第一，加强第三方评价机构自身的建设，包括理论建设、科研队伍建设、科研方法和技术开发以及相关的配套设施建设。第二，借鉴市场经济的办法，形成多功能、多层次的绩效评价体系和管理机制。第三，评价机构必须坚持评价组织的独立性、评价内容与方法的科学性、评价过程的公开透明性和评价结果的客观公正性，通过实践逐步赢得评价的权威性，树立第三方评价机构自身的公信力。第四，保障经费来源。第三方评价机构的性质应该是非营利性的，经费可以由各种基金项目资助或受委托评价取得。

关于甘肃模式的几点思考：第一，甘肃省政府勇于面对公众，依托民间智力机构，对其工作进行评价，这是实现"善治"的开端，如果能坚持下去，对生产力的促进作用是不可低估的。第二，绩效评价也会有缺位、错位、越位的问题，因此，绩效评价应有明确的功能性，以其作为分门别类评价的重要依据。甘肃模式只适合从外部对政府的一般职能和整体行为进行评价。第三，由第三方特别是学术性中介机构评价政府绩效，不但是公众与政府沟通的有效途径，而且是民间组织、公众参与政府公共政策和公共治理的有效方式。第四，把政府绩效评价的学术研究、实践探索和评价立法结合起来，提高政府绩效评价工作科学化和制度化水平，并创造良好的法治环境。第五，政府绩效评价的核心功能应当是其导向功能，即通过绩效评价形成强大的外部压力,影响政府行为,引导政府形成科学发展观和正确的政绩观。

(二)青岛模式

为了打造高绩效的政府组织,推进各项重大决策的科学化和落实,不断提升城市的核心竞争力,自1999年起,青岛市委、市政府从战略管理的高度开展督查考核工作,把抓落实工作摆到了与制定决策同等重要的位置,创造性地把督查工作与目标绩效管理相结合、考绩与评人相结合,形成了"青岛模式"。1999年河北省确立的县(市)党政领导班子考核目标体系和2004年7月重庆市开始实施的《重庆市政府部门行政首长问责暂行办法》等都与"青岛模式"具有相同的本质内容。

1. 青岛模式的本质和适用性分析。我国宪法规定:"中华人民共和国的一切权力属于人民","人民依照宪法规定,通过各种途径和形式管理国家事务,管理经济和文化事务、管理社会事务",并有权监督国家机关和工作人员。但长期以来,人民对国家机关及其工作人员的监督由于各种原因没有真正落实,监督流于形式。青岛模式是把督促检查和政绩考核结合起来的新的督查模式,对我国各地的督查和考评工作有着重要的指导借鉴意义。这一模式变传统单一型的督查为复合型的督查,变传统的封闭式的"决策——执行"为开放式的"民主决策——督促检查——考绩评人"模式,做到督事、评绩、考人、查纪"四位一体"。它通过战略目标分解,把各项重要决策、工作目标和部署转化为具体的、可操作、可监控和考核的指标,党委、政府抓大事、重考核,进一步转变政府职能,提高了效率;它鼓励各地因地制宜地制定各自的指标体系,发挥各地优势特色和积极性;它以"人民群众拥护不拥护、赞成不赞成、答应不答应、满意不满意"作为检验政绩的最高标准,把广大干部创造业绩的强烈愿望和自觉地实现好、维护好、发展好最广大人民群众的根本利益结合起来。青岛模式是对传统的督查方式的科学创新，适用于新时期对政府部门和公务员的工作进行评价和督查。

2. 青岛模式的完善。在今后的运用过程中要从以下几个方面对这一模式加以完善：首先，关于考核结果的使用。一要谨慎，尽量避免把最终考核结果简单地、直接地、刚性地和每个公务员的工资、奖惩甚至升迁挂钩。二要注重通过考核尤其是对不同单位的考核，培育和激发单位成员的协作精神和团队意识，同心同德地搞好工作，努力提高部门或团队绩效。三要注重考核结果的引导功能，将考核结果与对考核对象的鼓舞、激励以及教育培训有机结合起来。其次，绩效考核的组织者——目标管理绩效考核委员会应该更多地吸收非政府人员参与，尤其注意吸收政府服务的直接对象的参与。这样，参与人对政府工作的完成情况和完成过程更加关注，责任心更强，督查、考核才能落到实处。

(三)思明模式

从 2001 年开始，厦门市思明区对公平政府、责任政府、服务政府等多种实现形式进行反复的探索、实践、分析和比较，最终确立以打造一个"事要办好、钱要花少、人民还要满意"的绩效型政府为目标，进行公共管理体制和运作模式的多方面创新。其中，创新了政府绩效评价方式，建立了一个适应地方政府实际情况的公共部门绩效评估体系，形成了"思明模式"。

1. 思明模式的本质和适用性分析。思明模式是以提高政府能力为中心的自我评价，属于较为成熟的内部评价模式。和其以前的政府绩效评价相比，这一模式有以下特点：第一，把评价从任务式变成战略式。不是为评价而评价，而是为了服务于绩效政府的建设。第二，创新政府绩效评价指标体系。一是明确考评对象的绩效指标；二是建构一个由"维度——基本指标——修正指标"组成的多维度指标模型；

三是将可以量化考核的公共行政服务，尽可能通过数量指标的形式反映出来。第三，科技含量高。一是依托高校，成立课题组，并在调研、论证的基础上建构评价指标体系，制作项目课件；二是通过办公网络的利用，实现绩效评价网上操作。思明模式适用于政府部门内部的业务测评和干部考核，可以有效地服务于"绩效型政府"建设。这一评价模式有助于在政府机关工作人员中引入和深化绩效管理理念，树立成本与效率观念、顾客至上与服务意识、市场竞争意识等；有助于促进政府职能转变，实现科学的职能定位。同时，这一评价模式的评价主体对评价对象了解深刻，对相关信息的掌握充分、准确，有利于做出正确的判断；内部评价活动便于组织，评价资料、评价数据容易获取且多属于第一手资料，可以节省时间、物力、人力和财力，提高评价效率；内部评价权威性高，评价结果很容易得到充分的应用。此外，思明模式在具体运用中还体现以下优点：第一，在方式上，改变了传统行政考评于年底组织大规模检查评比的方式，使被评价部门不再疲于应付，避免了行政资源的浪费。第二，在制度上，确定相对稳定的公共部门绩效指标，解决了政府工作的临时应付性和弄虚作假。第三，现代科学技术的运用，软件的开发，一方面，操作方便，适用性广；另一方面，提高了效率并有效地排除人为因素对评价工作的干扰。

2. 思明模式的完善。思明模式把政府绩效评价作为一个理性工具来应用，对其建设绩效型政府起到了实实在在的作用。但是，作为一种自我评价模式，思明模式不可避免地具有很强的"政府主导"色彩，由于受到自我认同等心理因素和利益驱动的影响，这一评价模式具有一定的局限性，评价结果常和公众、企业的感受存在一定差距。在今后的实践中，应从以下两个方面完善这一评价模式：首先，最大限度地减少人为因素的干扰，尽可能选择中立的评价主体，多采用可量化的、刚性的指标体系，并将评价过程和评价结果尽可能公开、透明,接受监督。其次,把评价活动规范化、制度化,提高政府部门及其公务人员对其绩效期望的预期,以推动政府工作目标的实现以及对其行为的约束。

(四)珠海模式

为了加强"高效率办事、高质量服务、让人民群众满意"(两高一满意)的机关作风建设,1999年10月,珠海市启动"万人评政府"活动,用无记名方式对被测评单位做出"满意"或"不满意"的评价。2000年珠海市"万人评政府"的内容有所增加;2002年珠海市向社会发放了万余份测评问卷,考核各被测评单位的工作情况;之后,珠海市又连续大规模地开展这种活动,形成了"珠海模式"。此外,我国其他地区如沈阳市、南京市、邯郸市、辽源市等开展的"万人评政府"活动都与"珠海模式"有着相同的本质内容。

1. 珠海模式的本质和适用性分析。珠海模式是政府主导的民意测评,主要适用于公众从宏观上对政府工作的总体情况进行测评,以作为政府了解民心民意的一种手段和方法。这一模式也适用于对其某一个部门或某一项具体工作的服务质量进行评价。和其以前的政府绩效评价相比,珠海模式的评价原则向"服务原则"和"公众满意原则"转变,体现了政府工作的关注点由"政府本位"向"公民取向"转变。这一评价模式采用定性指标,把公众的"切身感受"作为衡量政府绩效的尺度;评价主体与评价对象分离;评价主体的选择具有一定的随机性。政府机关的工作是面向社会、面向纳税人和公众的,政府所提供的公共服务只有满足了其服务对象(公众)的需要,政府价值才能得以实现。政府工作干得好不好,绩效大不大,感受最深切、看得最清楚、最有发言权的当然是纳税人和公众。但长期以来,由于较低的政治功效感、过高的监督恐惧感、淡薄的公民权利意识、较少或不通畅的民意表达渠道制约了我国公民的参政与监督行为。因此,这一模式在运用中显示了明显的优点:第一,通过公众对政府绩效的评价,一方面提高了公众的民主观念和参与意识,另一方面可以对政府部门的工作起到监督作用。一般而言,社会公众对政府的反控制和制约能力越强,政府的行政效率越高,政府绩效也越高。第二,引入"使用者介入"机制,评价结果更具有参考价值。第三,民意测评、问卷调查等方法的采用有助于深化政府机关工作人员的服务与顾客至上等意识。

2. 珠海模式的完善。政府组织的公众评价政府活动贯彻的是服务质量与顾客至上的政府绩效管理理念,这种评价模式在很大程度上解决了我国政府机关工作人员中普遍存在的"顾客盲"问题,体现人民当家作主的社会主义国家的性质。因此,这一评价模式被许多地方政府以各种形式广泛地运用。但珠海模式在实践过程中存在着一定的问题:第一,信息的匮乏和认知的偏好在一定程度上制约了公众的评价。在我国,由于地方政府政务公开程度不够,电子政务发展水平不高,普通公众拥有信息的有限性和不完整性,往往使得他们不能对政府机关的绩效情况做出准确的判断和评价。第二,评价组织者和评价主体的专业性不足可能会带来一系列方法和技术上的问题。第三,这一评价模式的组织者和评价对象合而为一、利益相关,评价组织者可能会有意或无意地对公众进行感情和价值上的引导,甚至会出现评价数据统计和整理中的"暗箱操作"。第四,社会公众对政府评价制度化程度低,常常表现为一种受"邀请"式的评价,其评价之外的干扰因素较多,会影响评价结果。对此,我们应从以下两个方面改进:首先,完善信息交流和沟通机制,建构能持续提供有关公众需求与满意程度的信息反馈机制,积极创建与推动实现电子政府,以此来推动政务公开诸如规范政务公开的内容、公开办事的程序和政务公开的形式,使公众在更多的领域、更深的层次上了解政府。其次,建立健全公众参与机制,明确公众参与政务的范围、程序和方式,扩大公众参与渠道,通过公众和政府的有效互动,实现政府绩效评价应有的意义。

三、建议与展望

西方发达国家对于政府行为的约束来自其社会传统和国家法律,又凭借着新公共管理运动的推动力,使得政府绩效评价活动得以顺利地进行,而我国的政府绩效评价活动刚刚起步,其研究是从个别的"点"开始的,全面推进的动力不足。我们要勇于实践,大胆探索,逐步地找到一条适合我国国情的、适合各地具体情况的地方政府绩效评价之路。

（一）加强对地方政府绩效评价管理的研究

我国地方政府绩效评价中存在的许多问题与其绩效评价管理有关。因此,研究建立我国政府绩效评价的管理机制,包括地方政府绩效评价的管理体制、地方政府绩效评价的相关立法、地方政府绩效评价的行业监管和行业规范、地方政府绩效评价的结果管理等方面的问题,对于我国地方政府绩效评价活动的健康、持续和有序开展具有极为重要的作用。

（二）形成中国地方政府绩效评价组织的创新模式,为地方政府绩效评价提供理论

目前,国内外关于政府绩效评价的组织管理形式多种多样,其中不乏富有特色的评价组织模式:如英国的雷纳评审、加拿大的政府部门改革方案、欧美的政府进行自评计划以及我国地方政府绩效评价的"四大模式"等。总结这些实践的经验教训,分析其评价的组织模式并进行比较研究,提出中国地方政府绩效评价组织的创新模式,将为中国地方政府绩效评价提供理论范式,并为预防中国地方政府绩效评价实践的盲目性、随意性提供理论指导。

（三）优化政府评价组织的管理流程，提高政府绩效评价的效率和质量

政府绩效评价是一项系统性、复杂性的工作，评价环节多、内容广泛、信息量大，由此决定了政府绩效评价需要投入大量的人力、财力和物力。如果花了大量的人、财、物，而未能达到评价的预期效果，将直接影响到评价的效率。因此，从中国的行政管理实际情况出发，根据不同评价类型的组织模式，设计出管理流程、管理技术标准及组织操作规范等，这将有利于提高政府绩效评价的效率和质量。

（四）规范政府绩效评价参与者的职、权、责

地方政府绩效评价有一系列的参与者，包括评价的监督管理者、评价的组织者、评价主体和评价对象等，每一类参与者应该有相对规范的职、权、责界限。否则，就可能出现职、权、责的混乱而带来评价的错位、越位和缺位。因此，厘清地方政府绩效评价的管理权、组织权和评价权的内容及其归属问题具有重要意义。

（包国宪、曹西安，原载于《兰州大学学报（社会科学版）》，2007年第 1 期）

中国政府绩效评价:回顾与展望

政府绩效评价是国内外公共管理学界的一个热点和难点问题。国内学者对政府绩效评价的研究始于 20 世纪 80 年代,实践探索始于 1993 年山西运城地区行署的"新效率工作法"。采用文献研究法回顾我国政府绩效评价的演变过程,梳理理论研究的概况,总结评价实践的各种模式,以全面把握国内政府绩效评价发展的全貌和基本趋势,为学术界下一步的理论研究和各级政府及其部门开展评价实践提供参考。

一、我国政府绩效评价的发展脉络

学术界公认的我国现代意义上的政府绩效评价实践是 1994 年山西省运城地区行署办公室的"新效率工作法"。作为一个标志性的事件,它在政府绩效评价发展中具有"分水岭"的作用。在此之前出现的微观意义上的公务员考核和中观层面的部门作风建设等都蕴含着政府绩效评价的元素,是政府绩效评价的萌发。在此之后出现的目标管理责任制、社会服务承诺制、效能监察、万人评政府等,都是在融入中国文化和行政理念的基础上,从不同侧面切入的绩效评价实践形式。据此,可以把我国政府绩效评价的演变历程分为两个时期,即政府绩效评价的萌芽期和政府绩效评价的发展期,而后者又可以依据研究范围、深度与广度的不同划分为初步探索阶段、研究拓展阶段和细化创新阶段。

(一)政府绩效评价的萌芽期(1949—1993 年)

新中国成立后,人民政府继承了革命战争年代形成的干部考核方式和工作作风建设中的绩效思想,形成了干部考核制度和部门工作作风建设制度,并在其发展过程中逐步改进和完善。

1. 干部考核制度

新中国成立初期,干部考核叫"鉴定"或"考察"。这一时期干部鉴定的目的主要是促进干部素质的提高和干部工作的改进,但仍然存在着防止和清除"奸细"的问题;鉴定内容重点在立场、观点、作风、掌握政策、遵守纪律、联系群众、学习态度等方面;鉴定采取个人自我检讨、群众会议讨论、领导负责审查三种方式结合进行。1966 年开始干部鉴定考核工作几乎陷于停滞。1978 年十一届三中全会后干部考核工作重新受到重视。1979 年 11 月,中央组织部《关于实行干部考核制度的意见》指出:"干部考核的标准和内容,要坚持德才兼备的原则,按照各类干部胜任现职所应具备的条件,从德、能、勤、绩四个方面进行考核"。1993 年国务院颁布了《国家公务员暂行条例》,标志着我国公务员制度正式建立,并取代了传统的干部制度。2005 年 4 月 27 日,《中华人民共和国公务员法》通过,并从 2006 年 1 月 1 日开始实施,标志着我国公务员制度建设迈入了一个新的发展阶段。

2. 作风建设制度

机关作风是政府机关及其工作人员精神面貌、领导水平、办事效率、服务质量的外在表现。中央政府对机关作风建设的重视程度可以从政府工作报告对它的论述中体现出来。1955 年《政府工作报告》中指出,"一切国家机关的工作人员,一切企业部门的工作干部,都应该进一步地改进工作作风,努力克服工作中的各种缺点和错误"。1960 年《政府工作报告》中又强调,"各级领导干部要切实改进领导作风,贯彻执行勤俭办社、勤俭办一切事业的方针,反对贪污,反对浪费,反对官僚主义、命令主义作风"。1978 年实行改革开放后,政府工作面临着外部环境的挑战。中央政府强调"我们的思想、作风和工作方法,都要有一个新的提高和改进"。经过努力,机关作风建设取得了一些成就,但还需要继续深入。

干部考核制度和机关作风建设制度并不是相互独立的,而是一个相互联系、相互促进的有机体。两者之间的核心纽带是行政效率问题,但是对行政效率测定的研究直到 20 世纪 80 年代末才有学者开始探讨。其中,夏书章、刘怡昌、周世述、黄达强等对行政效率的概念、行政效率的基本要素、测量标准和方法都进行了专门阐述。干部考核制度、作风建设制度以及与之相关联的行政效率测定为现代意义上的政府绩效评价做了充分准备。

3. 政府绩效评价的发展期(1994 年至今)

(1)初步探索阶段(1994—1999 年)

20 世纪 90 年代初期,我国学界已经开始使用"绩效评估"或"绩效评价"的概念,但对其内涵的理解仅限于员工绩效评价和科研机构绩效评价。研究的内容涉及绩效评价的目的与意义、指标设计、评价模式、评价方法、评价程序等。1994 年,左然介绍了英国地方政府绩效评估的实践情况,探讨了在中央政府实行政府绩效评估的紧迫性、可行性问题,标志着以政府组织为对象的绩效评估进入了我国学者的视野。但是,文章仅仅是对英国政府绩效评价实践的一个简单描述,未深入介绍英国政府绩效评估的实施背景及特征、绩效指标设计、评估内容框架等。同时,随着市场经济体制的建立,通过调查接受服务的公众对服务的满意程度,来测评组织在一定时期内的业绩,成为企业竞相采用的一种方式。如何提高政府公共服务的公众满意度成为学者需要思考的问题。总体上,这一时期学术界对于政府绩效评价的理论研究主要集中在对西方国家政府绩效评价理念和方法体系的介绍方面,现代政府绩效评价思想开始进入中国。

在实践中,各种形式的政府绩效评价活动不断涌现。1994年6月,烟台市针对广大市民反映强烈的城市社会服务质量差的问题,借鉴英国和香港地区社会管理部门的做法,率先在市建委试行"社会服务承诺制"。1995年福建省在全省范围内实行政府效能监察制。1997年,福建省漳州市为解决吃、拿、卡、要等"老大难"问题,启动机关效能建设试点工程。1998年沈阳市率先实施"市民评议政府"活动。1999年珠海市开展"万人评政府"活动,这一评价形式引起社会的强烈反响,各地纷纷效仿跟进,随后有南京万人评、扬州万人评、哈密万人评、江门万人评、乌鲁木齐万人评等。

(2)研究拓展阶段(2000—2003年)

这个阶段,政府绩效评价的学术关注度提高,众多的行政管理学者投身其中,理论研究逐渐向系统化发展;同时,理论成果对实践的指导增强,在理论研究者的参与或直接指导下,地方政府绩效评价实践如火如荼开展。

在理论界,对政府绩效评价的研究主要集中在三个方面:第一,介绍西方国家政府绩效评价的理念与经验。英国、美国、新西兰、澳大利亚等国家开展政府绩效评价较早,积累了丰富的可供我国借鉴的经验。第二,分析中国实行政府绩效评价的可行性及障碍。政府绩效评价虽然是一个舶来品,但在中国目前的国情下,它在社会发展、经济、政治和技术等方面都是可行的。第三,梳理国内地方政府的绩效评价实践。中国行政管理学会联合课题组于2001—2002年对全国开展政府绩效管理与评价的地方政府进行调查,试图提出适用于我国政府机关的绩效评估基本原则、指标设置标准等。这是对全国政府绩效评价实践的一次较为全面的考察。

在实践中,2000年,邯郸市实施了市民评议政府及部门的问卷调查活动;杭州市举行了市直机关"满意不满意"评选;福建省全面开展效能建设。2001年,南通市推行目标责任制绩效管理工作,确立了督查工作与目标绩效管理相结合、与考核评比相结合的工作模式。此外,还有一些地方政府进行了与上述几种形式相似的绩效评价实践。

(3)细化创新阶段(2004年至今)

2004年3月22日国务院颁布的《全面推进依法行政实施纲要》中指出:"要积极探索行政执法绩效评估和奖惩办法"。这是中央政府官方文件中第一次使用"绩效评估"概念,但是范围仅限于行政执法领域。同年10月26日,国务院全体会议把"建立健全公共产品和服务的监管和绩效评估制度,简化程序,降低成本,讲求质量,提高效益"写进了新修订的《国务院工作规则》。这标志着绩效评估得到官方的认可,并试图在政府的多个职能领域应用。2005年3月30日,国务院常务会议讨论并通过《国务院2005年工作要点》,其中指出,要"探索建立科学的政府绩效评估体系和经济社会发展综合评价体系"。这意味着政府绩效评价已经成为中央政府关注的问题,表明国务院开始在中央政府层面推行政府绩效评价。2006年9月4日,在"加强政府自身建设、推进政府管理创新电视电话会议"上,温家宝总理指出"绩效评估是引导政府及其工作人员树立正确导向,尽职尽责做好各项工作的一项重要制度,也是实行行政问责制的前提和基础";"要抓紧开展政府绩效评估的试点工作,并在总结经验的基础上逐步加以推广"。这是到目前为止中央对政府绩效评价最具体详细的论述,它明确指出要在全国推行政府绩效评价,并借助这一工具,促进政府自身建设和管理创新。2007年党的十七大报告中写道,"要提高政府效能,完善政府绩效管理体系;建立以公共服务为取向的政府业绩评价体系,建立政府绩效评估机制",这标志着政府绩效评价也引起了党中央的重视。2008年2月27日通过的《关于深化行政管理体制改革的意见》明确指出，"推行政府绩效管理和行政问责制度，建立科学合理的政府绩效评估指标体系和评估机制。"这一意见的实施，为学者开展政府绩效管理与评价的理论研究提供了政策依据，也为绩效管理与评价在中国的发展确定了一个基本方向。

在政府和社会的推动下，政府绩效评价研究发展迅速，专业性学术研究机构开始建立。2004年12月18日，高校首家政府绩效评价的专业学术机构——兰州大学中国地方政府绩效评价中心成立。2006年9月23日，全国政府绩效管理研究会成立大会暨政府绩效评估与行政体制改革理论研讨会在兰州大学隆重召开。会上，来自全国的100多名代表讨论制定了研究会章程，选举产生了第一届理事会及会长、副会长和秘书长，标志着从事政府与公共部门绩效评估和管理研究的全国性学术团体正式成立。与会代表还围绕政府绩效评估的理论与实践、绩效评估与行政体制改革的关系、绩效管理在政府管理创新中的地位与作用等问题，进行了广泛的研讨和交流。这次会议后，不管是政府绩效管理的理论研究还是实践探索，都有了显著的进展。与此同时，中山大学政治与公共事务管理学院、厦门大学公共事务学院、兰州大学管理学院、西安交通大学公共政策与管理学院等都纷纷向硕士研究生和博士研究生开设了"政府绩效管理与评估"课程，或者设置了"政府绩效管理与评估"研究方向，传授绩效评价理论，培养新生的科研力量。

在实践中，地方政府绩效评价出现了新的形式。2004年底至2005年初，兰州大学中国地方政府绩效评价中心受甘肃省人民政府的委托对全省所辖14个市（州）政府和省政府39个职能部门的绩效进行了评价，并于2005年3月9日向社会发布了《甘肃省非公有制企业评价政府绩效结果报告》。这一举措被媒体称作"兰州试验"，开创了我国第三方评价政府绩效的先河。2007年11月，华南理工大学公共管理学院课题组对外发布《2007广东省市、县两级政府整体绩效评价指数研究红皮书》，也是第三方开展绩效评价的一次探索。这表明，政府绩效评价开始由政府自己组织实施向由政府以外的学术机构、调查咨询公司等组织实施的方向拓展。

二、我国政府绩效评价的理论研究进展

前面在对政府绩效评价发展脉络进行梳理时，已经就其不同阶段的理论研究成果做了简要的阐述。下面对政府绩效评价的理论研究作一评述。

目前，政府绩效评价研究的理论成果可以简单分为介绍国外绩效评价的理论与实践经验和在中国特定情境下探讨政府绩效评价具体内容这两个方面。

（一）对国外政府绩效评价理论与实践经验的介绍

西方国家政府绩效评价经过几十年的发展，已经形成了一套从理念到方法的完整体系。吸收借鉴西方国家的优秀成果为我所用，是我国政府绩效评价研究的重要内容。美国是最早开展政府绩效评价的国家，但它并没有全国统一的评价制度和标准，而是联邦、州和地方政府各有自己的绩效评价制度与操作方法。即使是《政府绩效与结果法案》，也只是为联邦政府制定战略规划和绩效评价这一目的而制定的，其规范的对象仅限于联邦政府的各个组成部门。另外，美国锡拉丘兹大学坎贝尔研究所对全美国50个州、35个最大城市和40个最大县的政府管理能力进行了评价。作为一个学术研究机构，它独立实施的政府绩效评价对我国民间组织开展政府绩效评价有很好的参考价值。英国的政府绩效评价始于1979年的雷纳评审，之后依次经历了部长管理信息系统、财务管理新方案、下一步行动、公民宪章运动、竞争求质量运动、全面支出评审、现代化政府等形式。2002年，英

国国家审计委员会出台了新的地方政府绩效评价框架——全面绩效考核,并依照此框架对郡政府和一级制政府进行严格考核。此外,还有对新西兰、澳大利亚等国家政府绩效评价实践的介绍。

(二)对国内政府绩效评价具体问题的研究

1. 政府绩效评价理念的研究

现代政府治理变革的基本路径是以"绩效途径"代替"效率途径",以"绩效评价"取代"效率测量",以及与这种变化相联系的结果为本、顾客导向等管理理念的树立。从政府内部看,绩效评价作为管理改革的措施,体现了放松规制和市场化的取向,是一种以结果为本的控制;从政府与外部的关系看,它是改善政府公共部门与社会公众的关系、加强社会公众对政府信任的措施,体现了服务和顾客至上的理念。在科学发展观指引下,政府绩效评价融入新的元素,有学者开始尝试构建政绩与自然生态环境相耦合的政府绩效评价体系。

2. 政府绩效评价组成系统研究

从系统的角度看,政府绩效评价包括绩效目标系统、绩效比较系统、绩效测定系统、绩效反馈系统等。这些子系统又由绩效计划、绩效评价方法、绩效评价主体、绩效评价指标、绩效评价的定量分析、绩效审计、绩效预算、绩效沟通与反馈以及绩效评价法制化等要素构成。只有对各构成要素以及要素间关系进行深入研究,才能保证子系统的良性运行与协调,进而保证政府绩效评价顺利开展。

3. 政府绩效评价的价值取向研究

价值取向构成了地方政府绩效评价体系和绩效评价行为的深层结构,是"要一个什么样的政府或者要建成一个什么样的政府"这一根本目的的体现。价值取向有一股无形的力量,影响和制约着地方政府绩效评价。在科学发展观的指导下,在构建和谐社会过程中,政府正朝着法治政府、服务政府、责任政府、效能政府的建设目标迈进,政府绩效评价应该追求公平、正义、民主、秩序等价值。

4. 政府绩效评价指标体系研究

指标体系是政府绩效评价的核心，是政府行为的导向和反映评价对象属性的指示标志。目前，学者们初步建立起省、市、县、乡各个层级的指标体系，如从公共服务、公共物品、政府规模、居民经济福利4个因素构建省级政府绩效评价指标；通过职能指标、影响指标和潜力指标3个一级指标，11个二级指标以及33个三级指标去评价市县级政府的绩效状况；由职能履行、依法行政、管理效率、廉政勤政、政府创新5个一级指标构成的市级政府绩效评价指标体系；反映政府内部管理能力和为公众提供服务的"内外兼具"的乡镇绩效评价指标体系。此外，还有对专业领域或者未注明适用的政府层级的评价指标体系。

5. 政府绩效评价主体研究

政府绩效评价研究要解决为什么要评价、评价什么、谁来评价以及如何评价这四个问题，其中的"谁来评价"就是评价主体的问题。在理论上，任何政府活动的"利益相关者"都可以作为评价主体而存在。西方企业社会绩效评价主体确定时依据的利益相关者理论，对政府绩效评价主体的选择提供了指引。开展政府绩效评价时，主体的选择与组合要做到既经济又科学，使各主体能充分发挥自身的优势同时又能互相弥补不足。总体上，以多元化主体代替传统的单一主体是政府绩效评价主体构成的发展方向。

6. 政府绩效评价的法律、制度研究

国外政府绩效评价发展较好的国家都有相关的法律制度，如美国的《政府绩效与结果法案》、英国的《地方政府法》和《绩效审计手册》、日本的《关于行政机关实施政策评价的法律》、韩国的《政府业务评价基本法》等，这些法律成为政府绩效评价的制度保证。在我国，公共管理学者讨论政府绩效评价立法与制度构建主要是侧重于对立法内容的研究,对于法律的完整体系构成则关注较少。行政法学者杨寅从行政法的角度设计并讨论关于建立政府绩效评估法律的立法宗旨、基本原则、基本步骤、内容以及对政府绩效评估行为的监督与审查等问题。这是学术界首次从法学的角度来研究政府绩效评价立法问题,对单一从行政学角度研究是一种有效补充。

另外,学者还对政府绩效评价方法、政府绩效与电子政府、政府绩效与绩效预算、绩效沟通与监管等问题进行了探讨。

三、我国政府绩效评价的实践模式

(一)政府绩效评价模式研究现状

政府绩效评价模式是指在政府绩效评价实践过程中产生的可供"模仿"或比较的一个标准或范例。它体现出政府绩效评价构成要素及其评价过程各环节间的相互关系与作用方式。构成要素的组织方式或者评价流程不同,绩效评价就会表现出不同的特点,进而形成了不同的模式。总结各具特色的政府绩效评价实践形式,提炼出不同的评价模式,对地方政府开展绩效评价有重要意义。从全国性的实践来看,英国地方政府绩效评价最显著的特点是中央保持高度的监控权,各级地方政府在绩效信息的收集与处理过程中, 必须严格遵照英国审计委员会的规定。美国地方政府绩效评价则是通过国家级绩效评价研究组织和地方政府合作,在协商的基础上展开的。英国和美国地方政府绩效评价的实践形成了两种典型的模式。国内由于地区间发展差距较大,难以形成国家层面上的绩效评价模式,学者主要在地方政府层面上思考绩效评价模式问题。目前有两种观点在一定程度上被学术界接受:其一是按照评价对象把政府绩效评价分为普适性的政府机关绩效评价、具体行业的组织绩效评价和专项绩效评价三种模式;其二是根据绩效评价的实践特色,把政府绩效评价分为"甘肃模式""青岛模式""思明模式"和"珠海模式"。这两种分类方式都存在相互间交叉重叠、边界不清的问题。而除此之外的分类尝试,都没有得到认同。因此,探寻一个既能包括所有实践形式又能保证不同模式间边界清晰的模式划分标准,是学者面临的一个难题。

(二)政府绩效评价模式的划分依据

在绩效评价中,涉及四类相关者:评价主体、评价管理者、评价组织者和被评价者。其中,被评价者是被研究对象,它有义务提供相关的绩效信息。评价管理者,即政府内部成立的专门的政府绩效评价领导小组或委员会,负责对政府绩效评价活动进行宏观管理,拥有评价管理权;评价组织者,即组织实施评价的机构,主要负责组织评价过程和对评价信息科学处理并获得最终评价结果,拥有评价组织权;评价主体在组织机构的组织协调下对政府绩效做出判断,拥有具体评价权。具体评价权是政府绩效评价的基础;评价组织权是政府绩效评价的核心;评价管理权是政府绩效评价科学、健康运行的保障。

政府绩效评价能否顺利达到预期的效果,在很大程度上取决于评价组织机构的组织和筹划,即评价组织权的使用。作为政府绩效评价的核心,评价组织权既可以属于政府内部的某一职能部门或专门的评价机构,也可以属于政府外部专业性绩效评价机构。因此,不管评价组织权在政府内部还是在政府外部,可以把政府绩效评价模式分为内部评价模式和外部评价模式两大类。内部评价模式是指由政府及其部门组织实施的绩效评价,通常包括第一方评价和第二方评价。第一方评价是指政府部门组织的自我评价;第二方评价是指政府系统内,上级组织对下级的评价,在实际中常常由代表上级的考核办或评价办组织实施。外部评价也称为第三方评价,是指由独立于政府及其部门之外的机构组织实施的评价,它包括独立第三方评价和委托第三方评价。独立第三方评价是指外部机构自己负责组织实施的政府绩效评价；委托第三方评价是指外部机构受政府或其部门委托开展的政府绩效评价(图1)。

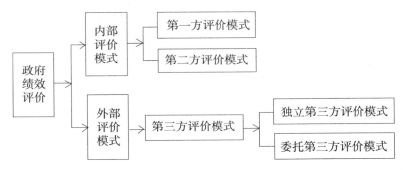

图1　政府绩效评价模式分类

(三)典型模式

根据前面的划分标准，我们对实践中各种政府绩效评价形式进行分析归类，列出三类典型的模式，即第一方评价模式，第二方评价模式和第三方评价模式(见表1)。

四、几点展望

从前面的分析中可以看出，学者对政府绩效评价理论体系的每一个方面都有所研究,并取得了一些成果。地方政府绩效评价实践活动形式多样,形成了各具特色的模式,积累了丰富的经验。但是,理论研究中还存在一些尚未解决的问题:首先,我国开展政府绩效评价的动力究竟是什么？ 西方国家开展政府绩效评价是因为政府陷于财政危机、信任危机和绩效危机。我国政府同样面临着绩效危机,但政治架构、行政体制等都与西方有明显的不同。因此,探寻我国政府绩效评价的动力源泉是学术界的一个重要问题。其次,政府绩效评价的体

表 1 地方政府绩效评价实践典型模式

模式类型	模式名称	评价组织	主要评价主体	评价管理者	评价主要目的	主要特点
第一方评价模式	运城地区行署"新效率工作法"	运城地区行署办公室	办公室工作人员	运城地区行署办公室	探索办公室工作的运行规律，提高行政效率	工作量化、质量优先、全面考核
	烟台市"社会服务承诺制"	市建委承诺办公室	建委所属10个单位的服务对象	烟台市建委	解决行业服务态度差、服务服务量低、群众意见多的问题	把监督权交给市民，动员全社会的力量来监督政府工作
第二方评价模式	青岛市的目标管理绩效考核	青岛市目标管理绩效考核委员会办公室	市考核办、专家评估组	青岛市目标管理绩效考核委员会	打造高绩效的政府组织，落实各项重大决策，提升城市的核心竞争力	督事、评绩、考人，查纪相结合的新督查模式

续表

模式类型	模式名称	评价组织	主要评价主体	评价管理者	评价主要目的	主要特点
第三方评价模式	杭州市"满意不满意单位"评选	杭州市级机关满意不满意单位评选活动领导小组办公室	市民、政府代表、社区党政负责人、企业代表、专家学者等	杭州市级机关满意不满意单位评选活动领导小组办公室	转变机关工作作风，提高服务水平，优化发展环境，促进杭州和谐健康发展	评价主体广泛，根据单位性质分类计分排序，评选结果与奖惩挂钩
	杨浦区机关部门工作目标绩效评估	杨浦区机关工作目标管理绩效考核办公室	人民群众、互评部门、职能部门、分管领导	杨浦区机关工作目标管理绩效考核领导小组	拓宽社情民意渠道，提高公务员的综合素质和竞争意识	评价主体广泛，网上评议得分记入最后结果
	厦门思明区公共部门绩效评估	思明区机关效能建设工作领导小组办公室	临时评估组、普通群众、部门直管领导	思明区机关效能建设工作领导小组	打造一个"事要办好，钱要花少，人民还要满意"的绩效型政府	开发了一套政府绩效评估的系统软件，以提高行政能力为目标

续表

模式类型	模式名称	评价组织	主要评价主体	评价管理者	评价主要目的	主要特点
第二方评价模式	珠海市"万民评议政府"	珠海市委直属机关工作委员会	党代表、人大代表、政协委员、企业和公民	珠海市委	加强"高效率办事、高质量服务、让人民群众满意"的机关作风建设	机关作风建设的组成部分，企业为主要评价主体
	沈阳市"市民评议政府"	沈阳市政府纠风办	普通市民	沈阳市政府	加强机关建设、深化政务公开，推进民主法制化建设	参与范围广，评议内容较全，是政府主导的民意测评
	漳州市机关效能建设	漳州市机关效能建设工作领导小组办公室	效能监督员、机关单位负责人、服务对象等	漳州市机关效能建设工作领导小组	推进机关作风改变、优化经济发展环境	突出考核工作业绩，变单一的考核评比为政府自身能力建设

模式类型		模式名称	评价组织	主要评价主体	评价管理者	评价主要目的	主要特点
第二方评价模式		南通市机关作风建设和目标责任制考核	绩效考评指导委员会综合办、目标办、督查办	市领导、群众、审核组、考评组和监督组	南通市绩效考评指导委员会	提高机关的工作绩效和人民群众对党委、政府的满意程度	将部门分为党政综合服务、政府经济管理、行政执法、垂直管理四类进行考核
第三方评价模式	委托第三方	甘肃省非公有制企业评议政府绩效	兰州大学中国地方政府绩效评价中心	有代表性的非公有制企业、省政府评议组和评议工作专家委员会	甘肃省非公有制企业评议政府部门活动领导小组	通过非公有制企业评价政府绩效，以制定发展非公有制企业的政策	由外部机构组织实施，非公有制企业为主要评价主体，评价过程透明
	独立第三方	广东省市、县两级政府整体绩效评价	华南理工大学公共政策评价中心	18—70岁常住人口、中心研究人员	华南理工大学公共政策评价中心	激发公众议政热情，为政府改善绩效提供参照系	外部机构独立组织实施，评价主体为普通公民

续表

系构成及运行机制是什么？政府绩效评价是一个系统，整个系统的良性运行需要各个组成要素和各个实施阶段间的协调。因此，探索政府绩效评价的体系构成及运行机制是保证评价规范化的核心问题。再次，政府绩效评价的制度建设与立法问题。2009 年 3 月 26 日哈尔滨市第十三届人民代表大会常务委员会第十五次会议通过了《哈尔滨市政府绩效管理条例》。该条例于 2009 年 6 月 12 日得到黑龙江省第十一届人民代表大会常务委员会第十次会议批准，自 2009 年 10 月1 日起正式实施。这是全国第一个地方性的政府绩效评价法，是绩效评价立法探索的首次尝试。但是，政府绩效评价的制度建设与立法问题，仍是研究中非常薄弱的一个领域。最后，随着国内外行政改革的深入和社会经济环境的变化，政府绩效评价自身的发展演变也将进入一个新的阶段，在新的阶段政府绩效评价的内涵是什么，形态是什么，也是学者需要思考的重要问题。

结合我国正处于社会转型期的具体国情和行政体制改革的需求，以及政府绩效评价的研究进展和当前面临的问题，我们认为，未来若干年中国政府绩效评价研究的重点方向包括如下几个方面。

1. 系统全面地梳理目前各地政府绩效评价实践模式，提炼出其核心功能、本质和适用环境。各地政府绩效评价有不同的背景和目的，不同的侧重点，结果的使用也各不相同。因此，理清每一种实践形式的来龙去脉，才能为不同的地方政府选择采用不同的绩效评价形式提供理论指导，同时也为构建我国政府绩效评价框架体系奠定实践基础。

2. 研究构建我国政府绩效评价的框架体系，在吸收国外政府绩效评价体系建设经验的基础上，根据我国的政府组织形式和职能设置，构建我国政府绩效评价框架体系，从而使我国的政府绩效评价走上科学化、规范化的轨道。

3. 探索推动全国范围内的政府绩效评价立法途径。西方国家绩效评价的历程显示,政府绩效评价的法制化是我国的必然选择。西方国家的发展路径是先由中央政府出台政府绩效评价的相关行政规章,在实施一段时间后进一步修正完善规章内容,再以国家法律的形式颁布实施。我国也可以采用这种模式,先由中央政府制定行政条例,经实践后再由人大制定法律颁布实施,其中有一系列理论问题需要研究。

4. 由政府绩效评价逐步走向公共治理评价,由提高政府绩效走向提高公共治理绩效。政府绩效评价基于政府是公共事务的唯一管理者而言,而公共治理绩效评价则基于政府是公共事务的管理主体之一而言。在公共治理主体构成中,企业和公民社会都是不可或缺的重要主体。由政府独自提供公共产品与服务的局面将逐渐被由政府、企业与公民社会三者合作共同提供所代替。因此,由政府绩效评价走向公共治理评价将是未来的趋势,相关理论研究也就面临重要的任务。

(包国宪、周云飞,原载于《科学学与科学技术管理》,2010 年第 7 期)

第三方政府绩效评价的实践探索与理论研究
——甘肃模式的解析

　　甘肃模式是基于对西部区域特征的理性思考基础上所产生的,须放在整个西部治理视阈下加以解读。甘肃模式可概括为以"顾客导向"为价值取向,以非公有制企业为评价主体,由专业学术机构组织实施,具有现代公共治理特征和架构的第三方评价模式,其实质上是一种公共治理评价。从研究背景、基本思路、具体做法以及研究基础与理论创新等方面论述甘肃模式独特的生成机制及组织模式,针对性地提出进一步优化这一模式的策略在于:第一,评价主体的进一步扩展,从以非公有制经济为主的评价主体中渐渐纳入公民、公务员、企业等,实现社会全方位的主体参与,利用网络技术和调查问卷设计的改进拓展公民参与的途径;第二,评价的技术拓展,从评价的软件出发,利用管理信息系统真正发挥绩效评价在政府部门的导向作用;第三,科学认识绩效评估中的缺位、错位、越位的问题,改善绩效评价的功能性问题;第四,积极推进绩效评估的制度化进程,加强绩效评估在政府部门的稳定性、预见性,切实发挥从目标管理到绩效管理的转化;第五,积极探讨第三方评价的理论和实践问题,为走向全面治理评价提供理论和实证保障。

　　2004年底至2005年初,兰州大学中国地方政府绩效评价中心受甘肃省人民政府的委托对全省所辖14个市(州)政府和省政府39个职能部门的绩效进行了评价,并于2005年3月9日向社会公布了评价结果,发布了《甘肃省非公有制企业评价政府绩效结果报告》。这一举措被媒体称作"兰州试验",它开创了第三方评价政府绩效的先河,形成了中国地方政府绩效评价的"甘肃模式",备受各地政府和学术界的瞩目。2006年,甘肃省政府决定继续在全省范围内开展企业评价政府绩效活动,以进一步转变工作作风,为企业发展营造规范严明的法制环境、诚实守信的信用环境、优质高效的服务环境及宽松和谐的创业环境。兰州大学中国地方政府绩效评价中心在总结前一次政府绩效评价实践的基础上,进一步修改和完善了评价方案,于9月初至11月末组织开展了14个市(州)政府和26个省属职能部门的绩效评价活动,最终形成了《甘肃省企业评价市(州)政府及省属部门绩效的结果报告(2006年)》。经过两个年度的评价实践,"甘肃模式"逐步完善,成为中国地方政府绩效评价的四大模式之一。

一、"甘肃模式"的背景

"甘肃模式"的形成有特定的背景。有甘肃解决实际问题的需要,也有国际国内大环境的促动,更有地方政府创新理念所产生的动力。具体看,"甘肃模式"出现的背景主要表现在以下三个方面。

(一)改善非公有制经济的发展环境是"甘肃模式"产生的最直接原因

我国地域广阔,人口众多,各地的经济社会发展极不平衡,不但东部、中部与西部,沿海与内陆,城市与农村之间的发展差距很大,而且由于地理环境及资源禀赋差异、制度差异、国家宏观政策差异、发展机遇差异等原因,致使发展差距还有逐渐拉大的趋势。因此,1999年,国家开始实施西部大开发战略。西部大开发,经济与产业结构调整是其中的重点。西部地区产业结构存在的普遍问题是第一产业偏"种";第二产业偏"重",重中又偏原料、燃料、材料等初级产品;第三产业偏"吃"。每一产业内部的产业链既"短"又"断",加工与深加工环节少而落后。因此,西部大开发的一个主要任务就是探索发展特色经济的道路,而特色经济的发展说到底是个如何创建特色产业结构的问题,以市场为导向的非公有制经济的崛起势必会起到调整、补充、完善、优化产业结构的作用,并能推动区域经济的发展。

但是,甘肃省非公有制经济的整体发展不但落后于东部,而且落后于全国的平均水平。从非公有制经济占 GDP 的比重看,2001 年,甘肃省的非公有制经济实现产值 268.94 亿元,占甘肃省 GDP 的25.08%,而全国的平均水平是 33.2%;2004 年,甘肃省的非公有制经济占甘肃省 GDP 总量的 26.03%,而全国的平均水平是 32.50%,浙江省的非公有制经济占浙江省 GDP 总量高达 59.5%,广东省的非公有制经济占广东省 GDP 总量高达 58%。从非公有制企业的平均规模上看,2004 年,甘肃省非公有制企业的平均规模是 41.5 万元,而全国的平均水平是 75.5 万元,浙江的平均水平是 86.2 万元。从非公有制经济产值的增长速度看,2001—2003 年,甘肃省非公有制经济基本是零增长,2003 年后受全国大形势影响,虽有较快的增长,但仍落后于全国平均增长速度。从中可以看出,非公有制企业平均规模小,发展乏力,已成为制约甘肃省经济发展的"瓶颈"。采取什么样的措施改善非公有制经济的发展环境、提高非公有制经济产值在全省 GDP 中的比重,以及提高非公有制经济的发展速度,成为甘肃省政府的重点工作之一,也成为政府、学术机构和广大非公有制企业主共同关注的问题。通过政府绩效评价,促进政府职能的转变,改善非公有制经济发展的环境,成为"甘肃模式"实践的最根本、最直接的原因。

(二)宏观环境条件使"甘肃模式"的产生成为可能

2001 年 12 月 11 日,中国正式加入世界贸易组织。加入 WTO后,中国拥有更广阔舞台的同时也面临着不可回避的挑战。对政府而言,它要求政治权力的行使再不能像计划经济时代那样任意、专断,政府职能及其目标模式与管理方式、方法都必须置于 WTO 的框架之下。政府管理体制、宏观调控能力及企业、行业的国际竞争力和产业结构升级等方面都需要改革创新,以适应 WTO 的规则和参与全球竞争。2002 年江泽民在十六大报告中指出:"推动社会全面进步,促进人的全面发展","紧紧把握住这一点,就从根本上把握了人民的愿望,把握了社会主义现代化建设的本质"。2003 年 10 月 11 日,十六届三中全会通过的《中共中央关于完善社会主义市场经济体制若干问题的决定》中又提出了:"坚持以人为本,树立全面、协调、可持续的发展观,促进经济、社会和人的全面发展"。2004 年 3 月 10 日,胡锦涛《在中央人口资源环境工作座谈会上的讲话》中深刻地阐述了科学发展观的内涵,并提出了全面贯彻落实科学发展观的具体要求。2004 年 9 月 19 日,十六届四中全会通过的《中共中央关于加强党的执政能力建设的决定》,第一次鲜明地提出和阐述了"构建社会主义和谐社会"这个科学命题,并把它作为加强党的执政能力建设的五项任务之一。这充分表明,十六大以来党的以人为本、科学发展观与和谐社会的执政理念,明确地将人作为社会发展的出发点和归宿,强调人的主体价值、地位和作用,并把人的全面发展作为社会经济发展的根本目的和终极价值。

2004 年 3 月,国务院发布了《全面推进依法行政纲要》,强调政府工作要依法行政,基本要求是:合法行政、合理行政、程序正当、权责统一、诚实守信。2004 年 7 月 1 日,《中华人民共和国行政许可法》正式施行,这部旨在规范行政许可的设定和实施,保护公民、法人和其他组织的合法权益,维护公共利益和社会秩序,保障和监督行政机关有效实施行政管理的法律对于推动政府规范审批行为、依法行政、保障和扩大民权具有重要的意义。

国际环境、政治环境和法制环境,以及我国民主政治的推进、政务公开的程度和公众参与意识的提高,都为甘肃省开展非公有制企业评估政府绩效提供了契机和条件。

(三)政府制度创新的推进是"甘肃模式"产生的关键

从经济发展一般规律看,生产要素的积聚和流入是经济发展的主要动力,哪个地方对资金、技术、人才等生产要素的吸引力大,积聚能力强,哪个地方经济发展就快,反之就慢。在市场经济条件下,生产要素的流向主要取决于发展环境的优劣,也就是说,投资环境、建设环境、干事创业环境好不好,是决定生产要素吸引力大小的关键。基于以上认识,2001年,甘肃省开展营造"投资环境、建设环境和干事创业环境"的大讨论。通过大讨论,目的是促进思想解放和观念更新,推动政府部门职能的转变,规范办事行为,建立良好的用人机制,鼓励各类人才脱颖而出。营造"人人都是投资环境,人人维护投资环境,人人营造投资环境"的良好氛围。为达到以上目的,甘肃省政府、各相关部门以及社会各界积极采取了许多相应措施,组建专门的工作领导小组,成立监察监督组等相应负责机构;对全省市州营造"三个环境"工作进行督察调研,召开不同类型的座谈会、个别访谈等,以此来掌握此项工作的总体进展;加强舆论宣传力度,在报纸、电视、电台等新闻媒体开辟专题栏目,不断把大讨论活动引向深入。通过大讨论活动本身以及采取的一些相应政策措施,省内三个环境得到一定程度的改善,取得了一定成效。但是,大讨论活动本身效果并不理想。因此,甘肃省政府需要创新,寻找一条能持续推动经济发展的路径。政府绩效评价也就是在政府的创新冲动下开展起来的。

以上三方面的原因,促使甘肃省政府及领导认识到:要促进全省经济特别是非公有制经济的发展,必须实现政府在观念上和制度上的创新。于是2004年初"两会"上,在省长的政府工作报告中提出了创新政府工作的"五件事"和"八项工作"。五件事是指推行限时办结制、一站式办公、首问责任制、受理企业和群众投诉、开展非公有制企业评议政府部门活动。八项工作是指一站式服务、限时办结、服务承诺、一次告知、政务公开、开展非公有制企业评议政府、受理企业投诉、受理企业举报。

"五件事"和"八项工作"都有"非公有制企业评议政府",其明确的目的就是怎样更为有力地贯彻执行中央关于发展非公有制经济的方针政策,怎样更为有效制定甘肃发展非公有制经济的政策和措施。答案是让非公有制企业这个最主要的得益者参与政策制定之中,这是甘肃省政府在绩效评价过程中的第一个重要创新点。

由谁来组织这次非公有制企业评价政府绩效工作呢?交给具有学术和技术支撑的第三方——兰州大学中国地方政府绩效评价中心。这是甘肃省政府在绩效评价过程中的第二个重要创新点。第三方学术性专业机构因与评价对象、评价主体之间没有直接的利益关系,其评价更有公信力。对于改善政企、政社、政府与公民之间的关系更为有效,也可以弥补政府内部评价的固有缺陷和不足。

怎么样才能保证评价方法科学,过程公正,结果公平并最大限度地调动社会、企业和政府都来关心,积极参与评价,直接关系到评价的绩效和成效。答案是:透明、公开。从方案到评价实施,直至最后的结果都向社会公开。这是甘肃省政府在绩效评价过程中的第三个重要创新点。

二、"甘肃模式"的设计思路与具体做法

(一)评价方案设计思路

绩效评价作为一种工具,具有很强的导向性,要什么就评什么,评什么就可能得到什么。甘肃省政府评价市(州)政府和省属职能部

门绩效的初衷是促进非公有制经济的快速发展。制约甘肃省非公制经济发展的因素是多方面的,也较为复杂。但从宏观上把握,表现为非公有经济发展的软硬环境较差,且前者对后者有改善作用。而对非公有制经济发展软硬环境的营造与优化,首先取决于政府创新,从理念到手段和方法的全面创新,而创新的必要条件是政府职能的转变。必须按照十六届三中全会的要求把政府职能转变到"经济调节、市场监管、社会管理、公共服务"的目标上来。这是营造非公有制经济软环境的制度基础和政策前提。

基于以上考虑,兰州大学中国地方政府绩效评价中心确定了对甘肃省地方政府和省直部门的绩效评价内容框架,一是把"经济调节、市场监管、社会管理、公共服务"作为基本的评价目标取向,并设定为一级指标;二是对政府的整体绩效和基于满意度的评价,以体现第三方评价的特有优势和基本价值追求。具体从以下三个方面把握:

1. 对政府整体行为和行政结果的评价,政府职责范围内该履行的职责是否履行? 是怎样履行的,做得怎么样?

2. 对政府整体形象的评价,"群众满意不满意, 答应不答应,是衡量政府工作的标准。"通过公民其对政府整体行为和主要工作的评价,反映政府与公民沟通情况以及公民对政府提供公共产品和服务的满意程度。

3. 选择省内非公有制企业,对甘肃省各级政府在 2004 年初为营造发展环境、促进非公有制经济发展方面做出的承诺进行具体评价,以满意度衡量,如一站式办公、限时办结等,以强化企业对政府工作的感知,有利于评价时客观把握。

(二)指标体系设计原则

评价指标体系是绩效评价方案的核心和关键, 反映了绩效评价的基本价值取向。具体而言,甘肃模式评价指标体系设计原则包括:

1. 有限目标与整体行为有机结合的原则。对地方政府的整体行为进行评价,以保障政府的产出及结果,但从方法上必须选择核心目标与事件进行把握,这是"树木与森林"的关系。选择事件和确定目标要体现评价的导向功能,即推动政府行政理念变革和职能转变。可以说,"强调导向功能"是"甘肃模式"绩效评价指标体系设计时最核心的指导原则,也是一种方法。

2. 战略导向与结果导向相统一的原则。通过反映政府具体工作的三级指标的肯定性或否定性评价及权重分配,把政府具体工作与战略使命、眼前发展与长期目标联系起来,以支持政府具有战略意义的基本职能的发挥,从而实现战略与结果相统一。

3. 基于"顾客满意"的原则。这一原则是基于三个方面的考虑,一是作为"顾客"的非公企业最了解政府有关发展非公企业的政策、信息;二是他们最关心这一问题,因为与他们的切身利益息息相关;三是他们的愿望和预期是政府制定政策的重要考虑因素和现实依据。

4. 公开透明原则。一方面,在设置指标体系的过程中强调了与评价对象、评价主体的沟通及互动,保证了评价过程中各方的知情权。另一方面,公开透明也是对评价组织者接受社会监督、提高评价水平和质量的一种保障机制。

5. 一般职能与业务职能相分离的原则。在指标设置的过程中,偏重考查政府的依法行政、服务态度、工作效率等一般性职能,对不同职能部门的具体业务状况,通过对一般职能的支持、贡献来考察。这是确定外部评价和内部评价时的一个重要准则,也是评价结果具备可比性的理论依据。

(三)指标体系及评价方法

1. 评价指标

甘肃模式中的评价指标体系是按市州政府和省政府所属职能部

门两类评价对象以及企业、上级政府、专家三类评价主体分别设计，共设计了四套指标体系和两套调查问卷。每套指标体系均由一、二、三级指标构成。

市州政府绩效评价指标体系的一级指标由"职能履行、依法行政、管理效率、廉政勤政、政府创新"等 5 个评价指标构成。二级指标是对一级指标的细化和拓展，具体包括"经济运行、投资环境、市场监管、公共服务、行政许可、行政审批、行政监督、组织效率、服务效率、廉政建设、工作作风、观念创新、制度创新、管理创新"等 14 个指标。企业、上级政府、专家评价市(州)政府绩效的一、二级指标完全相同。三级指标针对企业、上级政府、专家三类评价主体分别设计。其中，企业评价市(州)政府绩效采用调查问卷，根据二级指标的边界共设计了 50 题。专家评价市(州)政府绩效三级指标包括"经济增长、财政收支状况、就业状况、法规完善程度、执法状况、企业满意度、治安状况、贫富差距、义务教育、基础设施建设、信息公开程度、公民满意度、人员素质、团队精神、电子政务发展水平、危机管理水平、限时办结状况、首问责任制落实、责任意识、服务态度、腐败案件发案率、腐败案件涉案人员占行政人员比例、国家廉政政策执行情况、自律状况、职能转变、政策效果、观念创新、方法创新、行为规范状况、行为表率状况"等 30 个指标。上级政府评价市(州)政府绩效三级指标包括"GDP、财政收入(大口径)、财政支出、金融各机构存款、人均 GDP、GDP 增长率、全社会固定资产投资、金融各机构贷款、社会消费品零售总额、农民人均纯收入、城市职工就业率、全社会劳动生产率、财政收入占 GDP 比率、财政支出占 GDP 比率、非国有经济占 GDP 比率、R&D 占 GDP 比率、注册商标数、登记专利数、假冒伪劣商品案值占社会商品零售总额的比率、消费者投诉受理率、行政经费占财政支出的比重、GDP/行政人员总数、行政人员占总人口的比重"等 23 个指标。

省属职能部门绩效评价指标体系的一级指标由"职能发挥与政策水平、依法行政、政风与公务员素质、服务质量"等4个评价指标构成,二级指标包括"职能发挥、政策水平、行政许可、行政审批、行政监督、部门风气、公务员素质、服务效率、服务水平"等9个指标。企业、上级政府、专家评价省属职能部门绩效的一、二级指标完全相同。三级指标针对企业、上级政府、专家三类评价主体分别设计。其中,企业评价省属职能部门政府绩效采用调查问卷,根据二级指标的边界共设计了40题。专家评价省属职能部门绩效三级指标包括"职责调整到位情况、目标管理责任制实施状况、首问负责制、行政不作为、行政审批、行政许可、政务公开、决策水平、行政收费、行政处罚、行政监督、行政复议、自律状况、一次告知、限时办结、一站式服务、服务承诺、电子政务发展水平、公务员素质、企业满意度、公众满意度、责任意识、服务态度、腐败案件发案率、寻租行为、国家廉政政策执行情况、自律状况"等27个指标。上级政府评价省属职能部门绩效三级指标包括"履行社会管理职能、履行公共服务职能、履行应急管理职能、履行对企业宏观指导职能、加强中介组织管理、实施科学决策和民主决策、结合实际制定政策、创造性执行政策、不断完善政策法规、依法实施行政许可项目、行政审批公平透明、行政许可和处罚权相对集中、法律范围内对各种企业无歧视、按程序办理公务情况、首问责任制落实情况、对政策法规贯彻情况、违法案件和举报申诉情况及时处理、部门秩序、办公环境、部门间协作、索贿受贿问题、吃拿卡要问题、有偿服务问题、工作人员办事态度、解释问题清楚明了、秉公办事文明执法、程序明确简化、程序公开易知、按时办结、遇事不拒不推"等30个指标。

2. 评价方法

甘肃模式采用综合评分法、德尔菲法、问卷调查法、访谈法、文献

法和综合分析法等多种方法。绩效评价以综合评分法作为基本评价模型,从具体的指标开始,逐项分层加权计算,最后汇总得出结果。市州政府绩效评价计算公式与省政府职能部门绩效评价相同。

(1)市(州)政府绩效评价的计算公式为:

$$GP=GP_1 \cdot W_i+GP_2 \cdot W_i+GP_3 \cdot W_i$$

其中,GP代表市州政府绩效总得分,GP_1为企业评价市州政府绩效得分,GP_2为上级政府评价市州政府绩效得分,GP_3为专家评价市州政府绩效得分,W_i为权重系数,满足$\sum W_i=1$。省属部门绩效计算公式与此相同,只是评价主体扩展至全省范围。

(2)单个评价主体评价市州政府绩效的计算公式为:

$$GP_u=\sum_{i=1}^{n}(\sum_{j=1}^{m}P_{ij}W_{ij})W_i$$

其中,GP_u表示某一评价主体评价市州政府绩效得分,n为该评价主体评价市州政府绩效指标体系的要素个数,m表示指标体系第i个构成要素的指标个数,P_{ij}为第i个构成要素的第j项指标的得分,W_{ij}为第i个构成要素的第j个指标在其中的权重。省直部门绩效计算公式与此相同,只是评价主体扩展至全省范围。

权重的确定采用修正的德尔菲法。课题组根据甘肃省地方政府绩效评价的目标与指导思想,借鉴相关研究对权重的分析和确定方法,先行确定一套权重集,对各具体指标的重要性进行标度,再提交有关专家进行德尔菲法调查,对原来的权重集进行调整最终确定地方政府绩效评价(市州政府、省政府职能部门)综合得分计算时所用的权重集,以权重矩阵予以表示。

3. 评价结果衡量标准

甘肃模式对甘肃省市(州)政府和省直部门绩效评价采用了两方

面衡量标准：一是市州政府及省政府职能部门绩效运用综合绩效指数来衡量，由高到低分为 5,4,3,2,1 五个等级,3 为中值,3 以上为好,3 以下为差。在 2004—2005 年度的评价中,非公有制企业占 60%的权重,省政府评议组占 20%的权重,专家委员会占 20%的权重。二是对甘肃省政府 2004 年确定的"首问责任制"等五件事八项重点工作做专项调查,以非公有制企业的满意率来衡量。每项指标用"非常满意""满意""一般""不满意""很不满意"五个等级来测度,非公有制企业的满意率由"非常满意"和"满意"2 个测度因子测算得出。在 2005—2006 年度的评价中,为了更明确地体现民意,把上级政府与专家委员会合并为专家评价委员会,且有关方面的官员以专家和个人身份参与评价。评价主体由原来的三个变为两个,而专家和企业的权重分别调整为 30%和 70%。

（四）评价组织模式

1. 评价组织机构

为了有条不紊地推进甘肃省企业评议政府部门活动,甘肃省政府成立了由一位副省长任组长,省政府秘书长和省经济委员会主任任副组长的企业评议政府部门活动领导小组,负责评价活动的领导与协调,并组织专家对评价方案进行论证。评议活动领导小组下设办公室,负责评议活动的上下、内外日常协调工作。而整个评议活动的实施均由兰州大学中国地方政府绩效评价中心课题组完成,包括绩效评价方案的制定及优化,指标体系的设计与选择,调查问卷的设计、印制、发放、回收,评价数据和信息的处理,评价结果的发布等。

2. 评价组织实施程序

（1）选择评价主体。"甘肃模式"评价主体是从每个市州政府按照产值和纳税从大到小遴选出 500 家企业,在 500 家企业中再随机抽取 300 家企业作为评价主体。从甘肃省各大高等院校、科研机构、社团组织等单位中的专家学者中根据对省情熟悉并长期关注各市州经济社会发展的程度遴选出 12 名专家组成专家评价委员会。

（2）举办评前培训。在每次组织开展评价活动之前，兰州大学中国地方政府绩效评价中心都要委派专人对参与组织实施评价活动的政府部门人员和研究生进行专门培训，从有关政府绩效评价理论到评价方案、操作规程进行系统、全面的讲解，模拟操作演示，做到参与者应知应会。

（3）发放和回收调查问卷。在每次开展评价活动之前，兰州大学中国地方政府绩效评价中心都要选派五个督察小组分赴甘肃省 14 个市州，按照事先随机抽取的企业评价主体组织企业，现场发放调查问卷，当场填写和回收，保证了评价信息的真实性和较高的回收率。2005 年企业评议政府部门活动共发放调查问卷 15750 份，回收有效问卷 10261 份，平均回收问卷有效率为 65.15%。其中，市州政府评议共发放调查问卷 4050 份，收回有效问卷 3168 份，问卷有效率达 78.2%。省直部门评议共发放调查问卷 11700 份，回收有效问卷 7093 份，问卷有效率为 60.62%。除有 13 个部门的评价问卷因未达到统计的信度和效度要求而未纳入评价序列外，其余评价对象的评价均为有效。

（4）召开企业和专家座谈会。在每次回收调查问卷和专家评分表之后，即组织召开企业和专家座谈会，倾听企业家和专家意见和建议。企业家和专家反映的问题作为市州政府和省属职能部门综合绩效评价结果的调整因素和补充事项，成为评价报告的重要内容。

（5）处理评价信息和数据。2004—2005 年度、2005—2006 年度甘肃省政府绩效评价分别发放调查问卷 15750 份和 10600 份；收回调查问卷 10261 份和 9214 份。兰州大学中国地方政府绩效评价中心抽调了 60 多名研究生分两组（一组录入，一组核对）三班对倒，轮流作业。运用现代评价系统工具处理信息,得出结果。

（6）撰写评价报告,公布评价结果。通过认真分析处理后的评价信息,翻阅调查问卷中企业反映的主观性问题,并结合召开企业和专家座谈会反映的集中性、普遍性问题,形成评价报告,报甘肃省政府绩效评价领导小组审核。2004—2005年度的评价结果报告通过新闻发布会及甘肃主要报纸、电台、电视台、省政府政报和政府网站等主要媒体面向全社会发布。而2005—2006年度的评价结果报告报省政府绩效评价领导小组后,未向外公布。

（7）及时反馈评价结果。兰州大学中国地方政府绩效评价中心在形成甘肃省市州政府及省属职能部门综合绩效评价报告的同时,对每个被评单位的综合绩效水平、每个一、二级指标得分情况、企业集中反映的主要问题分别进行反馈。2005—2006年的评价结果报告中还针对分析结果和企业反映的具体问题向政府及部门提出整改意见和建议,帮助被评单位不断提升绩效水平。

（五）评价结果分析

2004—2005年度甘肃省企业评议市（州）政府和省属职能部门结果为:市（州）政府综合绩效指数平均得分为3.677714;省政府所属部门综合绩效指数平均得分为3.637。总体上看,均获得了中等以上的评价（分别占到满分的73.55428%和72.74%）。根据统计分析,市（州）政府综合绩效指数和省属职能部门综合绩效指数两组数据的方差分别为:0.0108816和0.0131873,极差分别为0.349和0.489;偏度分别为0.387,-0.453,峰度分别为-0.162,0.063,基本上在平均数附近呈近似正态分布,离散程度不高。一方面,说明本次绩效评价采用的数据是有效的,可以反映政府绩效的真实状况;另一方面,说明各市（州）政府和省政府所属部门绩效的相差不是很显著。2005年市（州）政府落实省政府重点工作非公有制企业平均满意率为62.41%,

甘肃省政府所属部门落实省政府重点工作非公有制企业平均满意率为 59.2%。

2005—2006 年度甘肃省企业评议市(州)政府和省属职能部门结果为:市(州)政府综合绩效指数平均得分为 3.9436,较上年度提高 0.2656 个百分点;省属职能部门综合绩效指数平均得分为 3.8743,较上年度提高 0.2343 个百分点。市(州)政府落实省政府重点工作非公有制企业平均满意率为 56.03%,较 2005 年下降了 6.38 个百分点。甘肃省政府所属部门落实省政府重点工作非公有制企业平均满意率为 64.02%,较 2005 年上升了 4.82 个百分点。

2006 年评议企业代表普遍认为,由过去"门难进、脸难看、事难办"的现象已转变为"门好进、脸好看、事难办"局面,服务态度有较明显的好转,但服务质量和服务效率的问题依然存在,有待进一步改善。对生态环境治理、执法部门对企业的检查过于频繁、行政信息公开程度不够、办事效率不高等老问题反映依然突出。另外,从部分市(州)政府的评价结果分析中知道,企业随着外部发展环境的改善,参与意识和法治意识的增强,其期望值也在上升,从而对政府工作及绩效水平提出了新的挑战。

(六)对"甘肃模式"评价效果的初步评价

1. 媒体和学术团体对甘肃模式的评价

甘肃省自 2004 年推开对市州政府和省属政府部门绩效评价活动以来,便受到包括媒体、学术团体等社会各界的广泛关注。据不完全统计,2004 年 8 月至 2006 年 9 月,全国上千家媒体对甘肃省政府绩效评价工作做出了报道和评论,包括《人民日报》《解放日报》《中国青年报》《21 世纪经济导报》《南方周末》《香港大公报》以及人民网、CCTV 网等。媒体界普遍认为,兰州试验,开了我国第三方评价政府绩效的先河,意义十分重大。在 2005 年"两会"期间《瞭望·东方周刊》

《中国新闻周刊》也作了深度报道和评论。

中国行政管理学会报送国务院办公厅《关于报送政府绩效评价研究成果的报告》后，时任国务委员兼国务院秘书长华建敏同志做了重要批示，其中提到了甘肃模式并做了重要肯定，将该研究报告批转中编办、监察部、人事部、法制办、国研室、发改委、财政部、商务部、工商总局、审计署阅研。中国行政管理学会对"甘肃模式"也给予了肯定性评价，该会认为兰州大学中国地方政府绩效评价中心对甘肃省政府所辖市(州)政府和省属部门的绩效评价工作，"对政府部门绩效管理进行了理论探索和实践创新，使得甘肃省这方面的工作走在了全国的前列，为中国政府部门绩效评价积累了宝贵经验。"

2. 评价活动的利益相关者评价

作为评价委托方——甘肃省人民政府的代表，省政府企业评议政府部门活动领导小组认为，"兰州大学中国地方政府绩效评价中心作为独立的学术机构所做出的《甘肃省非公有制企业评议政府绩效评价报告》具有一定的权威性，评价结果符合实际，比较客观、公正。"（摘自甘肃省人民政府办公厅甘政办纪〔2005〕9号文件《关于全省非公有制企业评议政府部门工作的会议纪要》）

参与甘肃省企业评议政府部门绩效的企业代表普遍认为，甘肃省政府开展企业评议政府部门绩效活动搭建了政企沟通、信息交流与反馈的平台，使企业有了发言权，有了表达自己想法的渠道，并建议甘肃省政府出台"关于开展企业评议政府部门绩效的暂行办法"，从制度层面保证这项工作长期有效地开展下去。

各市州政府和省属部门对评价结果也非常重视，对绩效评价活动中企业反映的突出问题都认真对待，积极采取措施处理和解决。2005年3月9日，评价结果发布后，甘肃省14个市州政府都先后制定出台了服务非公有制经济发展的具体措施，与非公有制经济发展相关的 11 个省直部门也先后制定出台了促进省内非公有制经济发展的政策。

三、甘肃模式的研究基础与理论创新

通过对 2004 年到 2006 年两次绩效评价整体构架的论证，所揭示的不但是甘肃政府本身绩效评价的问题，而且是在更广阔的治理视野下，总结出了西部整体发展所缺乏的动力及面临的瓶颈。甘肃模式正是从绩效评价的角度提出了解决这一问题的实践途径，甘肃政府绩效评价模式可以精练总结为两点：基于实践的研究以及基于公共治理的评价。首先，甘肃模式本身是一种问题导向型的研究，即在实践中不断总结出绩效评价的一般理论和方法创新；其次，甘肃模式的评价实质上是公共治理评价，即从甘肃发展的经济社会状态出发，解读政府在社会治理中的绩效问题。以此为基础，甘肃模式本身是实践与理论创新相结合的结果，并形成了自身独特的研究基础和理论创新。

（一）甘肃模式的研究基础

甘肃模式最初的假设和总体设计思路的形成，首先是基于对西部特殊区域特征的理性思考基础上得出的。我国东西部制度环境、经济发展程度、地理条件差距较大，地方政府行为模式在多种条件的影响下呈现出不同的行为逻辑。在研究中，通过大量的实证比较研究：从序时性比较，绝对量、相对量比较（如东西部的基本情况、政府治理创新），得出了西部发展滞后的原因，不仅仅是地理位置、经济发展程度而引起的，而更多的是在于政府制度创新、治理能力滞后，从而得出西部所需要的发展契机恰恰要依托于政府的制度创新和治理能力的提升。西部的发展模式是固有政府行为的结果，没有形成真正意义上的"三元"社会格局，而是在发展的路径上存在较强的政府"一元"

行为,有较强的路径依赖性,而现实的发展正面临着市场力量不断的拓展,公民社会兴起所带来的新动力,西部的发展不但需要政府的主导行为,而且需要将其放在一个更为庞大的社会治理体系中去探讨。西部的发展模式、政府行为和重大的社会问题具有自身的规律和特点,针对以上西部地方政府特定的环境和行为特点,对于政府绩效评价而言,就需要研究并探索出一套适应于西部欠发达地区的特殊模式。其次,通过在实践中的摸索,甘肃模式与东部的政府绩效评价相比较而言,东部多以内部评价为主,将政府绩效评价视为一种对组织绩效的提升,同样将其放入一个社会系统考虑,不难得出东部绩效评价的模式同样与东部地方政府的行为模式、累积的社会资本、创新供给能力、制度创新动力等问题相关。所以,东部以内部评价居多,并通过提升指标体系的科学性和解释性来提升政府组织绩效。而西部的政府绩效评价则更多地需要通过外力来打破地方政府固有行为模式的惯性,通过公共治理评价的外力推动,借助社会、市场的力量来完成治理的蓝图。结合甘肃模式的具体做法,甘肃模式是不同于以往绩效评价的第三方评价(外部评价),并且是在对西部地方政府和西部未来发展模式的理性分析和实证研究的基础上提出的。可以说甘肃模式从评价主体的选择、指标体系的设计、组织模式的管理与创新等实践操作上,从理论和实践两个层面上提出了一套符合西部制度环境、针对西部政府发展的绩效评价模式。

(二)甘肃模式的理论创新

甘肃不但从实践中开创了第三方政府绩效评价的新模式,更以实践为依托,进行理论创新,不断完善中国地方政府的绩效评价的理论体系。首次提出了政府广义绩效、评价中的"三权"界定、绩效评价的组织模式管理等学理问题,解决了学术研究和实践操作上的诸多问题,如:政府广义绩效的提出从政府绩效评估的价值取向到绩效观的内涵给予了前瞻性的界定；评价中"三权"的探讨将评价权、监管权、组织权分别定义，从而从"三权"界定中解决了评价主体、评价组织和评价监管之间的内在逻辑关系，并由此清晰地区分了第一二三方评价及内外部评价的科学内涵；政府绩效评价的组织模式及其管理原则从组织的角度研究了绩效评价组织体系的相关问题。在理论研究与实践的相互促进下，甘肃模式形成了以非公有制企业为评价主体，以"顾客导向"为价值取向，由兰州大学中国地方政府绩效评价中心组织实施的第三方评价模式。在具体评价体系的设计中，以提高政府的广义绩效为目标，科学地设计评价指标，将甘肃特定环境特点和需要融入到指标体系的设计中，并充分强调提高政府治理能力，即从整个社会治理水平出发，将评价的重点放在政府对整个社会的治理能力上。评价中通过以制度创新能力为基础的绩效导向，切实发挥政府对非公有制经济发展促进、引导、服务的作用，充分体现出将评价的目标聚焦于促进非公有制经济的发展上。甘肃经济发展由于受非公有制经济发展缓慢的制约（落后于全国平均水平，从绝对量、相对量以及规模上进行了实证研究），经济发展"瓶颈"问题越发显现。另一方面，政府职能转变缓慢，不但表现在"硬环境的缺失"没有很好地促进非公有制经济的发展，而且在软环境的建设，即政府自身的效能建设、治理能力、制度创新能力等方面也没有很好地形成非公有制经济发展的微观制度安排。在这样的前提下，以非公有制企业作为评价主体对政府部门的服务效率、环境建设等要素进行评价恰恰能够反映出非公有制经济发展需要政府所提供的软硬件环境。以"顾客导向"为评价的价值取向，反映出政府不但需要从效率、效能来提高政府绩效，更要从公平，即从"顾客满意"的角度来保证政府的绩效符合公民的价值。"顾客导向"从本质上说凝炼了甘肃模式在绩效评价上的价值追求和体系构建方法，即以顾客为导向就是要从促进非公有制经济的发展出发来对政府工作进行改善。而作为价值追求而言，即不但要追求政府效率、效果的提升，更要从顾客满意度来改进政府的工作思路和目标取向。以绩效评价为桥梁建立起绩效沟通的平台，最终保障从公共治理的角度提高顾客满意度，并在此过程中不断提升公民社会的力量。通过这样的一种绩效价值追求能够使得政府的工作从社会治理的角度进行改善，以地方非公有制经济的发展为导向，从而以此作为政府创新和绩效改进的方向。评价主体的选择完全按照实践中问题的需要，评价的组织权授权兰州大学中国地方政府绩效评价中心，确立了第三方评价的地位。评价的价值取向在重效率、重效果的同时，注重实际评价主体的需要。以上三方面成为了甘肃模式绩效评价的基础。在具体的评价考核体系设计上，切实以绩效观为导向，摒除了目标管理体系下的简单指标设计，并不以打分排序为目的，而是以诊断问题、充分发挥绩效的引导作用，试图通过指标体系的科学构建来达到引导政府走向绩效管理的目的。对市州政府而言，由于较为可比，所以评价中采用较为一致的指标体系，而在省职能部门的评价中，则充分考虑到由于省职能部门承担的职能差别，不具有绝对可比性，所以对绩效评价体系的设计则采取一般职能和特殊职能相分离的原则，从而使得省职能部门的评价结果具有相对可比性，从理论上也提出了解决不同职能部门绩效评价中多样性、针对性、特殊性问题。

综上所述，需要强调的是绩效评价并不是简单的评价问题、技术问题，而是与社会系统密切相关，绩效评价的模式不单要解决绩效评价的操作问题、指标问题，更重要的是怎样认识绩效评价所面对的社会环境，对于解决这些问题能够做出怎样的引导。甘肃模式不同于东部的种种绩效评价模式，正是由于不能将甘肃的绩效评价模式简单视为是对组织绩效的提升，而是通过治理评价来改善政府的制度创新能力、治理能力、对社会的反馈能力，并由此为依托服务于非公有制经济的发展，为非公有制经济的发展真正提供可靠的软硬件环境。通过理论研究和实践评价的不断相互促进，甘肃模式不但完善了绩效评价一般理论体系，更通过实践中的问题导向，以甘肃模式的探索提供了绩效评价中第三方评价的新模式。

结语

通过对甘肃模式背景、基本思路与具体做法以及研究基础与理论创新的论述，甘肃模式切实通过公共治理的外部评价模式，提出了一条以绩效为导向的评价路径，使地方政府通过绩效观的引导，在重效率的同时，同样注重分析问题的过程，在重结果的同时，也重视诊断问题的形成，并通过促进非公有制经济发展来针对性地提出问题，最后通过绩效评价的导向作用，达到政府制度创新和治理能力的提升。甘肃模式所进行的实践和理论创新实质上是一种公共治理评价，从国外的实践不难发现第三方评价是非常普遍的，政府往往利用独立第三方的评价来起到外部监督权力制衡的功效，评价体系形成一个闭合回路从而使得权力的监督、公民满意、政府内部绩效的有机性得以提高。在我国正值"三元"社会治理格局的形成时期，市场、公民、社会的力量不断增强，需要政府作为治理的重要一方在领导中参与，在参与中领导社会事务的理念和能力方面不断创新提升，第三方绩效评价无疑对这一问题给予了科学的回应。所以，甘肃模式不但从一般理论意义上对政府绩效评价模式发展问题提出了一种全新的解答，同时又立足于甘肃实际社会状态，确立了在"三元"社会发展不完善的欠发达地区进行绩效评价的实践创新。从两次的绩效评价实践中，甘肃模式取得了理论和实践上的显著成果，未来需要从以下几个方面进行深入的研究和优化：

第一，评价主体的进一步扩展，在以非公有制经济为主的评价主体中渐渐纳入公民、公务员、企业等，实现社会全方位的主体参与，利用网络技术和调查问卷设计的改进拓展公民参与的途径。

第二，评价的技术拓展，从评价的软件出发，利用管理信息系统真正发挥绩效评价在政府部门的导向作用。

第三，科学认识绩效评估中的缺位、错位、越位的问题，改善绩效评价的功能性问题。

第四，积极推进绩效评估的制度化进程，加大绩效评估在政府部门的稳定性、预见性，切实发挥从目标管理到绩效管理的转化。

第五，积极探讨第三方评价的理论和实践问题，为走向全面治理评价提供理论和实证保障。

（包国宪、董静、郎玫、王浩权、周云飞、何文盛，原载于《行政论坛》，2010 年第 4 期）

政府绩效治理

《政府绩效管理学——以公共价值为基础的 政府绩效治理理论与方法》自序

经过努力,这本《政府绩效管理学——以公共价值为基础的政府绩效治理理论与方法》(以下简称《政府绩效管理学》)终于要与读者见面了。我及兰州大学政府绩效研究团队的所有成员既激动兴奋,又诚惶诚恐。兴奋的是这本著作,作为一个完整的理论体系,是我们十多年研究的汇集、升华和展示,经过三年艰苦写作,终于有个初步成果了。惶恐的是尽管要出版,但自知瑕疵不少。然而理论与实践上都确实急需这样一本书,因此,作为抛砖引玉之举,寄希望学术同仁的批评,并有更多人参与到这一新兴领域的研究之中,寄希望未来继续钻研完善,再版时能呈现给读者更好的作品。

《政府绩效管理学》定位为教材型著作,其内容作为一项基础理论研究,力图突破新公共管理范式下的政府绩效管理理论,作为一门学科,从基本概念,到核心内容,直至方法工具,期望呈现一个较为完整的体系。本书的理论基础是以公共价值为基础的政府绩效治理理论(简称 PV–GPG 理论),令人欣慰的是,其价值得到了国内外同行的肯定,2011 年 10 月 1 日在美国波特兰市召开的第二届政府绩效管理与绩效领导国际学术会议上,当我与 Douglas Morgan 教授联合宣读我们合作的初步成果时,著名公共行政学家、美国国家行政科学院院士、美利坚大学教授 David Rosenbloom 认为:"基于公共价值的政府绩效管理与领导, 因其范式意义和整体性视角而对公共行政做出了历史贡献"，美国弗吉尼亚理工大学教授、时任 *Administration and Society* 杂志主编 Gary Wamsley 说："这是一项对这个领域有着极其重要贡献的工作，它的'比较'起源和视野使这篇文章非常卓越"，并当即约稿，文章在该杂志 2013 年第 4 期上发表。以这一理论为基础，我们申报的研究项目因其原创性价值而得到了 2014 年度国家自然科学基金重点项目的资助。

本书的研究建立在对新公共管理反思的基础上，以绩效为基本单元展开研究，核心回答三方面问题，一是什么是政府绩效？二是政府绩效是如何生产的？三是如何从理论上保证政府绩效最大化？作为现代绩效管理发展顶峰，新公共管理在解决绩效提升、改进公共服务、整合社会资源、强化政府行政动力等方面取得了前所未有的成功，因此，也有效缓解了西方政府信任、管理和财政危机。然而，如同任何理论一样，新公共管理范式下的绩效管理是有其特定使命的，当社会变迁和政府变革超越了理论本身的内在规定性和应用条件时，其局限性就会显露出来，致使其在实践运用中失灵，或者导致从行政思想到政策效果的价值冲突。一句话，面对这样一个充满问题的社会，包括政府在内的所有成员感到困惑不堪、且难以自拔，而理论创新是唯一出路。

新公共管理的一般组织假设有效地运用了科学管理的绝大部分成果，并在全世界绝大多数发达国家取得了卓越的效果，同时也在发展中国家，特别是一些新兴国家中产生了影响，积极赴其后尘而效法。中国从 20 世纪末，在极度短缺经济条件压力和发展冲动下，很多地方政府学习引进、消化吸收和创新发展政府绩效评估与管理，形成了诸如青岛、珠海、思明、甘肃等典型模式。如同发达国家走过的路子一样，我国很多地方也出现了强化 GDP 主义的倾向。重眼前利益，忽视长远发展；重经济增长，忽视环境改善；重财富积累，忽视成果的公平分配,产生了一系列影响社会和谐的问题,给经济社会的持续发展带来了严重的后遗症。为什么会出现这种情况呢?我们认为,其根本原因是新公共管理范式下政府绩效管理固有的局限性所致。首先是引入私人部门管理方式、方法与手段,形成了以工具理性为核心的理论取向;其次是强调产出与结果,忽视公共行政过程的功能,特别是非任务特征的行政活动与机制,形成了以任务导向为核心的实践取向;再次是未能形成系统的政府绩效管理理论体系,所有理论与方法都是建立在实用主义认识论基础之上,从而呈现出其理论上的"碎片化"特征。作为政府绩效管理制度体系和顶层设计的科学依据与方法,其混淆了公共部门(特别是政府)与私人部门的根本区别,忽视了政府对公共资源和公共权力的垄断所有权与支配权;混淆了政府绩效与私人部门绩效的根本区别,私人部门绩效的一维性内涵是无法替代政府绩效多维性内涵的,而这一点正是解释公共部门发展动力与可持续性的重要观点;混淆了政府绩效生产与私人部门绩效生产的根本区别,私人部门绩效生产的一元主体本质规定性,是不符合政府绩效生产多元主体本质规定性及其"合作生产"机制要求的。这可以用来解释为什么一些政府干好事却未产生预期效果,常常会出现民众"端起碗吃肉、放下筷子骂娘"的现象。正如 Wallace Sayre 所言,"公共部门和私人部门在所有不重要方面都是相同的。"新公共管理因正好体现了这些不重要方面,使科学管理产生了显著功效,而又使其忽视最重要方面而产生难以克服的局限性,实践和政策上的冲突则难以避免。

那么,作为公共部门的政府与私人部门相比,这个最重要的方面是什么呢?就是作为政府本质规定的公共性及其内容表现形式的公共价值。公共性是政府及其部门存在、运行、生产绩效等一切活动合法性的基础。所以,这一本质规定性的理论必然是反映政府绩效与公共价值有机体的一种范式。它们二者的关系并不是彼此分离状态，也不是有些理论所主张的公共价值处在行政管理的指导地位。PV-GPG理论认为，政府绩效是在政府主导下，在社会价值建构基础上，经由战略、组织管理和协同领导作用，对公共资源和权力科学配置的产物。其核心要义是公共价值的基础地位，社会历史依赖和公民、政治精英与政府形成的共识；多元合作生产及权责关系；结果与过程的统一及社会、战略和管理三类绩效的兼容。缺失了公共性的公共行政理论如同缺失了公共性的政府一样，在理论和实践两方面都找不到自己的位置。正如 Ronald Moe 教授所讲的"以市场机制解决公共管理问题基本上背离了政府存在的目的"，Douglas Morgan 教授也认为："无论政府的经济、效率和效益提高到何种程度，都不足以也不可能成为公民对政府信任的替代品，两者之间不是简单的等同关系。"所以，本书以 PV-GPG 理论为核心内容，以公共价值绩效治理为主线展开论证，试图回答前述的三个问题，回应新公共管理范式下绩效管理遭遇到的困境与挑战。

本书按照 PV-GPG 理论结构中的政府绩效社会价值建构、组织管理和协同领导三大部分布局，其立论基础是两个基本命题：①政府绩效是一种社会价值建构；②在以公共价值为基础的政府绩效治理体系下，产出即绩效。

政府绩效社会价值建构集中讨论影响绩效的社会因素、生成路径以及其与社会结构、国体政体结构的关系，核心即平衡历史文化路径依赖，政党、政府与公众关于绩效的价值诉求和博弈关系。要解答政府绩效观的问题，政府绩效内涵和判断标准问题。对于一个确定体制下的社会而言，必须明确回答，我们需要什么样的政府绩效？以何种方式生产政府绩效？这是 PV-GPG 理论最为本质的规定性，也是我们关于政府绩效研究的一个发现。对于政府绩效而言，社会建构是对历史和文化的尊重,其价值建构是民主管理的体现,是公共治理的重要形式。这一过程完成了公民作为政府绩效"所有者""生产者"和"评价者"角色的根本转变,重构了国家、社会、政府与公民的关系。纵观历史,横视世界,任何一个民族的崛起,国家强大和公民发展都来源于此,我们也从中意识到,这一点应当作为政府合法性基础的理论意义和实践价值。

政府作为一个复杂的组织系统,是个"黑箱",而作为模糊了边界而深深嵌入社会的现代政府,虽然其透明度增加了,但因其复杂性更大而使其"黑箱"特性并没有弱化,而政府绩效因公共价值这一"灵魂"的介入却使其"测不准"特征更加突出。因此,政府绩效评估与管理实际是一种"盲人摸象",不得不从管理走向治理。

回应这些理论问题所形成的"解构—分析—综合"的研究方法论和"政府绩效价值链"分析方法,对于打开政府这个"黑箱"及认识政府绩效"测不准"特性意义重大,成为 PV-GPG 理论的重要内容,而"绩效损失"分析方法,对于实现政府绩效最大化,不但从思维高度具有创新意义,而且在实际绩效测量方面可以形成一套可操作的程序与方法,推动政府从过去"我们做了什么?绩效是多少?"转向"我们什么没做好?绩效损失有多大?改进空间在什么地方?"——这是我们今天建设服务型政府、持续改进公共服务品质的有效切入点,也是关住政府权力的"笼子",而不像过去在经济增长推动下,政绩成了很多地方发展中的"潘多拉盒子",一片繁荣下,为国家、社会和民众带来了严重的灾难。从中可以看出,"解构—分析—综合"方法论,价值链分析和绩效损失分析构成了政府绩效管理学的方法论体系。这也是一门学科存在价值的重要体现。

组织管理部分构建起政府绩效管理体系,本质上是政府的战略体系。由执政党与政府高层组成,搭建起政府与社会的桥梁,核心任务是如何把社会价值建构过程中形成的绩效价值观、绩效价值判断，体现在政府战略使命和愿景中，并融入日常的公共行政中，推动实现政府绩效最大化。这一部分另一个重要任务就是通过计划、组织、领导、控制等管理职能，科学地组织绩效生产。

协同领导体系也是 PV-GPG 的一个创新亮点，基于此可以构建公共领域的领导理论，而传统的领导理论基本是建立在组织，特别是私人组织基础上的。从政府绩效的社会价值建构到构建绩效战略体系，直到行政管理，选择、约束和领导三大机制使绩效治理在演化与规划这个双轮车的行驶中完成，其中公共领导者发挥着核心作用。

PV-GPG 体系中的绩效领导有三个层面的本质规定，即与价值建构联系的价值领导，在绩效价值观、绩效内涵与标准确定中起到领导作用，回答我们要什么性质的绩效；与绩效组织管理相联系的是愿景领导，在传导绩效价值观、形成政府愿景与使命方面发挥着核心作用，回答我们要建设一个什么样的政府；与一般公共行政相联系的效率领导，在提供公共服务、提升公共服务品质及对公民的回应方面承担着直接的责任，政府的价值供给和公民的价值需求都是在绩效治理过程中予以平衡的。这三者之间形成了绩效领导的基本结构及其协同体系支撑下的机制，对于管理绩效生产各层次、各主体、各环节以及各种价值冲突，构建一个以政府为核心的时空和谐体发挥着关键作用。

我们的研究还有几个重要发现：①绩效问题是公共行政的一个基本问题，在公共行政发展过程中，政府绩效所体现的核心内涵是不同的，在社会演化过程中实现了概念形式由隐性向显性，概念结构由一维向多维，评估由客观向主客观一体的变迁。②政府绩效是政府存续与发展的源泉，因此，政府都从追求绩效中寻求合法性基础，而往往又会在错误绩效观指导下，或者颠倒了绩效质与量的规定性之间的关系而致使其难以实现自身狂热追求绩效的初衷。从中而知,绩效很重要,而其中的内涵更为关键。③公共价值是政府发展、持续改进绩效的根本动力。放弃公共价值单纯追求经济效益,政府组织与私人部门有何二致?放弃根本和长远利益追求眼前的经济利益与选票,无异于政府的自杀,放弃价值创造而让公众福利缩水,无异于没有政府。公共价值是政府绩效的灵魂,这是自立于世界之林的民族要永远捍卫和坚守的信念,绩效激励的基础首先应建立在这一点上。④评估组织权在政府绩效评估的三权结构中处于核心地位。不首先科学民主地确定组织权,包括组织主体、程序、方式方法,都难以跨越作为世界性难题的政府绩效评价困境,第三方政府绩效评价的生命力就建立在这一理论基础上。

根据以上研究思路,形成了政府绩效管理学的体系和 PV-GPG理论模型,全书除导论外,共有 7 章内容,包括政府绩效的社会价值建构、政府绩效的投入要素、政府绩效价值链、政府绩效的组织管理、政府绩效评估体系与基础模型、政府绩效的价值协同与领导和政府绩效管理中的公务员。可以说,这仅仅是个起点,接下来我们将在PV-GPG 框架下,完善和深化政府绩效管理的基础理论研究,并在公共政策、公共项目、公共服务、公共财政等领域积极探索,以产出高水平的应用研究成果,作为本书的延续和 PV-GPG 理论的重要目标。

几十年的生活和研究,本人一直有个挥之不去的困惑:为什么一个国家、一个政府、一个官员既可以在追求绩效中成长发展,又可能会在追求绩效中萎靡毁灭呢? PV-GPG 理论给了我一个满意的回答。这就是我和我的团队十年来,放弃了其他一切研究议题,而持之以恒钟情于以公共价值为基础的政府绩效治理理论的理由和意义,这是使命使然。我们强烈意识到:中国政府绩效管理一定要在开放格局下推进,要借鉴西方的经验教训,但不能走西方新公共管理的老路。而

政府绩效管理理论体系构建是解决当前政府绩效管理问题的关键。实践需要理论，传统的政府绩效管理理论需要重构。在当今中国全面深化体制改革，有效提升国家治理体系和治理能力现代化水平，必须认识到政府绩效治理体系是国家治理体系的重要内容，也是国家治理体系中的基础组成部分。

　　我最后还想说的是 PV-GPG 理论仍然是个初生的婴儿，要健康成长，必须求教于国内外同仁、实务界人士和我们的衣食父母——广大的人民和广阔的社会。

　　（包国宪、道格拉斯·摩根，原载于《政府绩效管理学》，高等教育出版社，2015 年出版）

以公共价值为基础的政府绩效治理
——源起、架构与研究问题

　　政府绩效管理兴起二十多年来，已由西方国家应对财政和信任危机、提高行政效率的工具拓展为各国政府改革和创新的重要内容，新公共管理的实践价值和理论优势在其中都得到了充分体现。但其理论缺陷和实践中的困惑，特别是在公共价值方面的冲突使学术界的探索从未停止。本文通过对中国、美国、日本等国的实践案例考察，从制度变迁和公共行政学术史两个层面的质性研究，提出了以公共价值为基础的政府绩效治理理论体系框架。文章首先从"公共性""合作生产"和"可持续"三个方面对新公共管理背景下的政府绩效管理进行了反思，认为公共价值对政府绩效合法性具有本质的规定性。其次，初步论证了以公共价值为基础的政府绩效治理的两个基本命题——政府绩效是一种社会建构、产出即绩效；认为只有来源于社会的政府绩效才能获得合法性基础，也只有根植于社会的政府绩效才能产生其可持续提升的需要，这是政府绩效管理的根本动力；而在政府绩效价值建构基础上的科学管理，才能保证政府产出与社会需求的高度一致，充分体现科学管理的价值。再次，从这两个基本命题出发，以价值管理和管理科学理论为基础，构建起了以公共价值为基础的政府绩效治理模型，并对模型中政府绩效的价值建构、组织管理和协同领导系统等主要内容进行了阐述。最后，从模型如何"落地"、政府绩效管理的价值分析和研究拓展等方面提出了未来的研究方向。

一、引言

从 1906 年布鲁尔等人成立纽约市政研究局开展公共部门效率考评以来,政府绩效评估和管理就一直伴随着公共部门的改革进程。在经历了新公共行政(NPA)所强调的"公平导向"和新公共服务(NPS)运动强调的"顾客导向"之后,政府绩效评估的价值取向开始走向多元,逐步包含了经济、效率、效益、公平、顾客满意度等多个方面。一般认为,真正促进政府绩效评估向绩效管理转变,并促使政府绩效管理兴起的是 20 世纪后期的新公共管理运动(NPM)。在新公共管理运动所秉持的竞争、外包和私有化等精神的推动下,政府开始大量引入私人部门的管理技术和管理方法来提高政府效能,绩效管理作为一种管理工具在以政府为首的公共部门大行其道,逐步发展成为西方各国政府提高政府效率和公共服务质量的关键手段。我国自改革开放以来就尝试和探索着各种形式的政府绩效评估和管理工作,理论界也开始从西方引进和介绍政府绩效评估与管理的理论方法和实际做法。

近些年来,伴随着我国社会主义市场经济体制的确立和行政体制改革的深化,政府绩效评估与管理迅速成为公共管理理论研究和实践的热点问题,并产生了大量的研究成果和实践模式。2011 年国家监察部牵头建立的政府绩效管理工作部际联席会议制度和政府绩效管理试点工作的开展标志着我国的政府绩效管理实践开始进入了制度化探索的新阶段。政府绩效管理在西方国家应对政府危制、完善政府部门内部管理和寻求新的公共责任机制等方面发挥了不可替代的作用,就像欧文·休斯所说的那样:"如果政府想要维持对政策执行的控制,又要监督日常责任,绩效管理就成为一个基本工具。"政府绩效管理在我国虽然起步较晚,但已然成为政府改革的抓手,在提高政府工作效率、降低政府成本和改进政府与社会关系等方面发挥着越来越重要的作用。新公共管理背景下发展起来的政府绩效管理,其本质是工具性的,即关注的重点是管理技术和管理工具,具有明显的管理主义特征,它可以不受价值和文化差异的约束,应用到政府管理过程中来。然而,也正是这一工具性特征给政府绩效管理实践带来了一系列问题。在西方,不断提升的政府绩效水平并不一定就会带来公民对政府满意度的提高和公民对政府信任水平的增加,与此同时,政府部门的绩效提升也并没有引起政府应对环境挑战能力的显著变化。在我国,有学者认为,政府主要通过制度运行的绩效获取合法性,而制度绩效往往被简单地用经济发展方面的成就来代替,政府绩效管理非但没有改变原有的管理制度和程序,也没有改变政府以及公共管理者的行为方式,反而强化了科层制的优势。与此同时,政府绩效评估的主体选择、制度设计、评估内容、公民参与和结果使用等方面也广受争议。

为了回应和解决这些问题,国内外不少学者从政府绩效管理的战略视角、治理创新、体系重构和多元价值导向等多个方面开展了研究,这些研究的积累为本文的开展提供了基础。然而,尽管这些说法都不无道理,它们却都没有关注到公共价值对于政府绩效合法性的本质规定性。失去了公共价值基础的政府绩效犹如无源之水、无本之木,不但不能达到政府创造公共价值的终极目的,反而在一定程度上会造成公共资源的浪费和对政府原有运行机制的不合理干扰。我们认为,政府绩效管理在本质上要体现基本的公共价值追求,并在此基础上对公共行政过程进行管理和治理。正是基于这一认识,结合笔者和国际合作伙伴在中国、美国、日本、越南和韩国的案例调查和实践经验,在对新公共管理背景下的政府绩效管理进行反思的基础上,本文从公共价值视角审视和思考政府绩效管理过程,提出了一个以公共价值为基础的政府绩效治理模型,并对其主要内容进行了解释,为解决政府绩效管理中的实践问题提供了一种新的路径。

二、对新公共管理背景下政府绩效管理的反思

学界对新公共管理运动的批评从未停止过,Moe 甚至认为以市场机制解决公共管理问题基本上背离了政府存在的目的。作为新公共管理运动的核心内容,尽管有人认为政府绩效管理作为一种新兴的管理模式,既继承了传统公共行政对效率与工具的追求,也体现了公平、服务、责任和回应性等价值理念,是一种理想的公共部门管理工具。但正如前文所述,政府绩效管理实践中的一系列问题都难以面对现实和理论的拷问。综合已有研究成果及笔者的研究和实践积累,我们认为,引起这些问题的原因主要在于新公共管理背景下对政府绩效管理"公共性"的忽视、政府绩效管理的"合作生产"主体缺失以及政府绩效管理"可持续性"的缺乏。

(一)政府绩效管理的"公共性"问题

从组织学意义上来说,政府作为一个一般性组织,私人部门的绩效管理方法可以运用其中,然而,政府本身又不是一个一般意义上的组织,它有自身的特殊性,有其特殊的使命和责任。Moore 从财务绩效、组织存续和社会价值三者的关系角度阐述了政府和私人部门的区别,认为私人部门的财务绩效、组织存续和社会价值三者是一致的,而对于政府而言,财务绩效和组织存续却不等于社会价值。这就决定了政府不能将私人部门的管理方法照搬,也就是说,政府行为必须要体现"公共性"。弗雷德里克森在《公共行政的精神》一书中提出公共行政的公共性应满足四个基本的条件:一是必须建立在宪法之上;二是建立在得到强化了的公民精神的基础之上;三是建立在对集体的和非集体的公众的回应之上;四是建立在乐善好施与爱心的基

础之上。政府的一切行为首先要体现其公共性的特质和要求,它是政府全部工作坐标系的原点。缺失了公共性的公共行政理论如同缺失公共性的政府一样,在理论和实践两方面都找不到自己的位置。

政府绩效管理由传统公共行政的"效率中心主义"发端,新公共行政为了强调社会公平,力图用"社会效率"取代"机械效率",但效率的核心地位并没有被动摇。出现于 20 世纪 80 年代的新公共管理运动,尽管花样不断翻新,其"工具箱"如同"万花筒",但固定的思维模式和预先设定的管理路径选择就是谋求通过竞争、外包和私有化等促进绩效的手段来应对来自公共领域的挑战,对市场化的盲目崇拜在一定程度上愈益加深了其对效率的痴迷。政府绩效评估活动通过分权、结果导向、个人责任制等途径贯彻了效率优先的原则,这些途径由于不再具有明显的等级制和命令——控制色彩,表现为对责任和质量的重视,因而容易被我们移情为是对公共责任和社会公平的追求,而实际上政府绩效评估在解决效率与"公共性"的冲突问题上并没有取得实质性的方案。虽然"行政效率的研究要充分体现研究对象的特性、适应公共目标、公共责任、公共环境和公共组织的基本特点"的呼声一直未曾中断,但是私人部门管理的方法还是经常不加区分地、自觉不自觉地被引入政府绩效管理过程中,比如简单化了的结果导向、在不确定的环境下过分强调绩效、低估了公共服务供给中购买者和供给者相互分离的难度等等,效率依然是占优的价值取向。

(二)政府绩效管理的"合作生产"问题

Stephen Brookes 在《新公共领导挑战》一书中明确指出,政府绩效的获得不仅取决于纵向上的组织、控制和科学管理,在复杂的环境中,政府绩效实际上更取决于横向上与其他利益相关者,如公民、私营企业和非营利组织的合作。"合作生产"(Co-Production)不仅是一种态度,更是一种实践手段。

政府绩效管理的实践路径从政府自身视角可以划分为"自上而下"的控制路径和"自下而上"的促进路径。"自上而下"的控制路径包括政府对效率和效益的追求、对绩效评估结果的报告和对责任的控制;在"自下而上"的促进路径中,绩效信息则被用来促进理解和学习,进而改善结果并提升公共服务绩效。在这两种路径中,政府都很少与横向的利益相关者进行合作。作为一种新的行政模式,"治理"强调由政府、市场和公民社会形成组织网络,合作参与社会事务管理,谋求公共利益最大化,并共同承担责任,以"善治"为最终目标。政府绩效只有通过"合作生产"过程才能得以形成。

首先,政治过程需要被考虑。外部的政治支持或者直接影响绩效管理的有效性,或者通过影响组织支持和外部利益相关者的参与来间接影响绩效管理的有效性。政府绩效评估从过程角度分为接受和实施两个阶段,政府绩效评估的接受主要受受组织和技术因素的影响,而其实施则主要受制于政治和文化因素。

其次,如上提及,组织支持需要被考虑。绩效管理者要更多地关注组织复杂性、组织协作、组织文化、组织部门间或组织内部竞争以及政治和经济环境。就像 Moynihan 指出的那样,组织支持是绩效评估被接受和管理有效性达成最重要的前提,缺乏组织支持将对由外部压力驱动的政府绩效评估提出非常严峻的挑战,决策者必须将绩效评估与组织内部管理动态地联系在一起,并且有效地利用组织内部已经存在的资源和变革。

再次,公民和其他利益相关者的参与需要被考虑。公民参与对于提升政府项目的质量和政府机构的回应性具有至关重要的作用,可以增加政府的合法性和信任,并支持"自下而上"的路径。政府绩效评估能够直接地通过公民参与绩效评价过程,或者间接地通过公民对政府绩效的感知来促进公民对政府的信任,要通过建立制度安排、增加公民参与和沟通使得政府绩效与政府信任之间更好地进行连接，必须从治理的视角来看待政府绩效的提升和信任的建立，要致力于构建政府机构与公民、私人部门和非营利部门等利益相关者及合作伙伴的动态伙伴关系。在一个公民驱动的政府绩效管理系统中，公民承担着绩效的"所有者""问题形成者""共同生产者"和"评估者"等多种角色，政府应该更多地关注回应性，倾听公民的声音并且进行反馈，因为这对于政府绩效的影响或许是更为关键的。将政府视为绩效唯一的"生产者"，而忽略横向上的其他利益相关者，不仅难以使绩效得以改善，而且最终会破坏其得以承载的共同生产网络。

（三）政府绩效管理的"可持续"问题

作为过程的政府绩效管理，需要不断地进行评价、反馈、沟通和改进才能促进其不断创新，从而持续提升政府绩效水平。我们认为，政府绩效管理的"可持续"主要包括两个方面：

其一是政府绩效评估行为和内容的可持续性。在西方发达国家，政府绩效评估开展的基本过程及评估指标和内容一般都是通过法律或法规的形式进行确定的，也形成了相对稳定的评估机构和评估机制（比如美国俄勒冈州波特兰市通过审计办公室开展以标杆管理为基础的政府绩效评估活动，并定期向社会公布评价结果；美国1993年通过的《政府绩效与结果法案》在2010年经过了重新修正和国会批准后依然是美国联邦政府部门绩效测量和绩效报告的纲领性文件，等等）。然而，我国的政府绩效评估却显示出很强的"自发性"，迄今也未能形成统一的模式和实施规范，一些已经成功尝试了绩效评估活动的地方政府，也由于种种原因而停止了评估活动。政府绩效评估穿上各种各样的彩色外衣后被无情地"嫁接"在形形色色的运动上，其命运必然是昙花一现，追求的还是短期利益，这不仅有悖于绩效持续性改进的宗旨，而且会成为政府绩效持续性改进的主要障碍。

其二是政府绩效结果使用的可持续性。新公共管理背景下发展起来的政府绩效管理更多地关注"绩效得分",而忽视了对绩效信息的使用。研究发现,尽管政府已经实施了绩效评估行为并得到了绩效信息,这些绩效信息却没有被有效使用,也就是说,使用绩效信息来促进政策和项目实施、提高绩效并最大化公共利益的绩效管理行为是严重落后于绩效评估行为的。同时,一些第三方机构组织的政府绩效评估活动也由于在价值取向上与政府发生了分歧,而对绩效评估结果的公布和使用方式没有达成共识。作为一种过程,政府绩效管理由战略规划、年度计划、持续性绩效评估、绩效报告和信息利用等环节构成,是一个动态的过程,缺少了绩效结果使用环节的绩效管理过程虽然能够发现政府管理中的问题,但却丧失了解决这些问题的前提和基础。造成政府绩效管理不可持续的原因是多方面的:一是没有法律法规的支撑,这需要一个长期的努力过程和中央政府层面推动的法律制度建设;二是领导系统缺乏连续性,政府绩效评估活动往往会围绕领导确定的"中心工作"或者社会热点问题展开,但伴随着领导更替和热点转移,政府绩效评估便会夭折;三是政府绩效评估的管理主义倾向,比如政府会把"政府的高绩效"与"经济的高增长"划等号,把"政府绩效评价"与"干部工作考核"划等号等,更有甚者,在线性逻辑下,把产出甚至把投入当绩效,比如,眼下有些地方政府盲目的招商引资行为,政府工作报告中只言干了什么而不问结果如何都属此类。实际上,政府绩效的内涵非常丰富,不仅仅表现为政府的行政产出与投入之比,还应当包括公民满意度和地方发展战略促进机制两个重要方面。

本文认为,一个高效的政府虽为必要,但却不是政府所应该追求的全部,"只顾低头拉车,不顾抬头看路"的政府绩效背后往往隐藏着严重的社会问题。政府在追求效率、效益和结果的时候,更要关注公私部门是完全不同的，它们之间有着根本的区别，只有这样才能真正保证政府绩效的提升、社会价值增长与政体合法性的建立之间的一致性；在复杂的环境下，政府已经不再是绩效的唯一"生产者"，政府绩效需要一个"合作生产"过程；同时，政府绩效管理只有坚持"可持续"的准则才能发挥其应有的功效。当我们在强调新公共管理背景下政府绩效管理的管理主义优势时，我们却慢慢地发现绩效已然成为了一个孤立的概念。建立在新公共管理理论基础上的政府绩效管理虽然很好地解决了绩效管理的科学性问题，构建了政府绩效管理的科学模式和方法，但却忽视了对于政府绩效合法性而言最为本质的公共价值基础，传统的治理理论虽然为政府绩效的"合作生产"提供了依据，但也无法从根本上解决问题。以公共价值为基础的政府绩效治理一方面源起于绩效本身的内涵变化，另一方面，也源起于复杂的环境和复杂的问题对公共管理提出的挑战以及突破这些挑战所必须立足的价值诉求。

三、以公共价值为基础的政府绩效治理的理论基础

对公共价值以及公共价值与政府绩效管理间关系的研究构成了以公共价值为基础的政府绩效治理的理论基础。

对公共价值的研究很多，不同学者研究的侧重点不同。一些学者关注于在私有化和将私人部门管理模式引入公共部门的背景下对公共价值的保护和调和，强调公共价值的社会意义和民主价值；也有学者关注于一般的公共价值内涵或公共价值的种类等问题，强调公共价值对政府官员行为、政府组织形式和公共政策的引导。最先提出公共价值概念的是哈佛大学 Mark Moore 教授，他认为公共管理者的主要任务就是要致力于寻求、确定和创造公共价值，他们不仅要为达成授权目标而工作，还应当回答"怎样做才是有价值的"这一问题。他提

出了著名的公共部门战略三角，即公共管理者必须向上获得政治授权、向下更好地控制组织的运作、向外考虑与组织紧密相关的外部环境，以确定什么是公共价值。他认为"价值"是扎根于个人的期望和感知的，而"公共价值"是公众对政府期望的集合，政府不仅要确保组织的存续，而且更重要的是要根据环境的变化和对公共价值的理解，改变组织职能和行为，以创造新的价值。O'Flynn认为，公共价值是一种集体表达的、政治协调的公民偏好的反映，公共价值的创造能够有效地提升公民信任。他进一步解释说，新公共管理以经济视角为基础来定义政府，通过二十多年的实践，其弱点已经显示出来，研究者和实践者都越来越感兴趣于通过公共价值来理解政府行为、制定公共政策和供给公共服务。公共价值在作为公共组织最终目的的同时，也定义了追求公共价值过程中的准则。

首先，作为一种治理方式，公共价值管理强调通过合作生产模式来优化公共部门的功能并产出绩效，强调将政府目标从主要追求经济、效率和效益转向追求更加广泛和本质的公共价值。

其次，公共价值的概念经常与善治联系在一起，不仅触碰到了治理的效益和效率，也碰触到了道德、民主和合法性的问题。同时，公共价值也不是一个一元概念，反而表现出很强的多样性、复杂性和冲突性。不同的公共价值在本质上是冲突的，对于价值的权衡在任何公共过程中都不可避免，而作为一种"合作生产"概念，公共价值为竞争性的价值和利益的表达提供了一个概念框架。在网络化治理背景下，公共价值管理强调通过动态的网络治理来实现公共价值目标，其对民主的态度和公共管理者角色的描述已经超越了之前的任何范式，对政府官员行为方式的理解也有着明显的不同。

在O'Flynn看来，传统的公共行政热衷于建立官僚原则，新公共管理认为管理主义会带来收益，而公共价值管理则强调持续地反馈、学习和适应。在公共价值管理中,政府在网络环境中运转,政府的行为和目标要显示和表达深层的公共价值,公共管理者必须通过参与政治过程、相互学习以及与社区和公民等更广泛的利益相关者进行合作来履行公共职责。这些主张对关注于竞争、外包和私有化的管理方式提出了极大的挑战,需要公共管理者跨越边界工作、开发新的领导技能和关系管理技能以更好地实现公共价值目标。公共价值管理的另一个管理启示是对"什么起作用"这个问题的明确判断,Alford等倡导公共行政的"问题解决"精神,认为公共管理就是要达成与公共价值相一致的结果,而这种结果的达成需要通过"实用主义"的路径来解决问题,也就是说解决问题的路径是多种多样的,每一种都包含了对于社会的、政治的、经济的、管理的权变思考和对这些要素的最优化过程。

对于公共价值的研究清晰地反映出新公共管理背景下对于工具和技术的强调的局限性,转而主张在关注环境、集体偏好、合作和网络的基础上共同创造公共价值。公共管理者的角色也被进行了重新定义,即公共管理者要转变成为公共价值的探索者和公共部门的创新者。同时,公共价值管理将政治视为贯穿于整个管理过程的协调机制。这些都为政府绩效管理提供了一种新的思维方式和视角。

实际上,以公共价值为基础进行政府绩效评估的理念已经出现,如2004年英国公布了"建构公共价值"宣言,对公共价值进行了界定并制定了一套绩效评估制度,而且这一制度在近年来已经付诸实践,对于不同公共价值的政治权衡成为增进公共利益的核心。我国对公共价值研究的起步较晚,有学者曾对基于公共价值的地方政府绩效评估模式开展研究,将公共价值定义为公众在政府提供的公共服务中获得的全部收益与公众付出的一种主观权衡,并提出了公共价值的实现步骤,即识别公共价值——制定公共价值交付战略——将战略转为内部操作流程和规范——实施公共价值交付战略——评估公共价值交付绩效。但文章后来将公共价值的评估简化为公共服务质量的评估问题，显然脱离了以公共价值为基础进行政府绩效评估的应有之义。

四、以公共价值为基础的政府绩效治理的概念架构和主要内容

公共价值管理关注集体偏好、重视政治的作用、推行网络治理、重新定位了民主与效率的关系，并且全面应对了效率、责任与公平问题，这些突破对解决政府绩效管理中的理论和实践问题具有重要的意义。具体而言，第一，政府的绩效必须符合基本的公共价值要求。在传统的政府绩效管理中，符合经济、效率和效益的公共过程都被视为是有绩效的，而在以公共价值为基础的政府绩效治理中，公共价值是判断绩效结果是否达成的标准。第二，政府绩效管理要以政府绩效的价值建构为基础。政府绩效的价值建构是绩效观在意识、文化和制度层面的积淀、形成和变迁的历史过程，而公共价值是一定时期内价值建构的结果和表现：一方面，政府绩效管理要受到公共价值约束，在公共价值基础上对政府绩效进行管理，只有体现公共价值的绩效才能获得合法性和支持，也就是说政府绩效管理不仅要分析政府的政策、行为和产出，更重要的是还要分析"政府的决策、行为和结果是社会和公民需要的吗？"这一根本问题；另一方面，通过政府绩效管理体系来促进公共价值的表达并最终承载公共价值。第三，关注公共价值内涵的变迁，并反映到政府绩效评估过程中。尽管公共价值不是一个绝对标准，而是相对于不同社会制度、政治制度、经济环境和文化背景而言的，但政府仍然需要不断从社会系统中获得公共价值信息，并通过绩效评估系统不断提高对公共价值的回应性。第四，公共价值的实现和表达需要一个强有力的组织基础和回应环境挑战的科学管理

体系。新公共管理的理论和方法在解决政府绩效管理的"科学性"问题以及相应的理论规范的建立方面都有其巨大贡献，要在价值建构的基础上，通过政府绩效的科学管理过程使得绩效最大化。因此，政府组织结构的作用不是要削弱，而是要加强，这在我国显得尤为重要。第五，充分发挥政治家和领导者的引领和协同组织作用。政治家是一种社会协调机制，处于理解公共价值的中心位置。首先，政治家能够帮助利益相关者超越狭隘的市场主义来进行合作和决策；其次，政治决策具有弹性，因此可以应对公共过程的不确定性、模糊性和变化无常；最后，政治家能够构建一个多方合作过程来实现公共价值。同样地，为解决复杂问题，公共部门领导者不但要在组织内行动，而且要在不同的利益相关者之间行动，这就意味着传统的政治家角色与以效率和顾客满意为导向的领导模式面对复杂的公共问题时已经无能为力了。

基于以上分析，我们认为，以公共价值为基础的政府绩效治理包含两个基本命题：一是政府绩效是一种社会建构，其核心思想是，只有来源于社会的政府绩效才能获得合法性基础，也只有根植于社会的政府绩效才能产生其可持续提升的需要，这是政府绩效管理的根本动力。二是以公共价值为基础的政府绩效治理，产出即绩效。回顾公共行政发展史，我们就会发现，每一个公共行政范式其实都是关注价值的，所不同的是价值在其理论体系中的地位以及价值与效率的关系。在传统公共行政范式下，政府的产出从理论上讲是符合公共价值的，但很难达到最大化；新公共管理背景下的产出由于缺乏了公共价值建构作为基础，从而使得产出与结果不相一致，即产出不等于绩效；新公共行政作为对新公共管理范式的批判，提出了用公共精神和以公共价值为中心来指导公共行政过程这一重要观点，而以公共价值为基础的政府绩效治理的本质则是在政府绩效价值建构基础上对政府绩效管理体系的构建，以及在公共管理者的领导作用下对政府行为和产出的选择、约束和创新，从而以新的绩效观回答"我们究竟需要一个什么样的政府"这个根本问题，这是其与新公共行政的根本区别。围绕这两个命题，本文将对以公共价值为基础的政府绩效治理的实现路径和主要内容进行分析。

(一)概念架构

政府在新公共管理背景下通过传统意义上的"政府绩效"建立的合法性开始变得脆弱，这是学界开始关注公共价值视角的动力之一。然而，如何以公共价值为基础构建一个新的政府绩效治理体系以面对政府的合法性危机却是一个尚未触碰的理论和实践问题。基于对新公共管理背景下政府绩效管理实践问题的反思和从公共价值视角对政府绩效管理过程的思考，以价值管理和科学管理理论为基础，本文提出了一个以公共价值为基础的政府绩效治理模型(Public Value-based Government Performance Governance，PV-GPG 模型)，纵向上对政府绩效进行价值建构，横向上对政府绩效进行组织管理，如图 1 所示。

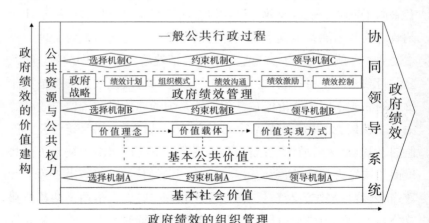

图1　以公共价值为基础的政府绩效治理模型

（二）主要内容

以公共价值为基础的政府绩效治理模型是一个复杂的系统，对其内容的阐释不仅包括对图1中各个部分内容的分析，对各个部分间关系的描述，还包括对其运行机制的研究。此处从政府绩效的价值建构、组织管理和协同领导系统等方面对模型的主要内容进行梳理。

1. 政府绩效的价值建构。政府绩效的价值建构是一个政府与公民和社会的对话与协商过程，在不同的社会制度、政治制度、经济环境和文化背景下是不同的。面对不同的情境，基本社会价值表现出差异性特征，并构成了孕育基本公共价值的基础，公共价值的多样性、复杂性和冲突性特征正是对于公共价值所依赖的基本社会价值特征的体现。也就是说，公共问题的背景、本质和可得的技术和资源对于策略的选择和公共价值的达成非常重要。在西方，政府绩效的价值建构过程是通过成熟的代议民主制及公民社会建设来实现的。而在我国，基本的社会制度、政治制度、经济环境和文化背景不同于西方，在以科层制为主的政府管理体系中，公民和社会参与政府绩效管理的机制没有形成，价值建构往往以口号、运动、红头文件等形式成为政府借以实现其短期利益的借口，尽管有时候其出发点和动机无疑也是正确的。尤其是近年来，我国很多地方出现的劳民伤财的"政绩工程"、扰民伤民事件，究其根本原因，皆出于对丧失了公共性灵魂的绩效的盲目追求。虽然公共价值没有一个绝对标准，但基本公共价值却有一个稳定的结构。政府绩效评估的主体、内容、过程和公民及社会的参与机制都必须建立在这个结构之上。失去了公共价值约束的科学性追求往往会将政府带入效率极端主义的泥潭，将政府不断"缩小"而使其绩效与合法性的取得不相一致。在纵向的价值建构过程中，政治家和领导者的社会协调机制处于中心地位。

2. 政府绩效的组织管理。政府绩效的组织管理则更多地反映理性工具的内容,也就是对政府绩效的价值链进行分析和管理的过程,目的是在既定价值建构的基础上,通过对公共资源与权力的投入、政府的战略管理和对绩效的科学管理使得政府绩效最大化。脱离了公共价值的"政府绩效"缺失灵魂,没有意义,与此同时,对公共价值的追求如若脱离了对政府绩效的科学管理也会造成"绩效损失"。建立在价值建构基础之上的政府绩效管理过程将公共价值由一个抽象概念具体化为可操作的管理过程,从而促进基本公共价值的表达。在横向的组织管理中,公共管理者扮演着核心角色,他们不仅仅是执行者,还是战略家,需要发现并理解价值建构的内容和精神,并积极回应这些价值,从而使政府绩效管理的"轮子"始终在公共价值的"轨道"上飞驰。

3. 政府绩效的协同领导系统。成功的政府绩效管理系统需要强有力的领导力,以沟通使命、驱动公共管理者、形成战略并提供成功所必需的管理策略。协同领导系统在以公共价值为基础的政府绩效治理模型中处于连接绩效管理过程和绩效产出的关键位置,本文将协同领导系统划分为价值领导、愿景领导和绩效领导三个部分,通过协同领导系统的政治协调和要素协同来提升政府绩效并使其可持续发展。

政府绩效的价值建构、组织管理和协同领导系统构成了一个有机的系统。在这个系统中,政府绩效不再是通过强调"效率""公平"或者"顾客导向"就能够得到的,对绩效的追求建立在了公共价值的基础之上,并且协同领导系统作为一种催化剂,在公共价值的创造网络中不断进行着协调和沟通。实际上,本文提出的以公共价值为基础的政府绩效治理模型不仅是一个概念框架,在实践中,对应不同的一般公共行政过程,模型中各个部分的内容也会发生变化,价值内涵、绩效投入、管理过程、领导行为和微观的运行机制都会随着具体公共行政过程的不同而变化。从这个意义上说，本文提出的框架不仅仅是一种理论表达，更重要的是提出了一种行政改革的途径和操作指南。

五、未来的研究问题

以公共价值为基础的政府绩效治理提供了一个全新的治理框架，以绩效作为研究单元和专门分析对象，对绩效的来源、合法性基础、绩效管理过程和领导系统等问题进行了系统解释，并提供了一个实践的视角。当然，由于本研究是探索性构建，难免存在不全面和系统性不足之处，对于以公共价值为基础的政府绩效治理领域的研究仍然任重道远，本文尝试提出一些关键的研究问题，以抛砖引玉。

1. 以公共价值为基础的政府绩效治理模型的运行机制。以公共价值为基础的政府绩效治理概念框架，宏观上通过基本社会价值、基本公共价值的传递，在选择、约束和领导三个机制作用下实现其价值建构。微观方面，组织管理和协同领导系统重构了绩效管理体系，并对公共行政过程进行管理和治理，这是一种全新的路径。但这三个机制是怎样作用的，在每个层面上作用的方式、内容是什么，尚需深入研究。

2. 中国情境中的模型应用问题。政府绩效管理的价值建构对于不同的国家而言，其过程、形式和内容是不同的，我们认为可以从社会、政体和行政三个层面理解政府绩效管理的价值建构。我国自改革开放以来，社会层面上对和谐社会、科学发展观的强调，政体层面上对民主、自由和人权的追求，以及行政层面上的服务型政府、法治政府、责任政府和廉洁政府的建设都属于价值建构的范畴。那么，如何用科学的方法获取和确定中国现阶段主要的公共价值内容，并在此基础上设计政府绩效管理体系，以推动我国的行政体制改革进程就成为一个主要的研究问题。

3. 模型在政府绩效管理实践中的"操作性"问题。以公共价值为基础的政府绩效治理是在政府绩效价值建构的基础上，构建政府绩效管理体系，对公共行政过程进行管理，从而使得政府绩效最大化的过程。从模型来看，纵向上，政府的一切公共价值供给都需要在社会层面进行需求调研，并进行公共价值的供需和平衡分析；横向上，政府绩效的科学管理过程要通过一系列的制度、组织和管理方面的具体政策和行为来承载公共价值，并最大化政府绩效。如前所述，对应于不同的公共行政过程，模型中的内容是不同的。本文更多地讨论了以公共价值为基础的政府绩效治理的理论架构，那么，如何将模型进行解构，针对不同类型的公共行政过程，具体化为可以在实践中操作的管理步骤和方法，成为一种实践的指南，还需要进一步研究。

4. 政府绩效管理的价值链分析。价值链分析是本文提出的概念架构的重要研究方法和分析工具，也是进行政府绩效管理的前提和依据。最初产生于私人部门的价值链分析工具为确定影响私人部门利润的关键流程和核心步骤提供了有效的方式，借鉴其理念，需要确定在政府绩效管理的每一个环节是否产生价值、价值内容是什么，进而分析其来源和构成，为科学管理既提供方法，又提供证据。

5. 政府绩效管理的价值评估。通过以公共价值为基础的政府绩效治理模型产出的政府绩效是否实现了公共价值是需要评估的。价值评估的过程不但是一个信息收集、结果判断和管理矫正的过程，也是一个发现新的公共价值的过程。需要构建政府绩效管理的价值评估模型，并对其价值管理功能和价值管理机制进行探讨。

6. 政府绩效领导理论研究。2009 年，首届政府绩效管理与绩效领导国际学术研讨会在兰州大学召开，这是"绩效领导（Performance Leadership）"作为专业词汇首次出现在学术视野。西方学者这两年已经开始构建政府绩效领导的理论框架并着手开发课程体系，而我国在这个领域的研究尚属空白。本文从政府绩效的视角将领导系统分为价值领导、愿景领导和绩效领导三种类型,具有一定的启发意义,而对其具体内容和特点的研究还有待深入。

(包国宪、王学军,原载于《公共管理学报》,2012 年第 2 期)

超越新公共治理：以价值为基础的
全球绩效管理、治理和领导框架

这篇文章提出了一个以价值为基础的绩效管理、治理和公共服务领导开发模型。这一模型有三个突出的特点。第一，这一模型是与美国、中国、越南和日本学术合作伙伴通过大量研究和"实地试验"的结果。第二，这一模型有意将对于价值、领导、管理和治理的重视融合到一个有机的框架中，来应对许多对于新公共管理的批评。第三，这一模型包含了不同政治环境中价值和权利结构的差异，使得模型在不同的政体中都是适用的。

一、引言

2011 年 6 月，这篇文章的作者们在中国西部 5 个地方市、县政府对 20 多位政府高层官员进行了集中的访谈，这篇文章受到了这次访谈令人惊讶的结果的激发。对于每一个人来说，这些官员几乎都表达了他们在尝试平衡竞争性价值时的沮丧，这些竞争性的价值来源于不同层级地方政府发出的不同优先权。来自中央政府的指令将有效地达成一定的政策目标置于优先地位（如，修建的房屋的数量，经济增长率和创建的基础设施等）。但是，省级政府受到可支配资源的限制，因此就感兴趣于让地方官员更加有效率的工作（以更低的成本修建更多的房屋，用最少的投资来增加增长率，寻找在一定的时间和预算之内增加基础设施工程的完成等）。在工作得以完成的基层政府,政治和行政官员必须面对关切的公民,公民想知道官员是如何管理他们的工作来减轻对于他们生活的负面影响的。对于这些公民关切的回应是法律上所需要的,也消耗了越来越多的资源。听到中国地方政府官员表达同样的关切对我们来说是惊讶的,这些关切经常被英国、美国和世界上大多数地方的地方政府官员所重复。他们都在问"我们如何平衡竞争的效率、效益和回应性等政治价值?"政府官员也在寻求一个框架,以帮助他们来确定这些价值和其他竞争性价值的优先次序,同时拥护它们得以运行的权力结构和政体价值,这是本文的挑战,也是本文的承诺。

这篇文章提出了一个以价值为基础的绩效管理、治理和领导框架,来应对许多对于新公共管理(NPM)的批评。它也提供了一个帮助政府官员更加有目的、更加系统、更加认真地应对竞争性价值的起点,这是他们工作的中心。这个框架形成于将近20年的工作和包括研究项目、课程开发和领导培训项目、会议论文以及调研在内的10多项创举。这些已经被总结,而且在我们的合作网站上是可以得到的。我们认为,作为通过这些不同的努力而得到的共同经验的结果,我们开发的以价值为基础的框架能够被用来改进政府绩效,推进一个共享的研究和领导力开发议程的发展,这一议程在不同的政治体系中都是有用的。

这篇文章被分为了三个部分。第一部分,我们对于绩效管理和治理的文献和研究进行了选择性述评。这一述评主要聚焦于与新公共管理运动相联系的主要劣势,以及新公共治理(NPG)运动对这一争论的增加。我们确定了这些运动中的劣势,用它们作为在这篇文章的第二部分提出我们的模型的基础。第三部分,我们总结了以价值为基础的路径对于公共绩效的优势,并且探究了我们与国际合作伙伴的以价值为基础的工作对于未来公共服务研究、教育和领导力开发的启示。

二、新公共管理和新公共治理运动——没有解决的问题

新公共管理运动在过去至少 30 年的时间里主导公共行政的研究和实践。新公共管理努力使得政府通过应用高效的管理技术提供更具回应性和更加对公民负责的服务，这些管理技术强烈地关注竞争、顾客满意和绩效测量。在学术界有一个共识，那就是这些努力产出了许多有价值的结果，包括管理者更加具有前瞻性地解决问题，更好的系统整合和更加全面的绩效测量。然而，将私人部门的商业原则用来改进政府绩效有三个主要的劣势。

首先，在广泛的公共项目中，没用像"利润""市场份额"或者"投资回报"之类的一般特征作为一个共同的比较参照，在不同的政治制度中建构公民的信任和合法性也没有一个共同的标准。效率、效益和对公民（顾客）的回应并不是建构合法性的全部。在西方国家，公平、平等、对权利的保护和透明等价值在决定政治制度、过程和结果的合法性中扮演着非常重要的角色。在社会主义国家，如中国和越南，国家的合法性和服从政策/党的控制在塑造以绩效为基础的管理和治理路径中发挥着主导作用。在神权政治国家，宗教的标准可能会"超越"或者至少与其他绩效价值相互冲突。

第二个将私人部门模式运用于改进政府绩效的劣势是，全世界所有国家的公共部门都包含着越来越多碎片化的权力结构，这就挫败了将目的和目标与工具化的绩效测量线性连接的可能性，甚至愿望。事实上，特别是在东亚国家，已经有一个一致的运动，即通过各种形式的合约、合作伙伴和委托代理关系将国家权力、责任和资源向次国家政权以及私人和民主社会组织分散，来促进经济增长和消除贫困。这样的治理以新的参与形式和公民权利来期冀更好的服务供给和私营企业推动。权力的碎片化是对"领导一个权力共享的世界"的

提升,也是当前新兴的新公共治理文献的焦点,这点我们将会在下面更加详细地进行论述。

最后,新公共管理试图用行政的路径来解决本质上是政治属性的问题。私人市场模型假设消费者是其自身专有效用价值的守护者。但是在公共部门,效用是竞争的,而且是通过政治过程来决定的。因此,政府的一个主要功能就是集中群体的价值,并通过越来越碎片化、存在价值冲突的政府体系来对这些价值进行整体性回应。

对于新公共管理的关切已经在实践者和学者中引起了一个反向的运动,将实质性的政治价值更多地置于治理辩论的核心,而不是新公共管理狭隘的工具性聚集。为了这一研究目的,我们将这一反向的运动称之为"新公共治理"。这一运动强调对于建构信任和合法性而言重要的公共治理的三个特征,这些在新公共管理中是被忽略了的,或者是被低估的。

第一,新公共治理是以价值为中心的,认为政府的目标是提升更广泛的公共利益,而不仅仅是在实施一个给定项目时的效率、效益或者回应性。

新公共治理的第二个特征是,它强调创造治理过程的重要性,治理过程要能够有助于形成一个在众多的利益相关者之间可实施的协议,这些利益相关者可能对于什么样的行动过程能够创造最大的公共价值有所分歧。这是因为新公共治理将政治视为共同确定的偏好在政治上的调解表达,而不是个人偏好的简单聚集。这种差异的结果是非常显著的。比如说,在过去的几十年中,英国采取了一些主要的办法来改革其地方层面对公民的社会、教育、医疗和司法服务供给。这样一来,政府官员就会选择将政府绩效视为一个竞争性利益相关者之间的政治协调过程,这些利益相关者在需要置于过程中心的公共价值上具有显著的正当性差异,而不是将政府绩效视为一系列理性计划的目标。这些努力的结果是产出了许多新的政策工具、经过协商的协议和绩效测量，而这些在新公共管理下，即便不是不可想象的，也是非常困难的。

新公共治理运动的最后一个特征是，它将公共利益的创造视为一个包含公共部门、私人市场和非营利部门的合作生产过程。在这个模式下，政府的角色不仅是对简单的公共利益的控制、分配和再分配，而是作为一个催化剂在共有的公共利益中向私人和非营利利益相关者投资。这可以采取社区警务项目的简单形式，或者一个更加复杂的网络治理形式，例如包含众多的利益相关者、行政辖区和权力结构的跨区域流域治理。

上面讨论的新公共治理的三个特征来自一个假设，那就是政府绩效需要从一个政治系统的有机整体视角来看待，在这个有机整体中，公共部门、私人部门和非营利部门共同工作来创造一个既定政治社区的独特性。这一观点强调在创造共享的价值体系、治理过程和结构上的一致性以及私人部门和非营利部门在创造公共价值中各自不同的角色时，历史、社会制度和文化的协调影响。在过去的几十年中，运用"政权"或者"政体"作为分析单元的学派曾经重新兴起，以此来理解绩效、政治变革、治理和领导力开发。我们在这篇文章中的讨论认为这一观点是发展一个改进政府绩效的跨文化框架的起点。开始将"整体性"作为提升公共绩效的基础的其中一个挑战就是如何操作化这一整体性，使得它能够被划分成为不同的可以管理和测量的部分。下一部分将为这一基础问题提出一个答案。

三、一个以价值为基础的公共服务绩效管理、治理和领导提升框架

在这一部分，我们将提供一个框架来操作化我们以价值为中心的绩效测量路径，使得它能够在不同政治系统的公共行政研究、领导力开发和教育中都能够运用。图 1 总结的框架包含以下 4 个核心的部分：(a)情境设定，(b)核心政治价值，(c)权力结构和过程和(d)组织领导和管理能力。下面我们将对这四个部分逐一进行阐述。

(一)情境背景：价值多样性和"棘手问题"的出现

在国际公共服务教育、研究和领导力开发中采用一个以价值为中心的路径的其中一个重要原因就是对于情境背景的敏感性在决定政府以及政府领导者的绩效方面扮演着越来越重要的角色。全球而言，我们目睹了硕大的和多样的政治体系，如中国、美国和欧盟，在保持政策目标和实施战略与价值之间一致性时的挣扎，这些价值对于历史、文化和在一定地理环境中其他相关的背景因素而言都是独一无二的。所有的政府，从地方到全球，都在持续试验不同的模式来创造中央政策目标与地方价值更好的一致性，不管是以创造公民/相邻团体，政府决策分权还是创造半自治的治理实体和区域。所有的这些战略都代表了以公共价值为中心的治理和领导的不同种类，它们将情境背景的特殊性考虑在内。

除了从情境背景中产生的价值多样性之外，在创造与政府试图解决的一个问题的特殊特征相互一致的政策战略时还存在另外一个挑战。例如，你不能运用打击恐怖主义的方法来扑灭森林火灾；你不能运用治理污染或者解决"猪流感"、大肠杆菌以及"疯牛病"的方法来管制卖淫。高绩效要求政府将他们的政策和领导战略与他们试图解决的问题的本质相适应。借鉴我们的经验、正在进行的研究和我们对文献的述评，我们提出了一个对于问题的类型分类，如表 1。我们的分类吸收了格林特和布鲁克斯的工作，但是强调由复杂性引起的困难问题和由价值冲突引起的复杂问题。

我们将问题通过两个维度进行组织。在纵轴上，我们根据复杂程度对问题进行了排列：低或者高。在横轴上，我们根据价值冲突的特

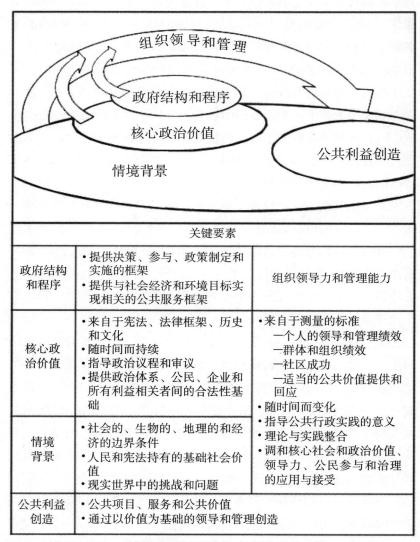

关键要素		
政府结构和程序	• 提供决策、参与、政策制定和实施的框架 • 提供与社会经济和环境目标实现相关的公共服务框架	组织领导力和管理能力
核心政治价值	• 来自于宪法、法律框架、历史和文化 • 随时间而持续 • 指导政治议程和审议 • 提供政治体系、公民、企业和所有利益相关者间的合法性基础	• 来自于测量的标准 　—一个人的领导和管理绩效 　—群体和组织绩效 　—社区成功 　—适当的公共价值提供和回应 • 随时间而变化
情境背景	• 社会的、生物的、地理的和经济的边界条件 • 人民和宪法持有的基础社会价值 • 现实世界中的挑战和问题	• 指导公共行政实践的意义 • 理论与实践整合 • 调和核心社会和政治价值、领导力、公民参与和治理的应用与接受
公共利益创造	• 公共项目、服务和公共价值 • 通过以价值为基础的领导和管理创造	

图 1　以价值为基础的绩效管理，治理和领导框架结构和要素

征对问题进行了排列:低或者高。这样就产生了四个象限。在第 1 个象限,问题的特征是具有低的复杂性和低的价值冲突。第 2 个象限中的问题的特征是低的价值冲突和高的复杂性。第 3 个象限中问题具有相反的特征:低的复杂性和至少中度的价值冲突。象限 1 和 2 分别表示传统公共行政和新公共管理模式。这些模式依赖于在民选官员的指导下,通过经过专门训练的人员的专业技能来对问题进行分类、排列、计划、协调、发展和提供解决方案,这些人员是专业的职业管理者。这些模式不期望管理者对解决价值冲突负有最重要的责任。

表 1 基于复杂性和价值冲突二分的问题类型

复杂性	价值冲突	
	低	高
高	象限 2:复杂的问题	象限 4:棘手的问题
	复杂性高	复杂性高
	价值冲突低	价值冲突高
低	象限 1:简单的问题	象限 3:困难的问题
	复杂性低	复杂性低
	价值冲突低	价值冲突中度

第 4 个象限中的问题代表了对政府和政府领导者而言最难的挑战,因为它们包含了竞争性价值间的冲突,没有容易的和快速的解决方案。例如,官员如何在保护环境的同时不危害经济增长?他们如何在不增加成本和不危害组织运行效率的同时, 回应公民对于新的政府计划的关切?这些正是变得越来越普遍的需要权衡的问题,而公共领导者在成功处理这些问题上适当的培训最少、准备最少、技能最

少、方法最少。我们接受一种越来越普遍的实践,将这些以价值为中心的需要权衡的问题称之为"棘手的"。它们被认为是棘手的,因为这些问题由于外部环境的不确定性、多因素影响的无边界性、因果不相关性以及与问题有关的知识的不确定状态,而没有一个清晰的正确的答案。因为这些原因,第 4 个象限中的问题能够相当公正地被刻画为"棘手的"。

第 1 个象限中的问题不常是完全简单的,但是通常能够通过一个简单的方式来解决,也要承认这类问题可能需要做大量的工作才能解决。第 2 个象限中的问题可以简单地被刻画为复杂的。第 3 个象限中的问题,尽管可能有很少几个变动的部分,但通常被证明要解决是困难的,因为参与者之间存在根深蒂固的价值冲突。因为这些特征,我们将第 3 个象限中的问题称之为"困难的"。

这里要重点强调的是,表 1 旨在起到一个启发的作用,而不是暗示领导者面临的问题可以谨慎地和熟练地放到某个盒子里面。实际上,却是恰恰相反的情况。通常而言,问题会同时反映所有 4 个象限的特征。领导者的核心工作之一就是要解译在一个给定问题周围的"噪音",并依照具有优先权的可行动路径对问题的维度进行组织。我们用"路径"这个词来强调,对于一个既定的挑战而言,可能随着时间推移需要采取不同的行动,其中一些在短期内狭窄地解决问题,而面对一些价值平衡时,也需要采取一些更加长远的行动。对于路径的论述也同样捕捉到了任何给定行为的"暂时"或者"不确定"本性,这些可能将需要再根据新的信息和新的环境重新考虑。

(二)核心政治价值

每一个政治体系都代表着某些东西,它持有一组价值作为测量其成就的主导性标准。例如,美国将自由尊为首要价值,与中国和越南不同,将更广泛的共同利益视为首要的官方价值。除了根本的政治体系的核心价值外，还有政党和意识形态的价值来解译这些核心政体价值，并将它们转化为政策平台、政策行动和公共项目，而这些通过政体结构和过程来体现其意义。在这些计划性的活动通过政治体系中不同层级的公务员的工作展开和成为现实的时候，他们早期行动的价值和意义就经历进一步的转化。价值创造和转化的最后阶段在公民和利益相关者经历或者参与这些项目时发生。

图1也刻画了一个从抽象的形成和持有价值的制度到价值被政府和人民具体表达的有序流程。然而，现实的世界是一个更无秩序和不确定的场所，图1中所示的四个部分经常存在一定程度上的不一致性，而这四个部分需要共同来创造公共利益。除了使得图1中各个部分保持一致性的持续挑战外，还有平衡竞争性价值的额外挑战。不可避免的是，通过时间的社会价值建构过程会带来紧张的局面，这是政治体系中的领导者必须考虑和平衡的。在任何给定的时间点上，这些价值如何得到平衡不仅仅取决于哪些价值相对被给予了优先权，而且取决于政治权力的结构和过程，领导者的能力，以及这些因素根据地方条件、挑战和背景被塑造的方式。

（三）权力结构和过程

第三个影响政府绩效和合法性的因素是权力的结构和过程，通过权力的结构和过程，共同的行为能够被发起，并得到持续。政府手头日益没有解决问题的全部权力结构过程，这些问题会相同地危害公民、社区和公务员。例如，非法移民、污染、经济繁荣、医疗保健、充足的住房和就业等都受到全球因素的影响，这些不是一个治理主体可以单独控制，即便可以控制，也没有单独行动的资源。这就创造了与其他政府辖区、市场经济中的企业、公民社会中的非营利组织和其他主权国家一起工作来获得一致性和资源来成功达到公民绩效预期的需要。简而言之，要达到绩效预期和保持合法性和信任的权威和权力已经开始更加分散，因此领导者除了在传统的层级结构上创造和成功运作外，还需要在权力的横向结构上创造并成功运作。纵向结构上依赖于硬实力路径（如，军队、法治、官僚体系、行政机关、政党和对公民控制信息流动），而横向结构上更多地依赖于软实力的运用（如，说服、协同、合作、影响力、伙伴关系和协作）。

新的组织领导和管理能力的需要，合法性不仅仅是通过一个给定政治体系的价值和政治决策的结构和过程就能够形成的，还要依靠填补这些职位和作为政体价值代理人的人的能力。当领导者不被视为是政体价值的可信任的维护者或者政体的领导力表征与潜在的社会价值不一致时，合法性就会受到损害。民选的、任命的和职业的政府官员扮演着辨别多样的、竞争性的政体和社会价值并采取相应的行动的角色，以此来建立信任和合法性。

正如我们在上一部分提出的那样，公共服务领导力传统上是与治理权力的层级体系中给定的职位相联系来决定的。但是，越来越多的领导力取决于政府创造权威在横向维度上权力分散的背景下运作成功，并回应公民的期望。政府官员必须不仅要在传统的层级管理中表现卓著，还要在松散的结构网络中创造和运作，在由协议支持而不是规则和硬实力支持的联盟中创造和运作。

看待高绩效所需要的广泛的领导力的一种方法是确定在不同的问题背景下，什么对于成功的问题解决是有价值的。我们已经使用了先前表1中的问题列表来确定一些对于成功领导力的启示。表2阐释了领导者需要同时在两个领域进行运作，一个是高度结构化和以规则为中心的，另一个是高度松散和以关系为中心的。在这些多样的背景同时成功运作所需要的技能和能力，对于对公共服务领导力发展有责任的学术界的我们来说，是有重要启示的，对于面临挑战的政府官员也是一样的。

表 2　成功解决问题的领导力

维度	问题类型			
	简单	复杂	困难	棘手
系统定位	单中心内部聚焦	多中心内部聚焦	单中心外部聚焦	多中心外部聚焦
价值取向	价值未知	清晰的价值	有限的清晰价值冲突	无限的清晰价值冲突
领导行为	产出管理	协调	基于利益的冲突解决	协商和谈判
领导行为关注	单一组织管理	组织间协调	形成共同的横向领导力	形成共同的横向和纵向领导力
领导结果	效率	效益	行为一致性	问题本质和解决方案的一致性
绩效分析单元	产出、交易	结果	冲突解决	一致性构建
领导类型	战术和运作管理	战略管理	战略领导	变革性领导
公共行政哲学	传统公共行政	新公共管理	新公共治理	以价值为基础的治理

四、以价值为中心的公共行政教育、培训和研究路径的优势
——回归建国者的视角

一些观点认为，一个以价值为中心的政府绩效和领导路径提供了一个新的范式，而且是对改革的一种历史叙事。它的优势在于它重

新定义了如何来应对效率、责任和公平的挑战,以及它指向了一种不依靠于规则和刺激来驱动公共服务改革的能力。相比于传统公共行政和新公共管理,它依靠于一种更加丰富和丰满的人性视角。

我们认为,一个"以价值为中心"的路径是重要的。实际上,我们认为这是对一个较旧的视角的回归,这个视角经常与国家的建立联系在一起。看待它的一种方法是确定在不同的发展阶段公共行政的演变(表3)。

表3 公共行政哲学的显著特征

特征	前古典国家建构	传统公共行政	新公共管理	新公共治理	以价值为基础的绩效治理
理论基础	政体理论	政治学、公共政策和组织理论	理性/公共选择理论、管理科学	制度、网络和代理理论	政治经济学、政体理论和复杂性依赖
概念状态	单一的	单一的	监管和私有化	多元和多元化	政体依赖
管理关注	国家	组织层级	组织绩效	网络中合作伙伴共同创造公共价值	以价值为基础的绩效
领导行为	国家建构和治理	产出管理	协调	基于利益的冲突解决	协商和谈判
领导视野	人及其天赋	单一组织管理	组织间协调	形成共同的横向领导	形成共同的横向和纵向领导
领导结果	国家的制度和程序	层级和专业控制:效率和效益	顾客满意、效率、效益	行为一致性	问题本质和解决方案的一致性

续表

特征	前古典 国家建构	传统 公共行政	新公共管理	新公共治理	以价值为基础 的绩效治理
价值 取向	可变的	价值未知	清晰的价值	有限的清晰 价值冲突	无限的清晰价 值冲突
价值 决定	国家的制度 和程序	层级	市场和古典 或新古典 契约	网络和 关系契约	新国家的 制度和程序
系统 定位	单中心	单中心 内部聚焦	多中心 内部聚焦	单中心 外部聚焦	多中心 外部聚焦
绩效分 析单元	合法性	产出交易	结果	冲突解决	一致性构建、 信任和合法性
领导 类型	愿景	战术和 运作管理	战略管理	战略领导	变革性领导

来源:对奥斯本研究的修改和扩展(Osborne,2010,P.10)

在表3,我们通过至少5个阶段的发展将公共行政的研究和实践的演化进行了总结。我们称第一个阶段为前古典,因为它在有意识地将公共行政创造为一个正式的研究领域之前,捕捉到了领导者在国家建构时需要做什么。在这些成功建构的阶段对于公共行政角色的研究记录了管理者运用他们的职权帮助政治领袖构建信任和政治秩序的合法性的重要性。这是统一中国和为现代世界的建立奠定基础的成吉思汗和忽必烈可汗的智慧,是土耳其国父阿塔图尔克的智慧,也是美国建国者们的智慧。所有这些建国者都将管理者的工作视为政府绩效的基础。他们都有意识地招募他们的行政管理者,因为他们建构体系的能力、他们在大的政治体系增加名誉和信任的能力,以及他们创造和保持一个共享的共同价值和目的的能力。简而言之,管理者的工作不是被看作简单的工具性的,而是塑造政治秩序本身的意义、价值和合法性不可分割的部分。在回顾了表3中不同的发展阶段后,我们会得出这样的论证,即以价值为基础的公共治理是对关心于建立信任和合法性的前古典的回顾。

表3的第3列,我们称之为传统公共行政,表示着公共行政作为一个清晰的研究领域而出现。它开端于19世纪后期和20世纪早期和中期的进步时代。萨拉蒙将传统的公共行政理论视为"提出了一个新型的制度……能够克服长期以来与政府官僚制相联系的三大主要问题,即:过度的行政裁量权、获取特殊利益和低效率"。从一开始,公共行政就关切于:(a)限定政府机构实施政策而不仅仅是政策制定,(b)基于能力而不是影响力对机构人员进行编制和(c)高效分配职责的管理原则。

表3的第4列称之为新公共管理,是过去30多年的主导范式。正如第一部分陈述的那样,它完成了许多目标,包括提高政府效率、增加服务的获取和对公民的供给,以及在扩大私人和非营利组织部门的同时精简政府。但是,它以企业为中心的路径已经产生了不足,表3的第5和6列试图去纠正它。

第5列,称之为新公共治理。新公共管理的一个缺点是其被纵向的权力结构所占据,却忽略了横向的结构和公民社会,而这在联邦治理模型以及立法、行政和司法治理功能碎片化分布的混合经济体制中越来越常见。第5列表示着从关注于在纵向的权力结构中完成工作到在横向的权力结构中完成工作的转换。萨拉蒙认为这一转换有5个重要的结果:(a)创造新的政策工具,(b)除了对于层级的兴趣外,对于网络的兴趣,(c)公共组织、私人组织和非营利组织间新的伙伴关系安排,(d)对于谈判和说服技能的强调和(e)除了传统的管理技能外,授权技能的重要性。

表 3 的第 6 列表示了现在的发展阶段,强调以价值为基础的绩效。尽管对于公共价值的定义是模糊的,理解其含义的路径也是不同的。但是,越来越多的学者认为,它以其重要的优势提供了一个新的范式。

首先,以价值为中心的路径帮助将战略领导与更加战术和运作层面的对于绩效管理和测量的关切整合在一起。与现行战略不相关或者至少不一致的绩效管理系统是冒险的,其风险在于在过去建立的成功标准上保持或者改进现在的绩效,但是越来越多地迷失了长远来看组织应该前进的方向。一个以价值为中心的路径提供了将战略和绩效管理结合起来,超越效率和效益来共同促进公共价值生产的方式。

以价值为中心的路径的第二个优势是,它强调在建构信任和对于政府和政府官员信任中关系管理技能的重要性。与传统的简单的目标和层级系统就能够满足的绩效管理不同,以价值为中心的路径在与政府内外的横向和纵向上所有既定利益相关者进行谈判的同时以获得成功的同时,需要公共管理者将政体、项目或者行动的价值置于中心。这一过程提供了一个在不同的利益相关者之间建构一个共同的绩效定义的机会。

以价值为基础的绩效管理和领导路径的第三个优势是,它强调将公共过程作为公共价值表达和创造的主要工具的重要性。在传统绩效管理下,计划、决策和实施的设计通常由政府自身根据现行的政治命令、资源可得性和财政条件决定。然而,要达到基于价值的绩效,政府官员必须决定什么样的公共过程对于得到与既定的政策、计划、项目和条件相关联的价值关切是合适的。对于使用什么过程工具,以及它们的潜在优势和劣势的知晓成为成功领导力的重要组成部分。

以价值为基础的绩效路径的第四个优势是，它扩展了个人和组织的学习能力。一味地追求效率和效益，而不关注它们与更大范围公共价值的相对重要性，会以损害个人和组织学习为代价。在传统的绩效管理实践中，学习几乎在诸如标杆管理和最佳价值实践等绩效模型中完成，它们提供了最佳的实践和标准。类似的学习模仿别人已经做过的，但是对于鼓励创新性思考却没有用。以价值为中心的路径中存在多种价值竞争，需要参与者有想象力地针对当时的价值集合提供解决方案。这种环境鼓励在最佳实践和测量成功的绩效标准上进行持续自我反省。

以价值为基础的绩效路径的第五个优势是，它强化了研究表明的建立和保持强有力的组织文化的必要性。在组织中创造一个以价值为基础的绩效文化对于长期提供持续的服务是重要的。正如被新公共管理证实的那样，对于规则和"硬实力"的依赖是昂贵和分散的。在新公共管理下，绩效评价通常被视为是对依照法律来提供一定种类和层次的服务的公共服务专业组织的角色、价值，甚至整体性的威胁。新公共管理评估的结果通常被视为是"寻找错误"或者危及一个给定项目的财务支持。责备和惩罚在许多方面是评估、问题解决和绩效改进管理的对立面。以价值为基础的路径提供了参与者围绕共同的价值建立协议的机会。甚至，当价值的差异不可调和时，他们依然能被视为是组织公共服务使命的不可缺少的部分，因此能够更加容易地向组织规则转化，即在组织成员间建立信任，以减少外界对于组织本身处于斗争的感知。

聚焦于以价值为基础的第六个优势是，在一些相互对立的意识形态、宗教、民族和其他派别的僵持的环境中，或者政府官员开始腐败、自私和迷失了他们名义上所服务的核心公共价值时，以价值为基础如果不是必需的，也是非常有用的。在这种环境中，传统的基于利益的和多样的关于谈判和妥协的重要性的假设不会起到很好的作用。取而代之，以价值为基础的路径在确定和创造共享的共同价值中是需要的，基于利益的系统能够在其中运转。不管是在应对个人还是政治体系，价值对于创造整体的道德情操是有必要的。如果没有这个共同的情操，治理过程的参与者有可能诉诸反面，使用权力来处理他们的不满。尽管美国经常庆幸于没有以价值为基础的政治，重要的是要记住这种多党制和基于利益的系统是依赖于一个共同的假设，即个人自由价值的首要地位。当没有如此共同的价值基础来开展行动时，它需要被创造。我们的模型特别地意在表达这种情境，而不是取代他们正在依赖于谈判和妥协来达成一致的有效运转的多元系统。

最后，以价值为基础的公共服务绩效路径为围绕一系列问题建立一个共同的国际研究、教育和公共服务领导力议程提供了丰富的机会。仅仅聚焦于效率和效益的绩效议程关注于内部的参与者，而不是给予效率和效益意义外部情境背景。然而，以价值为中心的路径使参与者的注意力向外聚焦于价值的差异在塑造效率和效益的意义中的方式，以及在更广泛的公共价值中，它们的相对重要性。这是与国际伙伴共同工作的一个最有趣的特点。

在附录中，我们提供了对于主要问题的汇总，这些问题来自我们正在与中国、美国、日本和越南的国际伙伴研究的以价值为中心的公共行政路径。这些问题阐述了我们未来工作的共同议程。我们也相信，这些问题为构建一个更大的全球教育机构国际共同体提供了基础，这一共同体应该致力于以价值为基础的公共服务教育、研究和领导力发展。

我们以这样的观察来总结这篇文章，公共行政经过不同阶段的变化发展，回归到了每个国家的建国者们在从事国家建构的任务中面临的挑战和基本问题。以价值为基础的政府绩效路径将我们的关注引至建立和保持政府合法性和对政府官员信任的"整体性"上。这也是一个提示,那就是政治和行政官员、公民、企业、非政府组织和学术界在帮助我们各自的治理体系应对挑战上都有一个非常重要和特殊的角色,不管是我们的国家还是地方治理体系。只有政府,通过政府官员实施一个以价值为中心的路径,信任、合法性和可持续发展才能够得到。只有当过程中的参与者持有一个共同的价值集合时,谈判、协商和妥协系统才会进行。全球许多持续的、自发的起义就是在提醒,当政府官员不能将公共价值置于治理中心来认真对待他们的管理责任时会发生什么。

(包国宪、王学军、Gary L.Larsen、Douglas F.Morgan,原载于《Administration & Society》,2013 年第 4 期)

我国政府绩效治理体系构建及其对策建议

政府绩效管理与评估中的唯 GDP 主义在我国一些地方政府较为常见,而且造成了极为不利的后果,其根源在于新公共管理中公共价值的缺失以及对政府绩效科学内涵的认识不清。我国处于改革发展的关键时期,政府绩效管理与评估既不能走新公共管理的弯路,也不能走计划经济时代的老路,面对棘手问题,必须构建政府绩效治理体系。依据以公共价值为基础的政府绩效治理理论与模型,从社会价值建构体系、组织管理体系、政府战略体系、政府绩效治理的部门体系和协同领导体系5个方面对政府绩效治理体系的核心内容进行阐释,提出政府绩效治理体系在实践中应树立和践行新政府绩效观,主要包括:深化对政府绩效概念的认识,理解公共价值对于政府绩效合法性的本质规定性;强化公民参与是政府绩效管理不可或缺的环节与重要机制的宣传教育,构建和完善公民参与机制;加强以政府绩效领导为主题的公务员培训,使之形成以公共价值为基础的新政府绩效观。

一、问题的提出与理论解析

(一)问题的提出

政府绩效管理与评估起源于西方,作为一种管理工具一直贯穿于政府改革过程之中,并成为提高政府运行效率和公共服务质量的关键手段之一。许多西方国家都专门制定了政府绩效管理法案和制度规则,建立起了适合自身特点的政府绩效评价制度体系和方法体系。随着实践和研究的不断深入与拓展,政府绩效管理与评估不再仅仅是作为一种管理工具出现,而是逐渐承载了政府创新与体制机制改革等更深层次的功能和内容。

20世纪八九十年代政府绩效管理与评估引入我国政府部门后,得到了快速发展和推广,先后经过了初步探索、研究拓展和细化创新等阶段,现已作为一种政府管理的基本制度得以推行。2011年,国务院批准建立政府绩效管理工作部际联席会议制度,并开展绩效管理试点工作。到目前为止,全国大部分地方政府设立了专门负责绩效管理工作的部门,并出台了相应的方案和办法,从一定意义上讲,也促进了政府职能转变和管理创新。党的十八大报告指出,要"创新行政管理方式,提高政府公信力和执行力,推进政府绩效管理",对政府绩效的内涵及其管理工作有了新的认识和要求。可以预见,绩效管理将在我国政府管理中扮演越来越重要的角色。

作为一种管理技术与方法的共通共享特性,是政府绩效管理与评估在各国政府受到青睐的关键原因,但这无法也不可能取代其对于政治制度和社会结构差异的关切。西方政府在市场经济体制和代议民主制的基础上,通过分权、结果导向和内部市场机制等方法改进了政府内部管理和工作流程,提高了政府管理效能。与西方不同,我国政府绩效管理与评估的制度基础主要是中央集权的科层制体系,大多数时候政府绩效管理与评估被视为政府增强控制和实现责任的手段。由于缺乏明晰的价值约束和制度准则,过去二三十年我国的政府绩效管理与评估中出现了不少问题,这些问题存在于政府绩效管理与评估的价值诉求、指标体系设计、过程控制、方法和工具选择以及结果使用等各个环节,其根源则主要在于政府绩效管理与评估中不能很好地体现科学发展观要求的唯GDP主义,诸如重经济增长,而轻社会发展、民生改善和生态环境保护;重当前,而轻长远;重局部,而轻全局;重总量,而轻结构;重速度,而轻质量;等等。

政府绩效管理与评估的核心功能是导向功能。因此,政府绩效管理与评估中的唯 GDP 主义非但不能有效提升政府绩效,反而会推波助澜, 甚至会强化政府部门的唯 GDP 的政绩观和工作中的唯 GDP 取向,产生最大的负面效应,甚至造成极大危害。一些地方政府追求的所谓"政绩"表现及其实现方式千奇百怪,其中很多让社会和公众瞠目结舌、难以置信。本文对唯 GDP 主义在现实中的一些表现予以归纳分析。

1. 政府扭曲的政绩观和发展观。突出反映为:一些地方政府在政绩饥渴、政绩竞争和政绩冲动的压力和驱使之下,违背中央精神和公民意愿,对公共权力与资源的滥用和乱用。长此以往,公众对政府不满,甚至导致群体性事件发生,执政党的执政基础受到削弱,社会危害极大。如,近年来全国各地由于强征强拆而导致的群体性事件屡屡发生,成为导致社会秩序不稳定的重要因素。虽然中央明确要求,"发展为了人民、发展依靠人民、发展成果由人民共享",国务院也于2011 年通过了《国有土地上房屋征收与补偿条例》,国务院各部门随即密集发文,并开展专项检查,但由强征强拆引发的群体性事件却仍然屡见不鲜。据 2013 年《社会蓝皮书》数据,2012 年由征地拆迁引发的群体性事件占全部群体性事件的一半左右。与此相印证的是,据《中国社会心态研究报告(2012—2013)》数据,2012 年网络维权事件中,社会民生类网络维权事件占全部网络维权事件的 1/3 以上,位居第一。其中, 强征强拆事件 275 起, 占社会民生类网络维权事件的81.85%,占全部网络维权事件的 30.09%。再如,一些地方政府不顾环境保护、不论地方承载力、不管是否与本区域的发展战略、产业定位、区域优势相适应的盲目招商引资行为,等等。这些唯 GDP 主义的政绩"锦标赛"扭曲了部分领导干部的发展观和政绩观,使得他们肆意妄为,随意支配公共权力与资源,在实际工作中为了达到所谓的"政绩"而表现出专断、蛮横和霸道的工作作风。强征强拆和盲目招商引资等决策和行为的背后是政府对经济增长的片面追求,对公众利益和需求的漠视。

2. 政府以"父母官"姿态自居,做事武断草率。主要体现在:政府缺乏与公众沟通,仅以建立在自身利益基础之上的偏好和判断提供公共服务、实施公共政策和推进公共项目。其后果是政府的供给不符合公众需求,甚至背道而驰。如,过去十年间我国农村中小学的撤点并校造成了相当严重的社会问题。2001年,国务院针对当时的实际情况和客观条件,下发了《关于基础教育改革与发展的决定》,以降低办学成本、优化资源配置、提高教学质量、促进教育均衡发展。这一政策的初衷是非常好的,一些地方政府在政策执行的过程中也花费了巨大的代价,但其结果却与初衷相违背。据2012年发布的《农村教育布局调整十年评价报告》,2000—2010年,在我国农村,平均每一天就要消失63所小学、30个教学点、3所初中。在扭曲了的"城镇化"发展目标驱动下,有的地方硬性规定撤并学校的时间和数量,有的地方缺乏深入调查和科学论证,有的地方没有充分征求学生家长的意见。地方政府片面主导的"撤点并校"将撤并当成了唯一的目的,非但没有达到预期目的,反而导致了农村学生上学难、辍学增多、心理生理健康受到威胁、农民负担加重以及公共安全事故频发等问题。同时,农村中小学的盲目和过度撤并使得村庄变成了文化的沙漠,加速了农村的空巢化进程。这一近乎疯狂的"撤点并校"运动直到2012年国务院办公厅印发《关于规范农村义务教育学校布局调整的意见》后,才暂时告一段落。受到唯GDP主义驱动时,政府往往就会盲目自大,其行为不但会违背自己的初衷、不符合科学规律,而且不得人心。一些本身具有积极意义的公共服务、政策和项目也会因为政府与公众的沟通不善而达不到预期效果,甚至走向歧途,使政府的公信力受到了损害。

3. 政府缺位、错位,选择性消极不作为。在一些关乎公众生计和切身利益的领域,政府不作为,或者作为不够,而这些领域恰恰是公众最敏感,最容易对政府产生不信任感的领域。其根本原因是:为了追求短期利益和部门利益,中央部门和地方政府间、政府内部部门之间对于责任的相互推诿。如,过去多年以来引起社会恐慌和公众焦虑的食品安全问题, 由于地方政府的 GDP 竞赛而一直未得到有效缓解, 致使公众对政府意见很大。据《中国食品安全舆情报告蓝皮书(2013)》数据, 仅 2012 年就有 1942 起食品安全事件被媒体曝光。2013 年 9 月发布的《中国食品安全领域问题静态预测报告》则指出,据不完全统计, 截至 2012 年 9 月,中国有关食品安全的法律法规和各种政策性文件共 840 多件,其中法律法规 790 件,其他规范性文件 50 件左右,但食品安全事件仍高发、频发、易发,防范形势依然非常严峻。中国食品安全问题的根源主要体现在三方面,一是高层协调部门的协调职能虚化,缺乏权威性,不能很好地协调中央乃至地方监管部门之间的监管职责;二是中央与地方的联动不足,加之地方利益的驱动,弱化了食品安全政策法规和标准的执行力;三是对监管中的不当行政行为和不法食品企业缺乏严厉的追责机制和惩罚机制, 不能杜绝类似食品安全事件的再次发生。政府在此类事件上或者因地方利益所致而不作为;或者想有所作为,但因所涉及问题关系复杂棘手而谨小慎微,消极推诿;或者有所作为,但因主次不分,方法失当,其效果很差,甚或适得其反。诸如此类的事件很多,较为典型的还有愈演愈烈的环境污染治理问题。2013 年发布的《迈向环境可持续的未来——中华人民共和国国家环境分析》报告指出,尽管中国政府表示一直在积极地运用财政和行政手段治理大气污染, 但世界上污染最严重的 10 个城市之中,仍有 7 个位于中国。食品安全和环境污染问题不能有效得以解决的主要根源也是唯 GDP 主义。政府长期以来积累的社会资本可能会因为在这些领域的选择性不作为或者作为不够而大打折扣。

虽然上述表现并非我国政府运作中的常态,但不可否认的是,类似现象在我国一些地方政府较为常见,而且造成了严重的后果,为未来的可持续发展埋下了隐患。政府在受到唯 GDP 的政绩观驱使时,往往会丧失应有的理性,人民赋予的权力在政府手中成为了追求自身利益和官员"政绩"的砝码。当政府的利益逻辑与公众的利益逻辑不一致时,政府的合法性便受到了威胁。

近年来,唯 GDP 主义受到了不少诟病,中央政府和社会各界也逐渐认识到了唯 GDP 主义造成的危害,而要改善,甚至抛弃唯 GDP 主义的关键则在于政府绩效管理与评估制度与机制这一"指挥棒"的改革。党的十七大将"科学发展观"写入党章,其基本要求是全面协调可持续,2009 年以来,广州、上海、湖南、四川、南京等省市逐渐尝试不再将 GDP 作为约束性指标进行考核,而是将提高经济增长的质量和效益、重视社会发展和民生改善作为发展的立足点,置于更加突出的位置。这些执政理念和改革方向预示着告别唯 GDP 正在逐渐成为共识。当然,不唯 GDP 并不是要抛弃 GDP,而是要思考如何从根本上扭转政府绩效管理与评估中的唯 GDP 导向。从政府绩效的视角看,引入新的治理机制是一个突破口。

(二)理论解析

1. 新公共管理理论的适用条件与范围

政府绩效管理与评估虽然在西方起步较早,但作为其理论基础并真正推动其发展的是 20 世纪 80—90 年代的新公共管理运动。我国也正是在这一时期引入政府绩效管理与评估。新公共管理范式在

20世纪末期的公共行政改革过程中居于主导地位,其核心要义是引入竞争机制,倡导顾客和结果导向理念,借用私人部门的管理工具与方法来提高政府工作效率、服务对象满意度和需要的回应性。长期困扰政府部门的一些危机在新公共管理运动中得到了有效应对。

新公共管理理论能够在公共部门应用的前提和基础是:公共部门与私人部门一样都是一种组织,在组织形态上有相似和共通之处。然而,以政府为主体的公共部门与私人部门却有着根本性的差别,这就涉及新公共管理理论的适用条件与范围问题。首先,两者的使命不同。私人部门的服务对象是顾客,以追求利润和股东价值最大化为其核心目标,而公共部门的服务对象是公民,以最大化公共利益为其最终使命。新公共管理很好地解决了以效率为核心的工具理性问题,而效率却不是最大化公共利益的全部。其次,两者配置资源的机制不同。私人部门在市场基础上配置资源,与之不同,公共部门相当一部分领域的资源配置不能完全建立在市场基础上,如国防安全、公共医疗卫生、文化传承和保护等。公共部门的资源配置需要公共权力和市场机制共同发挥作用,尤其在一些关系国计民生的关键领域,公共权力对资源的配置显得更加重要。新公共管理契合了公共部门建立在市场基础上的资源配置机制,但却很难,甚至不能运用到建立在公共权力基础上的资源配置过程中。公共权力以公共价值为灵魂,其行使要受到公共价值的约束。作为公民集体偏好的政治协调表达,在我国的现实中,公共价值的现实判定标准集中体现为"人民拥护不拥护""人民赞成不赞成""人民高兴不高兴""人民答应不答应",这也是我们作为制定各项方针政策的出发点和归宿。从国际和我国采用新公共管理的方法解决公共领域问题的反思中,我们认识到:没有将公共部门中配置资源的市场机制和公共权力机制两者加以区分,而滥用新公共管理的理论与方法,引起效率追求中的公共价值缺失,是造成现实中唯 GDP 主义泛滥的理论根源。就是说公共部门的很多问题仅仅依靠新公共管理理论是不能得到有效解决的。

2. 政府绩效的科学内涵

政府绩效管理与评估在我国方兴未艾,但对于究竟什么是"政府绩效"这一问题的认识却非常模糊,甚至是错误的。首先,政府的产出不等于绩效。许多地方政府将产出等同于绩效,然而,当我们转向政府实施的诸如招商引资、土地买卖、工业园区建设等行为和项目的结果时,我们却发现招商引资污染了环境、土地买卖损害了公众利益、建设好的工业园区时常被闲置等现象时有发生。政府绩效是一个结果概念,产出的最大化不等同于绩效的最大化。只有当政府的服务、政策和项目符合公众需要时,产出才等同于绩效。其次,政府绩效不仅仅是政府自己生产的,而是多元主体合作的产物,其中最为重要的是,公民参与在政府绩效生产中的作用不可或缺。公民参与对于提升政府工作质量,提高政府机构的回应性意义重大,可以增强公民对政府的信任,强化政府责任,并支持自下而上的决策路径。在这种背景下,政府绩效管理才能具有可持续性。相比于新公共管理中将公民狭隘地定义为"顾客"而言,在公民驱动的政府绩效管理与评估中,公民承担着许多角色,包括顾客、所有者、利益相关者、问题提出者、共同生产者、质量评估者和独立的结果追踪者等。政府的唯 GDP 主义得到不断强化的结果,就是包括公民在内的其他绩效生产主体的价值诉求得不到重视,从而导致一系列社会冲突。

二、政府绩效治理体系构建的重要性和必要性

政府绩效管理与评估中的唯 GDP 主义有着深刻的理论根源。要有效控制唯 GDP 主义倾向,就必须走出为了管理而管理,就评估谈评估的政府绩效管理与评估怪圈。

（一）中国处于发展转型的关键时期,政府绩效管理与评估的大背景已经发生了深刻变化

改革开放初期,经济建设是我国的核心任务,三十多年来,GDP增长一直是我国经济社会发展的基础。对 GDP 的追求本身无可非议,但 GDP 并不是政府应该追求的全部。习近平总书记在 2013 年 6 月召开的全国组织工作会议上指出,"要改进考核方法手段,既看发展又看基础,既看显绩又看潜绩,把民生改善、社会进步、生态效益等指标和实绩作为重要考核内容,再也不能简单以国内生产总值增长率来论英雄了"。在价值观、政治制度和社会结构与我国存在差异的西方国家,GDP 增长的质量很早就被置于非常优先的位置。正如西方一位政治家所言:"GDP 并没有考虑到我们孩子的健康,他们的教育质量,或者他们游戏的快乐。它也没有包括我们的诗歌之美,或者婚姻的稳定;没有包括我们关于公共问题争论的智慧,或者我们公务员的清廉。它既没有衡量我们的勇气、智慧,也没有衡量对祖国的热爱。简言之,它衡量一切,但并不包括使我们的生活有意义的东西"。当前,全球经济社会一体化进程不断加速,中国也处于大调整、大变革的时代,经济结构调整难度加大、社会矛盾突出,社会公正、人民幸福和政府责任等价值被置于更加重要的位置,而对 GDP 的片面追求只会带来截然相反的结果。因此,党中央提出了科学发展观等执政理念,把民生问题放在全部工作的突出地位,就是深刻认识到了唯 GDP 主义倾向所带来的危害,也体现了对其进行坚决根治的决心。

（二）我国的政府绩效管理与评估既不能走新公共管理的弯路,也不能走计划经济时代的老路

如上文所述,新公共管理固定的思维模式和预先设定的管理路径选择就是谋求通过竞争、外包和私有化等促进绩效的手段来应对来自公共领域的挑战,完全建立在新公共管理基础之上的政府绩效

管理与评估必然会在实践中受到挑战。与此同时,我国的政府绩效管理与评估也必须摆脱计划经济思维的消极影响。在计划经济体制下,政府是"万能政府"和"无限政府",政府在宏观控制和微观管理方面都以强制性的管制为主,政府只论"计划",而不管其他,"绩效"往往由政府计划的"投入"所决定。计划经济思维主导的政府绩效管理与评估体系至少造成了三个方面的危害,一是资源配置效率不高,或者无效;二是多元主体利益在政府绩效管理与评估过程中得不到有效表达;三是无法形成有效的反馈和学习路径。然而,在由计划经济转向市场经济的今天,计划经济思维主导的政府绩效管理与评估却依然存在,这一点突出反映在很多地方政府的工作报告中只说做了什么,而不问结果如何等政府通病上。受此影响,一些政府绩效管理与评估体系也将重点放在了对各种投入的关注上,而政府行为的过程和结果却被置于不重要的位置,计划经济时代的"考核思维"在一些地方政府依然较为盛行。

(三)以新的绩效观为核心,构建政府绩效的治理体系

按照公共问题的复杂程度和价值冲突程度高低,公共问题可以被划分为四种类型,分别是复杂性和价值冲突程度都很低的简单问题(Straightforward Problems)、复杂性高而价值冲突程度低的复杂问题(Complex Problems)、复杂性低而价值冲突程度高的困难问题(Difficult Problems)和复杂性和价值冲突程度都很高的棘手问题(Wicked Problems)。棘手问题之所以棘手是因为它们包含了竞争性价值间的冲突,没有相对容易、快速和熟练的解决方案,而这类问题已经成为政府最常面对的问题,解决这类问题也成为了政府领导者最大的挑战。面对棘手问题,政府绩效的生产不仅与管理技术和管理工具有关,也与价值冲突的解决和平衡有关,不同的历史文化背景、资源禀赋和社会政治制度需要不同的绩效生产模式。因此,要在政府绩效管

理与评估中批判吸收新公共管理的成果，尊重公民等其他主体在政府绩效生产中的主体地位，构建具有中国特色的政府绩效治理体系。

三、政府绩效治理体系构建的理论基础与核心内容

以公共价值为基础的政府绩效治理理论是构建政府绩效治理体系的理论基础。本部分将对其基本观点进行介绍，在对以公共价值为基础的政府绩效治理模型进行解构的基础上，从 5 个方面对政府绩效治理体系的核心内容进行阐释。

（一）以公共价值为基础的政府绩效治理理论

基于对新公共管理背景下政府绩效管理与评估的反思，以及公共价值对于政府绩效合法性的本质规定性的认识，我们提出了以公共价值为基础的政府绩效治理理论（Public Value-based Government Performance Governance，简称 PV-GPG 理论）与模型。核心内容如下：

1. 政府绩效是一种社会价值建构，是一个具体政府在历史文化变迁过程中和对公民基本需求回应中而形成的有形与无形成果。我们认为，只有来源于社会的政府绩效才能获得合法性基础，也只有根植于社会的政府绩效才能产生可持续提升的需要。这是政府绩效管理的根本动力，其本质是社会价值管理。

2. 以公共价值为基础的政府绩效治理体系下，产出即是绩效。其本质是社会价值建构基础上对政府绩效管理体系的构建以及在公共管理者领导作用下对政府行为和产出的选择、约束和创新过程。从理论上讲，这就可以避免新公共管理中产出与结果的不一致而造成的绩效损失。完全建立在新公共管理理论基础之上的政府绩效管理，不但会造成投入浪费、管理危机，而且还会引起机会成本增大和政府信任危机，甚至公共道德丧失。政府绩效管理不但不会成为关住政府及其官员的笼子，反而会变为政府部门及其官员逐利和追求眼前政

绩的杠杆,这一现象在中国一些地方政府表现尤为严重。

3. 不管是政府绩效的价值建构,还是科学管理过程,都会遇到五花八门的价值冲突。我们称之为"棘手问题"的背后实际就是价值冲突在作怪。由政治家和社会精英所履行的价值领导、政府高层官员所履行的愿景领导与政府执行层公务人员所履行的效率领导构成的协同领导系统,是整合不同层次、不同环节各种价值的重要机制。

PV-GPG 理论有三个显著特征:强调公共性是政府绩效的本质规定性。政府与其他组织相比,有两个特点是其他组织所不具备的,一是拥有对公共权力与资源的绝对所有权和垄断使用权,二是公共价值是政府运行的基本准则。因此,必须在反思新公共管理范式下政府绩效管理的基础上,建立基于这两个特点的政府绩效管理与评估理论。合作生产不再只是一种工具和手段,还是获得绩效合法性基础的重要机制和必要目的。所以说,政府绩效是多元治理的产物。实现政府绩效可持续性的内在动力是反映广大公民集体偏好的公共价值。因此,追求并体现基本公共价值是实现政府绩效持续提升的根本激励机制。

(二)政府绩效治理体系的核心内容

根据 PV-GPG 理论与模型,本文认为,政府绩效治理体系应包括社会价值建构体系、组织管理体系、政府战略体系、政府绩效治理的部门体系和协同领导体系等 5 个部分。

1. 社会价值建构体系

绩效损失等于结果与产出之差,产生绩效损失的原因主要在于:第一,管理方面的问题,投入没有充分转化为产出,这一层面的问题通过管理工具、手段和流程的优化可以得到改善;第二,一部分产出偏离了社会基本需求,未能体现公共价值,而社会价值建构缺位是造成这一问题的根本原因。

社会价值建构是一个长期的历史过程,政府、社会和市场等多元主体在社会价值建构中相互协同,同时,社会价值建构也可以具体表达。在新公共管理范式下,组织管理是绩效生产的核心要素,甚至经常被视为唯一的要素,但这一观点在 PV-GPG 理论体系中受到了质疑和批评。政府绩效的生产不仅与组织管理和领导有关,而且也与核心政治价值和政体结构与程序有关,同时,组织管理和领导、核心政治价值以及政体结构与程序都置于一定的情境背景之中。

具体而言:对核心政治价值的反映主要表现为对执政党和国家意志的体现。中央的执政理念、政策和战略部署要在政府决策中得到体现,并且贯穿于决策执行的全过程。比如,科学发展观、产业结构优化升级和环境污染治理等理念都要体现在政策制定和政府管理过程中,并将其作为政府绩效管理与评估体系设计的指挥棒。对政体结构与程序的关切主要是对于横向权力结构和纵向权力结构的平衡。棘手的公共管理问题不可能通过政府这一主体单独解决。传统的政府管理主要依赖于纵向的组织结构,以基于官僚体系的控制为主要手段,而棘手问题的解决更多地依赖于政府与公民、社区、非营利组织和企业等主体的合作,其中尤为重要的是要重视公民参与和政府与公民的沟通。作为一种机制和必需品,公民参与承载了合法性价值,政府与公民的沟通是政府决策中的重要一环,也是政府获取公民信任的基础。在现实中,政府“出力不讨好”的症结其实主要在于公民参与的缺位。对情境背景的关注包含两个层面的内容,一是指上述核心政治价值和政体结构与程序因具体情境而异;二是指政府决策和行为既要体现历史性,又要体现特殊性。一方面,具体情境中的历史、文化、社会等多方面因素需要被考虑,另一方面,要在复杂性和价值冲突两个维度上对具体公共问题进行具体分析。

社会价值建构的核心在于政治系统与社会系统的互动,作为政治系统核心的政治家在社会价值建构过程中居于核心地位，执政党主导的政治系统必须关注社会系统的价值偏好，并将其付诸政府决策和行为，促进公民参与是其中的重要机制。

2. 组织管理体系

如上文所述，管理方面的问题是造成绩效损失的另一重要因素。虽然新公共管理中存在公共价值缺失，但这并不等于抛弃科学的管理方法和工具。在社会价值建构的基础上，组织管理体系运转越好，政府绩效就会越高。也就是说，社会价值建构体系主要应对"产出就是绩效"的问题，而组织管理体系则主要应对"产出最大化"的问题。

组织管理体系构建的核心在于政府执行系统，政府执行系统受社会价值建构体系的约束，政府绩效生产的各个环节都需要体现公共价值。同时，在社会价值建构基础上，各个环节都需要运用最优的管理方法和工具，以实现效率最大化。组织管理体系主要包括事前论证和规划、事中监督和检查、事后评价和问责等部分。

具体而言：事前论证和规划主要是在社会价值建构基础上，对拟实施的公共项目及政策就其必要性、可行性和科学性等方面引入多元主体进行论证，提出论证意见、予以公示，并根据最终论证意见进行规划。近些年来，我国出现了不少"短命"工程，一些体育馆、公园、垃圾处理厂等设施修建完成后长期闲置，也有一些工程修建不久后就因为与新的城市发展规划或者其他规划相互冲突而遭拆毁，其主要原因就是事前论证和规划不到位，或者论证和规划没有体现公共价值。事中监督和检查，主要是要在项目及政策实施过程中保证依法、依规、科学。当前，我国许多城市正在推动以信息化为基础的政务电子监察系统，将政府信息公开、行政审批、重大项目、公共资源交易、行政处罚、行政投诉集于一体，公民参与的渠道得到了有效的拓展和深化，是事中监督和检查的发展趋势。在确保依规划实施的基础上,也需要在组织层面和个体层面大力普及现代管理科学知识,不断提高其运行的效率并确保质量。引入事后评价和问责制度,对正在实施和已经结束的公共服务、政策和项目进行定期、不定期评估,并对严重失误和造成重大损失的相应责任主体进行问责。

3. 政府战略体系

在 PV-GPG 理论框架下所构建的政府绩效管理制度和机制,已经完全超越了新公共管理范式,从工具优势转变为战略优势。政府战略体系由社会政治系统与政府决策层构成,作为社会、政党与政府的沟通通道,是社会政治系统与政府执行系统间的"缓冲器"。社会政治系统通过政府战略体系约束政府执行系统,反过来,政府执行系统运行中的问题也会通过政府战略体系得到反馈,并作用于社会系统和政治系统,从而共同实现对政府绩效的治理。从理论上讲,这既解决了政治行政二分带来的公共行政价值缺失问题,也会防止回归到前古典国家建构范式中政治对行政的替代和冲击所带来的危险。从实践层面讲,政府战略体系是政府重大决策形成和提高行政执行效率的制度保障。政府重大决策的形成不但要反映公共价值,而且要考虑执行中的可行性,不但要体现政治意志,还要关切公民满意度。政府战略体系承担着对政府重大决策的讨论、咨询和论证功能。从我国的体制来看,党委、人大、政府和政协应该在政府战略体系框架内对关系社会经济发展的战略问题形成共识。党的执政理念、人大代表的意见和建议、政府的资源以及社会团体和公民的反馈都需要在政府战略体系中得到关切和表达,建构和博弈形成的决策主要由政府执行系统进行落实。

政府战略系统的构建清晰地契合了新的管理范式,是对新公共管理下政府绩效管理与评估的超越。从这个意义上讲,以政府战略体系为核心的政府绩效治理体系不仅为有效应对政府绩效管理与评估中的唯 GDP 主义提供了路径,而且为我国行政体制改革提供了可资借鉴的理论框架和指南。

4. 政府绩效治理的部门体系

PV-GPG 理论得以"落地"的一个重要方面是要重构政府绩效治理的部门体系。根据政府绩效治理体系的内在要求和我国政府体制改革的需要,可以在政府绩效治理体系框架下,考虑设置治理政府绩效的战略与预算、管理与审计、评估与问责和绩效监察部门,从而实现在 PV-GPG 理论与模型基础上对政府绩效治理的部门体系的重构。如此一来,从管理体制和机制变革的角度,建立起我国政府绩效管理的制度体系,以确保政府绩效治理的有效性与可持续性。

5. 协同领导体系

社会价值建构体系、组织管理体系、政府战略体系和政府绩效治理的部门体系间的互动过程中, 以及政府绩效治理体系的整体运转过程中充满了价值冲突, 如何处理和平衡这些价值冲突是政府绩效治理体系面临的挑战,也是其核心任务之一。由价值领导、愿景领导和效率领导构成的协同领导系统在政府绩效治理体系中扮演了"润滑剂"的角色,对这些价值冲突进行有效协同,从而能够应对全面协调可持续发展的挑战。

协同领导系统的另一重要任务是应对变化。政府绩效治理体系的各个组成部分在不断发生变化,当变化发生时,协同领导系统需要将建国者理想、执政党纲领、政府政策以及公民和其他社会组织的价值需求予以整合, 并在这些主体的互动过程中扮演协调和统筹的角色,以增加政府绩效治理体系的稳定性。

四、对策建议

在分析了政府绩效管理与评估中唯 GDP 主义的理论根源后,本文在以公共价值为基础的政府绩效治理理论与模型基础上，提出了一个破解政府绩效管理与评估中唯 GDP 导向的政府绩效治理体系，为科学发展观等执政理念的实施和公共价值的表达提供了框架与思路。政府绩效治理体系要求我们在实践中树立和践行新政府绩效观，具体而言主要包括：

第一，深化对政府绩效概念的认识，理解公共价值对于政府绩效合法性的本质规定性。政府绩效是一个具有结构的复合概念，公共价值是其合法性的本质规定性。政府绩效是多元治理的产出，因此不仅要重视结果，而且要考察其权力和资源投入的恰当性、过程和程序的合法性、绩效生产的经济性以及对公共价值的体现。对政府绩效概念的正确认识是构建和实践政府绩效治理体系的基础。

第二，强化公民参与是政府绩效管理不可或缺的环节与重要机制的宣传教育，构建和完善公民参与机制。重塑公众的政府绩效"所有者""生产者"和"评价者"角色，通过开展广泛的公民参与和公民对政府的满意度评价，使得公民在政府绩效生产中的主体地位得以实现，从而作为社会价值建构的重要基础。公民参与不是一种工具，而是政府绩效管理与评估，甚至公共管理中的一种机制，也是和谐社会建设与公民社会形成的根本目的。

第三，加强以绩效领导为主题的公务员培训，使之形成以公共价值为基础的新政府绩效观。建立政府绩效管理和绩效领导的国际教育与培训平台，加强政府领导者和管理者关于绩效领导的教育培训，使之树立创造公共价值的使命感，引导其形成以公共价值为基础的新政府绩效观，以彻底改变政府部门的唯 GDP 政绩观和工作中的唯 GDP 取向，帮助政府产出更多基于公共价值的绩效。

（包国宪、王学军，原载于《行政论坛》，2013 年第 6 期）

政府绩效领导

公共治理网络中的绩效领导结构特征与机制
——基于"品清湖围网拆迁"的案例研究

　　领导力是基于合作网络的绩效治理的核心要素。已有研究指出，网络结构下的领导力与传统以科层制组织为基础的领导力有显著差异。在以公共价值为基础的政府绩效治理理论框架下，通过案例研究方法，预设"网络结构""偏好与冲突""绩效领导"和"作为结果的绩效"四个节点，对"品清湖围网拆迁"事件的多来源数据进行质性编码，形成绩效领导"结构—策略—功能"分析框架，进而在网络结构和绩效视角下回答领导机制如何促进合作以实现治理绩效。研究发现"行政""市场"和"信任"是绩效领导发挥功能的主要协调机制，沟通是领导者的核心职业能力。

一、引言

　　当前公共部门领导者面临着极富挑战的治理情境和棘手问题。来自中国的大量实践证据显示，在公共问题解决和公共产品提供的过程中，政府越来越依赖于和民众、企业、社区、NGOs 等多元主体的互动和协作。如当前 PPP 模式的大量应用，各行业协会、商会的壮大发展，公民参与信息化平台的建设运行，互联网等新媒体不断攀升的舆论影响力，等等。在此背景下，政府作为公共治理网络中的关键主体，如何发挥领导力并提升治理绩效成为一个焦点问题。

　　虽然有大量研究对公共治理网络进行了深入讨论，但仍有一些基础性问题需要探索:如合作达成的前提条件是什么,各主体参与合作网络的动力是什么,影响治理绩效的关键因素有哪些。已有研究强调了信任建立、协商与谈判、支持性资源、能力与领导力的重要性。而本文特别关注了领导力(leadership)。网络结构下的领导力与传统领导力有显著差异,学者还采用实证研究对此种差异进行了检验。与传统领导理论研究一脉相承,相关研究主要考察了在治理网络情境下的领导力内容、领导特质、领导风格,提出了相应的领导类型,如整合型领导(integrative leadership)、合作型领导(collaborative leadership)、跨边界领导(boundary crossing leadership)等相关概念。虽然理论界一再强调领导力意义重大,是政府发展跨组织合作能力的核心要素,但是对其如何发挥作用的问题仍然讨论不足。

基于以上分析,本文提出的基本研究问题是:治理网络中的领导力是如何发挥作用并生产绩效的? 并在这一基本问题的统领下尝试回答:在治理网络中领导力动员并激励了哪些资源和要素? 治理网络中的领导者有何特质?可持续性动力是什么?本文将以以公共价值为基础的政府绩效治理理论为基础,采用案例研究方法,通过对深度访谈、相关政策文件文本、媒体资料等数据进行编码,研究治理网络情境下的绩效领导机制以回答这些问题,对绩效治理框架下领导概念体系的内容进行补充。

二、公共治理网络中的领导力

近二十年来,多部门合作、多元治理、社会网络等主题的研究不断增长和大量积累。公共部门变革的显著特征是公共行政的方式不断从层级节制的"命令—控制"机制转变成了多主体协作治理。对网络式的行动结构的强调是因为任何单一主体,不论是公民、政府、企业还是非营利组织,都无法仅借助自身力量解决复杂问题,合作成为一种必不可少的问题解决途径。特别是在当今信息化时代,公共部门需要一种不同于传统的、有力的领导力,在治理网络中发挥作用以实现合作治理的绩效或有效性。如 McGuire 和 Silvia 以 500 位网络领导者为样本,检验了在地方应急管理情境中(高合作需求)领导行为与被感知的网络有效性间的关系。显然,研究公共治理网络中的领导力的基本前提假设是此种领导力存在于合作结构(collaborative structure)之中。此种领导力善于整合资源——不论是资金还是知识、技能;善于沟通合作、关心人和搭建关系;善于协同管理——在多主体之中建立信任并协调互动。

表 1 梳理和总结了目前理论界对“网络结构中的领导力”相关概念的经典界定,虽然尚未形成统一的概念框架,但是对这种针对网络结构的领导力,学者在一些基本观点上已达成共识,这些概念都描述了在包含多元行动者、多元节点、多元连接、大量跨边界行动的合作结构中的领导力。

(一)基于胜任力的领导力研究途径

虽然治理网络中的领导力与传统科层组织的领导力相比所依赖的组织情境不同,但是目前学界还是主要遵循了传统领导力理论途径开展研究。不过,从研究的设计到领导力发挥作用的范围以及领导力内涵,都是超越传统科层制组织结构的。主要从领导行为、特质、能力等方面对其进行总结和概括,我们归纳为基于胜任力的领导力研究途径(Competency Oriented Approach)。

Huxham 和 Vangen 通过一项纵向研究对合作中的领导行为进行了识别和总结,他们借助结构(Structures)、流程(Processes)和参与方(Participants)等三种领导媒介搭建的框架对多元合作中的领导力进行界定,共归纳了 204 项领导者工作任务和 241 个领导流程。以此为基础,后续研究主要关注了他们认为最为重要的一个领导流程——

表1　治理网络中的领导力概念归纳

概念	定义	作者与期刊	年份
合作型领导（Collaborative Leadership）	合作型领导被设计为帮助公民和公共领导者团结社区中不同的成员，合作型领导致力于引领真实的、可测量的社区生活变革	DD Chrislip，CE Larson. Review of Public Personnel Administration	1994
整合型领导（Integrative Leadership）	整合型领导被定义为将不同的群体和组织以灵活的方式联合起来，且一般是在跨边界的情境下，以化解复杂的公共问题并实现公共利益	Crosby BC，Bryson JM. The Leadership Quarterly	2010
网络领导（Network Leadership）	网络领导关注整个网络的全部，包括网络中的成员、网络体系和外在关系	Ruckdschel S. Springer Gabler	2015

"构建信任，互相的理解以及达成共同目标的谈判"，因为"如果信任能够提升，即提升为相同的价值观，就会拥有理性化的相同行为倾向，合作也就会提升，从而成为理性的合作"。

另有学者概括了权力共享的世界中公共领导者应具备的解决问题的能力，包括：①情境中的领导力（Leadership in Context），对政治、经济、社会、技术等方面的环境、资源和潜力的理解能力；②个人领导力（Personal Leadership），理解和培养个人层面有益的发展的能力；③团队领导力（Team Leadership），组建有效率的工作小组的能力；④组织领导力（Organizational Leadership），培育高尚并有效率的组织的能力；⑤梦想领导力（Visionary Leadership），在网络中创造、沟通并共享意义的能力;⑥政治领导力(Political Leadership),在立法、执行和行政领域制定并实施决策的能力;⑦伦理领导力(Ethical Leadership),裁定争端的能力;⑧政策中的创业精神(Policy Entrepreneurship),将领导力与政策变革相协调的能力。这八项具有实践指导意义的领导能力回应了跨组织合作与权力分享对公共领导者提出的新要求。

概括来看,基于胜任力视角的研究突出了这样两个特点:第一,回应了治理网络这一不同于科层结构的新情境对领导力提出的新要求,领导者要更多地承担协调各方达成一致性目标的角色;第二,都直接或间接讨论了领导力对合作绩效或治理有效性的影响。虽然已有成果不断强调治理网络中领导力的重要性和必要性,但是对领导职能的具体作用机制讨论不足。

(二)基于绩效的领导力研究途径

以公共价值为基础的政府绩效治理理论(Public Value-based Government Performance Governance,PV-GPG)从绩效的视角回应公共治理挑战,绩效治理的根基是公共价值、组织战略和领导力。绩效领导(Performance Leadership)是在 PV-GPG 理论框架下提出的领导力概念,定义为:以公共治理为基础,以绩效目标为对象,在领导人引领和绩效领导结构的整体承载下,形成协同领导系统,以管理绩效治理过程中的公共价值冲突、减少绩效损失的机制。

绩效领导是一个具有结构的概念体系,包括价值领导(Value Leadership)、愿景领导(Vision Leadership)和效率领导(Effectiveness Leadership)。在绩效治理网络中发挥两个功能:第一,管理冲突;第二,传导价值。"价值—愿景—效率"搭建的协同领导框架是实现上述两个功能的体制安排。它的内部逻辑是:首先,价值和效率分别关注了绩效治理的价值理性和工具理性,并将这两者通过战略愿景进行衔接和过渡,以实现共识之下目标与结果的一致性。其次,三个不同层面的领导机制连接不同的组织系统，公共价值在不同层面以不同形式进行传导。价值领导嵌入社会体系与政治体系的交互过程，愿景领导嵌入政治体系与政府战略体系交互过程，效率领导嵌入政府战略体系与行政体系交互过程。

绩效领导与基于胜任力的研究途径相比突出了两个优势特征：一是从绩效的视角对治理网络中的领导力问题进行讨论。绩效是所有组织和共同体存在的理由。绩效将治理网络中的所有要素整合在一起，网络中的各主体不论是政府还是公民、市场，参与合作的目的在于实现治理绩效。在这一目标之下，网络结构不再只是领导力发挥作用的行动情境，领导力成为治理网络的内生性结构要素。治理绩效是网络层面（Network-Level）的绩效，即社会绩效，是行政绩效和战略绩效的综合。对于各个行动主体来说，治理绩效不再是政府单一行为的结果，各利益相关方在决策实施之前已对目标达成一致性理解，这是合作的前提，因为这些网络是由共识而不是由规则和权力建立的。但是，治理网络中的各主体代表了自身的利益和偏好，这些诉求可能是相互竞争和冲突的，如何从冲突走向共识是绩效领导的重要功能。二是突出了公共价值在领导力的概念内涵、行为、行动策略、互动方式和激励模式等方面的基础性作用。公共价值被描述为一个多维度的构念，是公民的偏好经历政治协调后的集体性表达，不仅在结果中产生，而且在生成信任或公平的过程中产生。创造了多少公共价值是对跨边界、跨部门合作成效的最终检验。绩效是公共价值的具体表现和实现结果，绩效目标的达成是对公共价值实现程度的度量。公共价值和领导力的关系在于：首先，公共价值凸显了公共行政的公共性，为公共领导者的行为和角色奠定了价值内涵和伦理边界；其次，领导力作为绩效领导的核心承载力是管理多元价值冲突机制的关键要求。在资源稀缺的条件下，不同利益相关方的偏好本身具有竞争性甚至是相互冲突的。公共领导者制定规则或程序以识别公共价值并确定其优先顺序。Mark Moore 指出，定义并识别公共价值时必须解决两个关键问题，第一，社会主体中是顾客、纳税人还是普通公民将作为合适的仲裁者来选择占优的公共价值？政府以谁的名义在行动？第二，如果答案不是顾客，那么，如此大量的公民和纳税者是如何清晰、明确地知道哪些价值和结果是在追求"又好又公正的社会"过程中值得花费税收和自我规范的？公共领导者在回答这些问题的过程中实现了公共价值的选择，进一步通过政府的战略系统和沟通、协商传导这些理念、任务和愿景，以促进绩效目标的实现。

三、研究设计

（一）研究方法

为了探究绩效领导机制是如何支持治理网络以实现绩效目标，我们实施了一项基于"品清湖治理"案例的质性研究。一方面，质性研究被认为是一种适用于描述、解释复杂人类现象的研究途径。治理网络中的领导力问题具有高度的情境性，大量的现实治理实例为此问题提供了案例研究基础。另一方面，案例研究可以使研究者原汁原味地保留现实生活有意义的特征，协同领导系统承载着协调价值冲突的核心功能，但需要大量来自现实世界的细节以归纳、解释和论证治理背景下绩效领导的运行机制。

选择"品清湖治理"案例进行研究是因为从空间维度来看，"品清湖"位于汕尾市城区，虽然本质上是自然泻湖却地处于人居社区。与其他自然生态资源不同，品清湖除生态功能还发挥了临近渔民生产、生活的经济功能和休闲娱乐的文化功能，成为湖周围公民生活的一部分。而围绕品清湖非法养殖和生态污染引发的各个层面的冲突则属于涉及多元利益相关者的公共问题。其次，以政府相关部门为代表的公共组织在品清湖治理中承担了重要角色,发挥领导作用。同时,"品清湖治理"在时间维度上具有一定跨度,多年的实践中有失败的反复和成功的转折,对这些关键节点背后的影响因素和领导力作用的分析非常有价值。

为了突出"公共治理"这一重要理论情境,我们在案例筛选过程中重点关注了涉及多元主体行动的问题,在此情境中梳理领导力的特征与作用发挥机制。品清湖治理案例包括各级政府及相关部门、公民、社团组织等主体的诉求和利益,各主体在品清湖治理过程中进行交互,其中既有冲突也有合作的达成。

(二)数据收集与编码方案

(1)数据收集

本研究主要采用开放式访谈进行数据收集。课题组于2015年暑期赴广东省汕尾市城区开展了为期一周的实地调研。访谈共分两次进行,首次访谈对象主要是汕尾市、城区两级社工委相关领导和品清湖治理项目主要负责人;第二次访谈对象是实际开展工作的一线公务员代表、社团组织领导人和与品清湖直接利益相关的公民代表,品清湖治理网络中的组织和访谈对象情况见表2。

表2 访谈对象列表

编号	网络中的组织类型	访谈对象在组织中的角色
G-1	行政部门	汕尾市社工委专职副主任
G-2		汕尾市社工委科长
G-3		汕尾市城区社工委主任
G-4		汕尾市城区海洋渔业局局长/品清湖管理办公室主任
G-5	执法部门	汕尾市城区品清湖管理中队队长

续表

编号	网络中的组织类型	访谈对象在组织中的角色
N-1	非政府组织	汕尾市城区品清湖护湖志愿者协会会长
C-1	公民	品清湖养殖户代表
C-2		品清湖养殖户代表

课题组还前往汕尾市、城区两级社工委及品清湖管理办公室收集了相关政策文件作为数据补充,文件类数据列表见表3。除此之外,研究者的观察记录、访谈记录以及来自互联网等媒介的相关资料也是研究数据的其他来源。根据 Yin 的观点,案例研究中应采用多数据来源形成证据三角形(triangulation)。多来源证据的互相引证将有效提升研究的信度和效度。

表3 政策文件数据列表

编号	文件名称
HG-001	《汕尾市人民政府关于整治品清湖海域环境的通告》(2010)
HG-002	《品清湖养殖区清理工作方案》(2010)
HG-003	《品清湖养殖区清理工作实施方案》(2010)
PG-001	《汕尾市人民政府关于进一步加强市区品清湖海域管理的通告》(2011)
PG-002	《汕尾市城区人民政府关于清理整治批清湖养殖区的通告》(2011)
PG-003	《汕尾市城区品清湖区养殖设施综合清理工程自行拆迁方案》(2011)
PG-004	《品清湖养殖户自行清理工作方案》(2011)
DG-001	《养殖户自行清理申请表》(2011)
DG-002	《品清湖养殖户自清自拆围网公示》(2011)

续表

编号	文件名称
DG–003	《品清湖养殖区养殖户自行拆除养殖设施协议书》(2011)
DG–004	《品清湖围网养殖拆迁工作经费》(2011)
PG–005	《在品清湖养殖区清理工作总结大会上的讲话》(2011)
PG–006	《工作会议纪要第十九期》(2012)
PG–007	《汕尾市人民政府关于印发〈汕尾市品清湖管理暂行规定〉的通知》(2012)
PG–008	《汕尾市城区人民政府关于加强对品清湖海域管理的通告》(2014)
PN–001	《汕尾市城区品清湖护湖志愿者协会章程》(2012)

经统计,获取音频资料时长共计 4 小时 34 分钟,通过后续整理转化为 3.6 万余字逐字稿。其他政策文件等文本数据共计约 2.7 万字。

（2）编码技术与流程

编码是案例研究数据分析的基本技术。"编码就是这样一个过程,针对研究的问题,将大量的形式自由的资料整合起来以探求经验性的、有启发性的答案。编码让未分类的资料逐步发展成为更精确的类型、主题和概念等"。目前较为常用的编码方式有两种,一种是自然编码,即根据文本材料内容和属性进行编码;另一种是结构化编码,即根据研究人员的理论预设先设定编码原则,再进行编码。由于本研究具有清晰的研究问题和理论解释框架,所以采用结构化编码方法。

本研究选取"主题"为编码单元(coding units),编码单元是编码过程中的最小信息单元,编码时,我们将语句或段落分解成"基本主题(atomic themes)"。没有选择常用的"句子""段落"或"篇章"作为分析单元的理由是,一方面,不同于扎根理论借助编码技术以期核心概念和理论框架"自然涌现"的思路,本研究对编码"主题"的预设将匹配结构化编码方法,在设定主题之下寻找要素之间的逻辑关系;另一方面,预设的编码问题可以有效地将文本内容进行整合,保留理论框架而避免细碎编码产生的信息碎片化问题。因此,本文编码首先预设四个节点(nodes),具体来说是四个方面的问题:网络结构,偏好与冲突,绩效领导和作为结果的绩效,见表4。它们的关系是:在N1-C设定的治理场域下,通过N2-P归纳并描述各利益相关者价值偏好由差异到冲突再到达成一致的过程以建立N3-L行动和N4-R结果之间的关联,以探究合作网络达成和绩效实现的逻辑。同时整个编码过程还引入了时间维度以串联情节并展开对比。

(3)编码的信度、效度检验

表4　实施编码的节点框架

编号	问题	主要内容
N1-C	网络结构	绩效领导行动的特殊场域和要素
N2-P	偏好与冲突	各主体偏好、利益及冲突的表现
N3-L	绩效领导	能力、资源、行为和策略
N4-R	作为结果的绩效	社会、经济、政治等维度的收益

编码的信度表现为不同时间、不同编码员进行编码产生代码(code)的一致性。在研究实施过程中我们对访谈进行录音并随后转化为逐字稿;在论文撰写时引用逐字稿和观察记录以增加研究的信度。

本研究检验了同一编码员不同时间编码一致性和不同编码员间的一致性。具体做法是:①在主编码员完成编码工作两周之后随机选取来自四个节点的十段文本内容,同一编码员对其重新进行编码,计

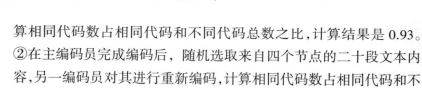

算相同代码数占相同代码和不同代码总数之比,计算结果是 0.93。②在主编码员完成编码后,随机选取来自四个节点的二十段文本内容,另一编码员对其进行重新编码,计算相同代码数占相同代码和不同代码总数之比,计算结果是 0.87。两个指标的计算结果基本达到 0.9 的经验标准,编码信度可以接受。

编码的效度是指抽象得到的代码与真的现实之间的匹配程度,确保编码是对社会真实一种无偏见的描述。本研究通过多数据来源和成员检视(member-check)的方式提升效度。将编码结果反馈给汕尾市城区社工委主任和志愿者协会会长,根据调查对象提出的意见对节点和编码结果进行了修正。

(三)案例描述

品清湖面积约 23 平方公里,约是杭州西湖的 6 倍,岸线长 39.62 公里,是中国第一大海滨泻湖,广东省汕尾市城区就位于品清湖的北岸(访谈记录,20150730-HG12)。沿湖区域主要包含了城区东涌镇和凤山街道,大概涉及 51 个自然村、11 个居民社区和 3 个渔农村。品清湖作为汕尾地区的母亲湖,早在 1988 年汕尾建市之前就为当地经济社会发展贡献了不可或缺的重要力量。一方面,作为天然的避风良港,长久以来品清湖都是汕尾渔港的避风塘,供渔船避风停泊。另一方面,品清湖也成为渔民养殖和捕捞的重要场所,为当地民生保障、渔业生产和经济发展创造了良好条件。

改革开放之后,经济建设成为各项工作中心,汕尾地区的渔业生产也被纳入地方经济发展的举措之中,政府鼓励湖周渔民进行水产养殖,渔民的生产热情被激发,老百姓以品清湖得天独厚的水环境为条件,大量开展水产养殖。品清湖面很快被密密麻麻的竹竿和养殖网所覆盖。

整个老百姓都去养殖,围网啊,把这个钉子网围起来,把这个湖

(品清湖)列为"经济湖",这种环境的情况下嘞,围网养殖很快就达到了 2 万多(亩),围网的大概是 1 万 7 千,整个给它(品清湖)围起来,像那个蜘蛛网一样,围得星罗棋布,老百姓可以养虾、养鱼,这种情况。(访谈逐字稿,2015080-4G4)

"经济湖"的定位在当时时代背景下无疑具有合理性,但是由于缺乏合理规划、管理措施和资源环境保护意识,80 年代末 90 年代初水产养殖的过度扩张就早已超过品清湖自身的生态承载能力,再加上品清湖周围企业和公民生产、生活污水的排放,品清湖生态恶化问题日益显现并加剧。

品清湖湖水发臭、湖底淤浅,围网乱布,垃圾污水随意排放,环境越来越恶化,已失去品清湖原来的自然风貌和功能价值。(政策文件:《汕尾市人民政府关于整治品清湖海域环境的通知》,HG-001-2010)

1988 年,经国务院批准,在原海丰、陆丰两县的行政区域上设置地级汕尾市, 品清湖作为汕尾市所辖泻湖成为这座崭新城市建立形象、树立风貌的重点治理对象。1986 年 7 月 1 日实施的《中华人民共和国渔业法》成为政府实施整治行为的重要法律准绳和制度依据。根据相关条款规定和品清湖水域规划, 养殖户擅自在品清湖中围网养殖水产的行为属非法行为。多年来,政府多次进行集中整治,社会各界也不断通过"两会"等渠道进行呼吁,恢复品清湖原本的美丽景观成为广泛的社会需求,但是相对立的声音也从未停止。品清湖中养殖设施的拆除必然将损害养殖户的经济利益甚至影响无数家庭的生计。据 2010 年统计,养殖设施清理工作共涉及 10 个村居委、28 个自然村,约 3 万人口。品清湖区有养殖户 725 户,占用水面养殖的面积 11.3 平方公里,是品清湖总面积的 49%(政策文件:《汕尾市城区品清湖区养殖设施综合清理工程自行拆迁方案》,PG-003-2011)。养殖设施的拆除意味着 700 余个家庭的主要经济来源被切断, 导致民怨激增,这对于地方政府来说无疑是巨大的民生压力,虽然政府已投入大量人、财、物等,整治工作实施和推进仍然面临着巨大困境。因此多年来不断出现非法养殖问题的反复,陷入"严管(强拆)—放松(偷养)"的循环,养殖户与政府管理部门捉起了迷藏,同样作为利益相关者的社会公众也为"母亲湖"环境恶化而痛心不已。

这一顽固问题的解决于 2011 年出现了转机。在组织层面,广东省于 2011 年成立社会工作委员会,专门突出社会治理功能,财政、民政、司法等 24 个部委作为委员单位,具有很强的协调性。汕尾市将品清湖的具体管理权下放到城区, 城区社工委发挥品清湖治理的领导作用,具有动员其他相关部门的能力和资源,协调渔业管理等相关部门进行合作。反思经验教训之后,区社工委认识到,政府包揽和硬性拆迁的方式只能让养殖户被动接受管制,具有很高的不满情绪,同时区政府也无法承受包揽式治理的高额成本。为此制定了全新的工作方案,一方面,要改变政府包揽式的角色,发挥主导作用的同时引入社会各主体参与治理;另一方面,要缓解养殖户的对立情绪,先与各利益相关者达成统一认识后再实施整治行动。

我们要先去调查,摸底,究竟有多少户、多少人把这个情况先摸清楚,之后就派出工作组进村入户,进行做工作、动员。"做工作"做了大概有 34 个月的时间, 做到家家户户都讲得通不是那么容易的,因为有些人呢他说,"我这个鱼苗啊虾苗啊刚放下去, 要怎么赔偿啊",老百姓的需求很难满足。做过的就知道,做工作不是那么好做的,也是采取这种"包岗"的任务,工作组进村入户的时候,你一个人包几个人,包几户,去做工作。究竟老百姓有什么想法,老百姓有哪方面的困难,进村入户了解清楚,之后做工作(访谈逐字稿,20150804-G3)。

"做工作"是基层公务员沟通各方意见,最终获得合意的重要工作方法。通过走访养殖户,一方面,充分了解围网渔民的诉求并将各个养殖户的需求进行综合,对合理的意见进行回应。比如,养殖户集中反映了当时湖中鱼苗、虾苗尚未长成的问题,城区政府为此调整了工作计划,延长期限至收成期过后再进行设施清理(汕市区府通〔2011〕1号)。另一方面,进村入户"做工作"缓解了养殖户与政府之间的对立情绪,建立了政府直接向社会公众输出"城在海中,海在城中"的城市发展理念的渠道,品清湖将作为城市文化标签,通过带动旅游业、服务业等产业发展以可持续的方式继续为地方创造价值。通过不断地沟通,养殖户也发现,品清湖水质的持续恶化将直接影响养殖收益,这是一种恶性循环,反对拆迁的强烈不满情绪渐渐平息,各方主体开展建设性合作有了基础。为了保护品清湖,湖周村民还自发组建成立了品清湖保护志愿者协会,制定了协会章程,积极开展义务性护湖活动,令人意想不到的是担任志愿者协会会长一职的人正是品清湖中的第一养殖大户。

通过多方努力,具有一定弹性的拆迁方案随即出台,清理工作有两种可选的方式:第一,政府发出清理公告《责令停止海洋违法行为通知书》,鼓励养殖户自行拆除养殖设施,并按照各户养殖面积发放拆迁补助费用,拆除后组织相关人员对结果进行验收。第二,自行清理期限截止后仍未拆除的设施将由海洋与渔业局、城区政府和公安部门联合组成的工作小组进行强制拆除。在此方案下,水产养殖设施拆除工作顺利推进。

为了巩固治理成果,品清湖管理办公室专门成立品清湖管理中队,长期负责品清湖内违法行为的监督和执法。品清湖围网拆除之后,水质很快得到改善,湖周风光也逐渐恢复秀美。

四、数据分析与研究发现

在对节点分析之前,我们首先对案例的关键事件按照时间线进行梳理。因为任何故事都存在"事件流"(flow of events),对完整故事的描述不足以实现对情节中复杂结构的认识和关键信息的捕捉。因此,我们通过"关键事件与时间线"的框架厘清品清湖治理的情节脉络,按照时间维度和主体中的核心行动者在情节中的关键事件进行了整理,见图1。以此来"选出诸事件,保留顺序并为下面的事件指出前导事件的显著性或重要性"。从图1中可见,2011年是品清湖治理脉络的重要转折点,为什么自1988年建市起,市、区两级政府对解决品清湖围网问题的努力从未间断却一直到2011年才有所转变?领导力发挥了怎样的作用?基于网络的协同领导机制与一般性的领导力有何不同?我们在上文提出的理论问题和框架下通过网络结构、偏好与冲突、绩效领导和绩效结果四个节点的编码对该问题进行回应。

1. 网络结构

在"网络结构"这一节点,我们首先通过编码识别了品清湖治理网络中的各行动主体,之后对主体间如何建立连接进行研究,进而总结治理网络的核心要素。通过两级编码共形成"网络中的行动者""复杂性"和"相互依赖关系"三个代码。

①网络中的行动者

政府、公民、社团组织和企业是品清湖治理网络中的核心主体,其中政府既包括"市—区—镇(街道)"三级纵向行政体系,又包括海洋渔业局(品清湖管理办公室)、环保局、城建局、工商局、旅游局和防疫部门等在内的水平职能部门。公民主体在网络中可以划分为直接利益相关者——养殖户和更为广泛意义的汕尾市市民。品清湖水生态环境的破坏者、受益者、受害者的身份随时间线交织在不同群体或相同群体之上,例如养殖户就具有多重身份,在湖水污染问题恶化之前是环境破坏者和受益者。随着湖水污染严重,水质恶化导致养殖收益下降,养殖户进而成为受害者。社会团体和企业是较政府和公民后

时间	品清朝	政府	公民	社会团体
1970—1988	天然避风良港 水质优良	* 以经济建设为中心 鼓励渔业养殖	积极围网养殖	—
1988		设立汕尾市	渔民靠湖中养 殖维持生计	—
2008	生态无法承载 湖水污染! 养殖网密布	* 提出"城在海中,海 在城中"的发展理念 / 多目标 棘手问题	争夺水域 利益冲突 / 对环境恶化产生不 满情绪	—
2010	生态告急	养殖设施集中整治 / 问题反复	非暴力不合作 / 不满加剧	—
2011	—	* 设立社会工作 委员会 / 权力下放	参与决策	
2011—2014	湖面恢复整洁 / 生态环境逐渐变好 / 旅游休闲胜地	** "做工作" / 设置较为灵活的围网 拆迁选择 / * 引入旅游项目 / * 引入房地产开发项目 / 成立执法中队	不理解与观望 / 利益一致 / 达成共识 / 参与治理 / 从海中走向陆地 / 满意度提高	* 成立志愿 者协会 / 主人翁意识 意识觉醒 / 主动拆迁 / 开展爱湖护 湖常规活动

说明:□代表事件,○代表状态,* 标记关键事件,具有推动情节的催化作用

图1　品清湖治理关键事件与时间线

出现的两个主体,其中品清湖护湖志愿者协会角色重要,其成员多数是养殖户,从对抗拆迁到自愿组成社团组织开展爱湖护湖行动,该转变的发生正是网络领导者进行价值传导和达成偏好一致性的结果。

②复杂性

公共组织的挑战之一就在于多目标下的决策与行动,动态的治理情境更加提升了公共问题的复杂性。品清湖治理问题的复杂性表现在多个方面。

首先,从城市发展和定位的角度,公共资源的开发利用和保护与不同历史时期当地政府的发展理念、产业结构、经济发展水平息息相关,具有历史演变性。品清湖中大量的围网养殖适应了 1980 年代发端的以"经济建设为中心"的发展定位,创造了经济价值,却因经济纠纷、环境污染等问题在二十一世纪可持续发展理念下成为严重的社会问题。

其次,从网络主体来看,随着市场经济的发展,传统农业生产方式的变革,主体内个体同质性减少,个性化的诉求增多,养殖户之间因经济竞争、抢占圈地等原因产生了冲突和纷争,而主体之间的互动趋于频繁,某一主体的发展越来越依赖于其他主体的支持和发展,政府对品清湖的定位和规划不得不考虑养殖户和湖周渔民的生存发展,养殖户依赖于政府的制度安排、资源配置、发展规划和营造的商业环境。

③相互依赖关系

建立互动连接是形成网络结构的重要前提。同时,个体的命运以及与其他个体的关系会受到在其他地方和较早时期发生的互动的影响。我们将数据中描述各主体间的"接触""联络""群体依附"和"会聚"等相关信息进行抽取和结构化。编码发现,由政府和社会组织领导的合作网络并非"无中生有"。

在解决围网问题之前，公民这一核心主体内部就已经形成了松散的、单向的连接和结构，诸如养殖者之间存在以规模为差异的松散联络，由于规模较小的养殖户抵御风险的能力有限，在行为选择上主要采取追随、模仿、依附大养殖户的策略；主体之间则存在以信息为核心的紧密联络，大养殖户和地方政府特别是海洋渔业局、工商局等职能部门接触频繁，主要目的在于掌握政策动态和市场信息，也是单向的；围网事件的非直接利益相关者也就是广大汕尾市民和政府之间存在以诉求表达为核心的会聚，为了表达对品清湖生态环境恶化的不满，政府网站在线留言和人大代表、政协委员、党代表的提案是重要渠道和形式。

2. 偏好与冲突

公民集体偏好的政治协调表达就是公共价值，集体偏好不是个人偏好的简单叠加，而是经由各主体协商、谈判、激辩、妥协，最终达成的共识，并表现为愿景和期望。竞争性的个体偏好是导致价值冲突的主要原因，冲突在认知层面的一种定义是感知到的利益分歧，价值冲突则可以理解为感知到的偏好、期望或诉求分歧。

由于各主体偏好、冲突的状态、应对策略随时间维度发生变化，在此节点，我们选择了养殖户的角度，借助社会冲突理论中的策略选择和双重关注模型和 Mark Moore 提出的公共价值概念中公共性程度搭建分析框架并进行编码，共形成"对个人利益的关注（我）""对公共福祉的关注（我们）""回避策略""争斗策略"和"问题解决策略"五个代码。

如图 2 所示，当养殖户对个体层面的经济利益关注度较高时，冲突程度较高，此时养殖户非常排斥让步和妥协，因此在 2010 年之前，政府多次开展围网清理行动时，养殖户以回避策略（撤退或不作为）进行回应。随着品清湖环境恶化，养殖所带来的边际收益逐渐减少，

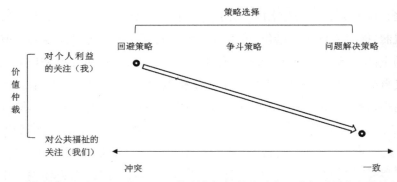

（资料来源：在 Pruitt 和 Moore 的研究框架的基础之上进行了补充和修改）

图 2　养殖户偏好变化与策略选择

养殖户自身利益和湖周共同体的利益逐渐趋于一致，合作的基础建立，此时，养殖户倾向采用问题解决的态度和策略以实现集体层面的偏好和期望。

3. 绩效领导

绩效领导是管理公共价值冲突、达成网络合作的重要解释变量。在此节点，首先识别案例中的领导主体并借助绩效领导结构框架分析其功能特征，通过两级编码，共形成"资源和能力""行为和策略""风格和特征"三个代码。

本案例中，发挥价值领导作用的核心主体是汕尾市党委、政府，发挥愿景领导作用的主体是汕尾市政府和社会工作委员会、城区社会工作委员会，发挥效率领导作用的主体是汕尾市城区海洋渔业局（品清湖管理办公室）、汕尾市城区品清湖管理中队，品清湖护湖志愿者协会在价值、愿景和效率三个维度均不同程度地发挥了作用。

图 3 显示了绩效领导三个结构维度与功能协同，建立了绩效领导类型分析框架。绩效领导是价值、愿景和效率的协同效应，绩效领导功能的发挥可能是多个领导主体在价值、愿景和效率维度效应的

聚合。某些领导主体可能只侧重发挥了价值、愿景或效率领导某一种机制，或者发挥了任两维度的组合，抑或较为平衡地发挥了三种机制的全部。领导者在此三维功能空间中的定位决定于协同治理目标与其自身的职能定位。同时，此分析框架为后续实证研究在不同文化、治理目标和组织结构中不同领导类型的驱动力特征提供了基础。

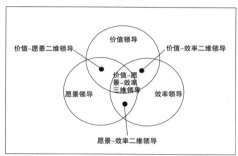

一维	价值领导，愿景领导，效率领导
二维	价值—愿景型领导，价值—效率型领导，愿景—效率型领导
三维	价值—愿景—效率型领导

图 3　绩效领导三维度结构的功能协同

通过二级编码，以绩效领导概念框架为基础，形成"行为—结构—功能"的节点结构和框架，从价值传导、冲突化解及激励措施三个方面回答绩效领导机制如何在品清湖围网拆迁问题解决中发挥核心作用的问题，具体内容见表 5。

市委和市政府在资源与能力方面，确立了品清湖"城市形象名牌"和滨海经济发展依托的重要定位和价值目标，通过提出"城在海中，海在城中"城市宣传口号、以品清湖为中心的健身休闲场域建设、以品清湖为主题的摄影、渔歌、书画创作比赛等动员形式，将作为"母亲湖""生命湖"的品清湖的价值和意义以文化塑造、认知干预和行为引导向公民进行传递，并利用网络中的社会资本，如公民对品清湖重要意义的认同帮助冲突的化解。在行为和策略方面，通过法律和制度的强制力对品清湖围网行为的性质进行界定，建立治理行为的合法性；通过专家座谈、公民听证、新闻报道等方式，以信任为核心协调机

表5 绩效领导"行为—结构—功能"分析矩阵

代码	领导结构	绩效领导的核心功能		
		价值传导	冲突化解	激励措施
资源和能力	价值领导	绩效目标的解释:宣传意义、界定目标	社会资本:来自网络的支持	公共价值承诺
	愿景领导	战略要素:制度、财政资金	沟通能力:仲裁、对话、谈判	
	效率领导	组织支持:合作平台与渠道	行政能力:专业知识与技能	
行为和策略	价值领导	识别公共价值:建立合法性	修复关系:建立信任和共识	充分的授权
	愿景领导	搭建战略平台:动员、协调和干预	愿景操作化:制定工作方案	
	效率领导	合作生产:以信任为基础的准则,制定标准	网络管理:维护主体间连接	
风格和特征	价值领导	伦理型领导、诚实型领导		价值驱动与绩效反馈
	愿景领导	变革型领导、学习型领导		
	效率领导	公仆型领导、包容型领导		

(资料来源:根据编码、数据资料和理论框架整理)

制对网络各主体关系进行修复和维护，为网络中各主体建立信任和共识创造制度基础和文化氛围,展现了伦理型、诚实型的领导风格。

汕尾市政府、汕尾市社会工作委员会、城区社会工作委员会和品清湖护湖志愿者协会在资源和能力方面，协同了来自公共组织和

NGO 的战略要素,特别是市、区两级社工委,协调了环保、工商、防疫、城建、旅游等部门职能,借助市场化的协调机制为冲突化解提供了有力支撑,湖周旅游业、餐饮业、房地产业的开发建设为放弃水产养殖的渔民提供大量就业机会,为养殖户解决了后顾之忧。作为NGO 的志愿者协会,发挥了连接政府和公民的作用,其中会长的身份转变缓解了渔民对政府的反抗情绪,降低了政府和渔民沟通的成本。在策略方面,大量的、平等的沟通行为,将价值目标阐释、描述为具体的、可理解的战略愿景,使得行动者对合作目标形成清晰的理解并达成一致性认同,对相互间的互动关系形成共识。同时,具有弹性的工作方案设计提升了操作性,充分考虑了养殖户的具体情况和个人利益。体现了变革型、学习型的领导风格。

城区海洋渔业局、品清湖管理办公室、汕尾市城区品清湖管理中队和品清湖护湖志愿者协会依托制度保障、合作平台、职业技能和行政化的协调机制,开展品清湖日常管理、监督和执法活动,维护品清湖长远的生态健康。志愿者协会通过丰富的文化活动维系网络中各主体的连接,呈现了公仆型、包容型领导风格。

4. 作为结果的绩效

绩效结果这一节点的编码逻辑是:首先对描述品清湖治理效果和效应数据资料进行分类和归纳,其次对绩效领导和结果之间建立逻辑。共产生"生态绩效""经济绩效""政治绩效"和"社会绩效"四个代码。

生态方面,品清湖恢复了海域水动力的交换功能,碧海蓝天的自然风貌吸引大量市民和游客驻足观赏,湖周湿地环境也得到有效改善;经济方面,通过市场化的运作模式,依托品清湖打造的旅游观光项目和房地产项目经济效益初现;政治方面,因养殖户利益冲突爆发的政—民紧张情绪得到改善,党和政府公信力提升,巩固行政合法性;

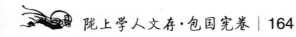

社会方面,多元主体良性互动渠道得到了建立,公民满意度得到提升。

<h2 style="text-align:center">五、结论</h2>

基于公共价值和合作网络的绩效治理, 对于政府绩效持续提升和多元主体良性互动都具有重要意义。领导力,共同理解和信任,知识资源等是研究合作治理成功条件的重要要素, 传统公共部门领导机制倾向于以科层结构的权威和掌握的公共权力向追随者发号施令,显然不能支持网络结构的治理模式。这也是本研究中从领导力视角分析品清湖前后治理绩效反差巨大的原因。治理网络的模式强调政策和公共服务的结果是许多互动者的结果, 而不是某个单一行动者的行为。表6总结了传统领导机制和绩效领导机制的不同特征。

表6 绩效领导和传统领导的比较分析框架

分析维度	传统领导	绩效领导
绩效焦点	战略目标的达成	网络层面达成一致性
核心策略	建立权威和战略目标	建立信任和关系
资源和能力	公共权力/行政能力	社会资本/沟通能力

行政、市场和信任是绩效领导功能实现的重要机制。基于不同绩效领导结构和应对问题特征,三种机制具有侧重点地进行组合使用。行政机制是绩效领导来自组织层面的支持,通过规制、控制和反馈对已确立的制度、标准进行维护。市场机制是绩效领导优化资源配置,提升公共服务供给效率的主要措施, 通过市场化的运作模式降低公共成本提升公共福利。信任是绩效领导基于网络结构的合作基础,绩效领导通过增进信任和道德来促成多方合作。

沟通是绩效领导者开展跨部门、跨边界行动的核心职业技能。平等的对话和协商可以建立和维系网络各主体的信任和相互依赖关系,提升各主体感知到的共同之处(perceived common ground),从而化解冲突,促进集体偏好的表达与治理绩效的合作生产。以促进沟通为目标的绩效领导者的任务包括:建立平等关系,营造融洽气氛,建设沟通渠道,设定互动准则,改革行政实践,发展和培育社团组织等横向机构。主要的激励策略是增进公共价值承诺,充分地授权以激发积极性,价值驱动和及时的、基于绩效信息的绩效反馈。

(包国宪、张弘、毛雪雯,原载于《兰州大学学报(社会科学版)》,2017 年第 3 期)

政府绩效治理中的协同领导体系构建：
超越个体层面的公共领导新发展

在超越个体层面的公共领导研究视角下，公共领导是一种复杂机制，是嵌于包含政治引领、组织管理和资源动员等复杂治理体系中的要素关系和运行方式。通过对已有研究的梳理，在其基础上归纳出基于个体/特质、情境/权变、关系/网络和多元主体/整合框架等四种研究路径。作为一种整合性公共领导框架，重点围绕绩效领导的概念体系和功能机制，分析了我国党政体制为绩效领导提供的价值传导渠道、战略创新平台和组织支撑等有利条件。同时将绩效领导作为我国深化干部队伍和领导班子建设的理论突破，提出基于我国党政体制发展绩效领导力的三个关键问题是：党政体制中绩效领导的价值、愿景和效率的输入与输出；绩效领导的价值属性、战略属性和工具属性间的动态关系；与绩效领导结构相匹配的领导干部选拔任用和班子建设制度。

一、引言

党的十九届四中全会将坚持和完善中国特色社会主义制度、推进国家治理体系和治理能力现代化作为全党的一项重大战略任务，为"中国之治"提出了制度体系框架和治理的战略逻辑。其中的根本问题是研究如何将我国的制度优势转化为国家治理的效能。党的十九届四中全会特别强调，把提高治理能力作为新时代干部队伍建设的重大任务。2017 年,习近平在广西考察时指出,领导班子是一个地方、一个单位的"火车头",特别要提高领导班子思想政治水平、专业化水平、贯彻执行民主集中制水平,强化领导班子整体功能。可见,在突出领导干部个人能力和本领的同时,更加明确地对"班子"层面的领导功能提升提出了要求。

一般来说,在理论与实践表达中的"领导"概念至少包含三种不同的含义:作为职能的领导(leading)、作为能力的领导(leadership)或者作为个体的领导(leader)。不论哪种含义,领导都不是我国探索公共绩效治理模式、推进国家治理体系与治理能力现代化进程中的新要素。与上述三种含义相对应,近年来在公共领导领域对我国党政领导干部的研究主要体现于三个方面:一是领导的功能与职务角色(leading)的含义。学者们讨论了党政"一把手"权力边界与监督、副职领导的管理幅度与职能机制和乡村"第一书记"的领导力供给问题等。二是不同领导行为或风格与绩效间的关联和影响(leadership)的含义。学者们主要关注了领导关系导向型行为、变革型领导行为、服务型领导行为等变量对绩效、满意度等结果变量或组织公民行为、建言、知识共享、合作等组织行为或"官僚病""为官不为"等问题的影响。三是领导干部胜任力结构与选拔任用、绩效考核体系方面(leader)的含义。学者们关注了日益复杂的治理挑战对领导干部提出的能力要求、选拔任用标准的科学设计、领导绩效考核体系构建、领导权力监督与干部管理机制等问题。

归纳来看,现有诸多研究为理解、优化我国公共领导体制提供了有益参考,但是已有的研究主要是围绕个体领导者的功能与行为展开讨论,就领导谈领导,切入视角比较微观。这一判断是与目前公共领导研究的经验证据纷繁不一甚至相左的图景相互印证的,在理论层面则表现为该研究领域碎片化、非系统的知识积累特征。这就说明,一方面,个体领导者的作用在实际治理情境中有被高估的风险,还有重要的制度性因素在领导行为与治理绩效间的关系讨论中未被纳入;另一方面,领导作用的发挥(尤其是个体领导者的作用发挥)有被简单化认识的风险,领导与治理绩效间不能简单假设为独立的、线性的关联。公共领导是一种复杂机制,是嵌于包含政治引领、组织管理、资源动员等复杂治理体系中的要素关系和运行方式。因此,对公共领导的经典研究既要抽丝剥茧建立对话基础,也要立足治理视角,发展从领导者到领导系统的理论分析层次转换,并将领导体系引入我国党政体制的结构框架之中。

基于上述分析,本文试图从以下三个方面推进并发展我国公共领导研究工作:一是从梳理已有研究成果出发,归纳不同理论发展路径并勾勒出演进脉络。二是从公共领导研究的绩效视角,构建以绩效领导为核心的协同领导框架,以期补充或发展更具结构性的公共领导体系:在充分考虑当今公共治理情境与公共组织常规工作相异的复杂性特征下,将绩效作为领导行为与发挥引领作用的根本准则,聚焦领导机制的整体功能与协同效应。特别是立足我国地方治理的场域,分析我国党政体制为协同领导体系提供的价值传导渠道、战略创新平台和组织支撑等有利条件,探索借助我国制度优势发展公共领导体系的潜力。三是提出发展基于绩效治理的协同领导概念与理论体系的重要问题,以期引发并邀请学界同行关注进而加入讨论。

二、理论演进与述评

领导是一种能够影响一个群体实现组织愿景或目标的能力、过程或结果。当今,不断变化的治理情境、多元的社会主体、冲突的价值偏好和有限的资源等都对公共领导提出了新的要求和挑战。由此呈现、形成以解决公共问题为目标的行动网络。领导被理解为组织所有不确定性消减场合中所涉及的支配权,这就要求公共领导者成为"跨边界的行动者"(boundary spanner),突破以科层制为基础的传统公共行政关注组织内部运行成本与效率的取向。正如贯穿三次明诺布鲁克会议的重要主题所强调的,要"发展公共领导者,也就是那些真正产生影响、作为'变革的动力'将公共问题转化为解决方案以反映对公共价值的承诺的人"。特别是在当前经济全球化、信息化的时代背景之下,认真研究如何重塑能够满足治理要求的公共领导是公共绩效治理理论与实践的重要议题。

国内学者对公共领导的研究主题主要集中于以下三个方面:一是以"公共领导"概念为核心开展的基础性研究。学者从公共性、公共领导学科的源起和发展切入,对公共领导与私人部门领导、公共领导与公共管理、公共领导学科边界等问题进行了讨论和研究。二是对公共领导的具体能力进行研究。这方面主要关注了公共领导的决策能力、创新能力、社会风险治理能力、冲突化解能力和公共服务提供能力的培养和提升等。三是从制度的视角讨论我国现行政府领导体制、机制问题及其影响因素。该主题的研究以突出绩效导向为特征,讨论领导体制与行政效率的关系、领导干部绩效考核体系的构建、权力结构的设置等具体问题。值得注意的是,国内还有少量成果关注了治理背景下领导模式的新变化、新挑战。

国外学者对公共领导的研究主要可以归纳为两个经典理论视角:一是工商管理视角;二是政治学视角。工商管理视角的研究主要引入了管理学中"领导"的概念框架和理论体系,将领导特质、领导行为、权变理论等研究问题引入公共领域的背景之中。新近研究特别关注了变革型领导、真实型领导等领导风格在公共领域的应用,分别强调了公共领导魅力、感召力、智能激发和个性化关怀以及领导积极的心理能力对组织追随者和绩效的影响。政治学视角的研究则突出了公共权力在领导职能发挥中所起的决定性作用，对政府官员职权的合法性、权力异化等问题进行了研究。近年来也形成了个别值得关注的新视角，有学者呼吁从公共行政的途径研究公共领导，将公共领导与起源于工商管理的一般领导理论相区别。还有学者从公共部门网络（public sector networks）这一组织结构角度，总结了一种新型领导模式——整合性领导（integrative leadership）。"整合"是指将各个部分整合成为一个整体，"整体"就是网络层面的主体和关系而非原子化的单个部门或组织，是包含多元主体、互动联系和跨边界工作在内的集体行为结构。一种强调系统而非个体领导者的整合性领导研究成为趋势。

本文认为，已有研究形成了四个较为凸显的理论路径——基于个体/特质的研究、基于情境/权变的研究、基于关系/网络的研究和基于多元主体/整合框架的研究。

（一）基于个体/特质的研究

20 世纪初，领导研究基于的假设为：领导者是天生的，而不是后天培养出来的。研究者试图找出一组区别领导者和追随者的特征，即一系列特征将使某些人成为强有力的领导者，此种研究视角在文献中也被称为"伟人理论"。学者提出了政治领袖类型和领导风格，并将成功领导者描述为高智力水平、自信、具有决断力、言行一致和具有较高社交能力的个体。在政治心理学这一跨学科领域中，研究者对官员的行为进行了描述、比较和解释，并参考了人格和领导风格的心理学理论。这一以领导者个体为中心的研究视角变量众多，典型要素包括官员的人格特质、认知能力/风格、幼儿经历、家庭中的出生顺序、内在动机驱动、个人价值体系、心理稳定性、人际风格、语言修辞技巧、早期职业经历、重要的师承关系等。

基于个体特质和行为的领导理论试图在各种不同的情境下找到

最佳的领导风格,因此是一种更具一般性的理论。

(二)基于情境/权变的研究

20世纪60年代,研究者发现并不存在一种"放之四海而皆准"的最佳领导特质,领导力的有效性往往取决于特定的情况。应该研究当考虑到具体情境变量时,哪些领导特质或行为会导致成功。因此,领导研究转向了权变理论(contingency theory)。权变领导理论试图通过领导者、追随者和情境这三大核心变量来解释恰当的领导风格。理解公共领导的情境应着眼于在某些关键时刻(如"场合""危机"等),环境和时间因素对领导力的作用。特别是政治、经济环境具有高度的不确定性特征,这为公共领导者带来机会与挑战,此种机会和领导者角色、能力相匹配成为重要主题。

(三)基于关系/网络的研究

领导者——追随者二元关系是领导研究的基础内容。基于个体特质与行为的研究视角以领导者本身为核心,研究者随之提出一种与之相异的视角来理解公共领导,关注领导者与追随者之间的纽带、关系或契约。Burns对交易型领导和变革型领导的研究对解释政府组织和公共机构领导者行为具有重要意义,领导——成员交换理论揭示了在政府办公室中不同主体之间可能存在的重要而微妙的"契约"关系。从这个角度来看,领导力正如社会生活的其他特征一样,是一种象征性的、协商性的秩序。从政治学相关理论看,对精英群体关系的研究在政治组织领域有悠久的传统。

(四)基于多元主体/整合框架的研究

自20世纪70年代中后期,领导研究视角开始转向突出领导各要素与主体联系的导向。根据Crosby和Bryson的定义,整合性公共领导是以准永久性的方式——通常也是跨部门的方式——将不同的团体和组织聚集在一起,以解决复杂的公共问题,实现公共利益。其根本是为了应公共治理环境变化之势而动，公共领导的定位与功能更加复杂，由领导者—追随者二元影响走向多元主体的深入协同，由线性的功能累加到突出整体效应的有机系统构建。

当前，世界正经历百年未有之大变局，全球新一轮科技革命快速发展，我国社会变化日新月异，依法治国、依法行政进程加快，同时各种社会矛盾和突发公共事件也不断涌现。这就给治理提出了巨大挑战，一个有效应对就是强化国家的领导核心，培育有机的领导力量。在此背景下从中观层面构建与发展我国本土化的公共领导整合框架意义重大。本文以下部分将基于多元主体/整合框架的研究脉络，从绩效治理的特殊视角提出绩效领导和协同领导体系。

三、绩效领导与协同领导体系

（一）理论场域——以公共价值为基础的政府绩效治理框架

以公共价值为基础的政府绩效治理（public value-based government performance governance，PV-GPG）框架，是对新公共管理下政府绩效管理现实困境和理论问题的回应。新公共管理下绩效管理的特征可以概括为以工具理性为核心的理论取向、任务导向的实践取向和绩效管理理论的碎片化。需要指出的是，这并不是对传统政府绩效管理工具理性与结果导向的否定。PV-GPG 的核心观点是：不同理论由于其不同的范式归属，针对不同的核心问题提出，新公共管理范式下的政府绩效管理作为一种管理工具要解决的核心问题是效率提升与结果测量以及通过"顾客"服务达到公众服务的方法论。而 PV-GPG 框架批判性逻辑起点不是"追求效率的弊端"，而是"仅追求效率的弊端"以及把公共组织，特别是政府绩效机械化为私人组织绩效的方法论弊端。从更为综合的角度考虑行政效率、公平、民主、民生等价值要素及其关系。因此,本研究认为,PV-GPG 是以绩效①为研究对象、以公共价值为基础的协同治理框架。西方学者将协同(collaboration)视为一种超越合作(cooperation)与协调(coordination)的多主体交互过程。在我国与西方不同的政治行政体制下,实现协同性的治理绩效要充分考虑以党组织为主导的多元治理结构和条块结合的治理格局。

在我国,绩效治理至少需要从以下三个层面进行协同:一是党政系统协同。党组织在社会各领域的主导地位以及党政融合体制,弥合了西方政治与行政二分传统预设下国家意志的形成(核心公共价值)与执行过程中可能会产生的价值偏离问题。二是社会主体协同。通过中国共产党领导的多党合作和政治协商制度、民主集中的决策原则、信访制度和听证制度等,实现公共价值共识的达成。与之相适应,把确定社会稳定发展的"底线"标准作为绩效治理的基础目标,在社会转型的发展阶段,确保革新性公共政策与项目的实施能够充分考虑社会系统本身的保障和关系调整能力。三是政府"条块"关系协同。我国党政体制中的"条块"结构在绩效治理过程中发挥着核心作用。近年来,新一轮的政府职能转变和机构改革试图逐步改变"职责同构"带来的诸多问题。作为意见反馈和实施推进的"条块"往往是控制绩效损失的关键机制。

(二)概念核心——以绩效为准则整合公共领导要素

绩效领导是基于以公共价值为基础的政府绩效治理理论框架提出的概念,可以定义为:以公共价值为基础,以绩效目标为对象,在领

---

①PV-GPG 框架采用绩效的广义内涵,不仅包括可直接测量的产出与结果,还包括不可直接测量的结果、产生积极效应的投入与过程,是治理范式下的复合概念。

导者或领导团队引领和绩效领导功能结构的整体承载下，形成协同领导系统的一种机制，在治理过程中管理冲突、传导价值以实现治理目标。绩效领导包括三个重要功能机制，即价值领导、愿景领导和效率领导，分别对应绩效领导所具有的价值、战略和工具属性。绩效领导的组织形式即为协同领导系统，是绩效领导发挥作用的行动网络。在实际的绩效治理过程中，视公共组织的绩效定义、目标设定和治理情境，可通过价值领导、愿景领导和效率领导的各自功能，或两两组合或绩效领导三个功能的协同作用达成治理目标，从而使领导功能在绩效治理的情境中实现动态调整，与系统的各要素保持动态统一。

　　绩效领导是一种整合性领导框架，从结构、主体和功能等多个要素上实现整合。那么，为什么"绩效"是研究协同治理背景下公共领导的合适视角？第一，绩效是公共管理和治理过程中任何组织或个体行动的终极目标。实现绩效是公共领导的重要使命和动力逻辑。以绩效为导向的治理模式具有高度的情境依赖性、动态性、系统性和目标驱动性，是以协同为核心功能的治理框架。这种治理模式需要适合的领导机制设计，主要包括社会、法律、政治和行政等多方面的考虑，因此它可以在不同的情况下，针对不同的问题来整合不同的元素。第二，绩效是公共领导实现理论整合的本质性准则。上文提到公共领导作用情境具有多元价值的冲突性，公共领导发挥作用的组织基础具有结构冲突性，而且公共领导者也具有角色的冲突性，这三个层面又是相互依赖、相互联系的。在如此复杂的治理背景下，公共领导的组织属性、价值偏好、领导者风格特征都难以借助传统的管理原则、秩序和流程构建网络层面集体行动的准则，但是作为治理要素"抓手"的绩效目标和绩效标准具有较高一致性，可以作为公共领导功能发挥的引导性和约束性规范，成为领导应对不同层面冲突的准则。

　　绩效领导与传统公共领导概念相比具有以下四个特征。第一，在作用情境层面,突出治理的复杂性和问题导向。与处理常规的、一般性的行政或管理任务不同,绩效领导应对具有高度复杂性和不确定性的治理环境和棘手公共问题。第二,在作用结构层面,绩效领导超越了以往公共领导研究基于科层结构和基于网络结构相分野的传统,通过对绩效领导功能结构的分类,价值领导、愿景领导和效率领导分别关注不同组织结构特征,强调不同功能属性在不同组织结构间的协同而非差异。第三,在研究视角层面,与传统公共领导研究的管理途径或政治途径相比,绩效领导从"绩效"的角度界定公共领导的核心功能与作用机制,弱化公共领导学科归属和研究范式的争论,以期通过绩效这一核心概念直接探究公共领导面对的复杂问题和情境。第四,在分析单元层面,绩效领导除了以领导者个体为研究对象以外,还构建基于多元主体行动网络的协同领导系统。

(三)功能优势——基于我国党政体制的协同机制

基于上文理论分析,虽然在具体治理情境中的任何关键主体(个人、松散的群体或组织)都有成为绩效领导者、加入协同领导网络的可能和机会,但本文重点立足我国政体结构和行政体制特征,突出两个讨论的重点:一是本文将我国党政领导作为绩效领导的核心主体加以分析,暂不考虑其他社会主体,如各类社群组织、NGOs 等作为协同领导系统主体的情况;二是围绕我国党政体制与绩效领导的关系议题,论证我国特殊的党政体制能够为绩效领导"价值—愿景—效率"等三维功能作用的发挥与协同提供有效的价值传导基础和有力的组织支撑,这是中国情境下绩效领导协同网络得以落地的制度和组织优势。

虽然我国国家治理体系中的党政结构有显著的层级节制特征,但是与韦伯提出的理性科层制还是有较大区别的。特别是党的十八大以来,党集中、统一、全面的领导地位进一步强化,形成一种党政一体的复合型治理结构，如果科层制的关键在于通过层级结构和专业分工严格按照组织规则运行；那么，与之相比我国的党政体制最大的区别在于价值核心与组织结构的深入互嵌，使其在具有科层制结构特征的同时，更加凸显使命性、回应性，也具有较强的学习、革新能力。具体来说，中国共产党的执政纲领和治国方略，政治、组织、作风纪律，倡导的公序良俗或社会风尚等价值理念通过党组织与政府行政组织紧密融合以及纵向贯通且横向互动的一系列领导机制得以有效传达和落实。

与上述绩效领导的理论框架相对照，我国党政体制在实现绩效领导以提升治理效能方面具有两个优势条件：第一，绩效领导价值、战略和工具的多元属性结构并不架构于西方将"政治—行政"作为国家意志的不同环节而相分开的分析框架，这一理论特点更有利于解释我国治理的实践与绩效。中国共产党是我国政治结构中的"常量"，党的组织和政府的组织"相依互存"，形成相互独立又不可分割的党政层级系统，而非"政治"和"行政"二分的结构框架。第二，与党政体制相配合，我国具有一套基于党政组织的领导制度和干部体系。已有研究将此种制度载体概括为党委（党组）制、归口管理制、临时机构制和常委分管制的"一体三元"体制，形成一套"横向到边，纵向到底"的组织网络。

从党政体制的设计逻辑来看，处于核心地位的党委（党组）制是绩效领导的关键功能场域和实现机制的重要载体。因为在组织中，党委（党组）成员由党和政府的核心领导者组成，讨论和决定本单位的重大问题，按照集体领导、民主集中、个别酝酿、会议决定的原则进行决策。特别是民主集中制，从理论和制度上讲，一方面，每个领导者充分表达意见的民主议事程序，有力制约了决策脱离民意、权力过度集中或各自为政的可能；另一方面，通过智慧与意见的集中来形成决定并集中资源进行落实,保证国家意志表达与实施的一致。此外,党的各级委员会实行集体领导和个人分工负责相结合的制度,党政体制通过归口管理制和常委分管制,深入动员了党和政府的资源与能力,通过绩效考核、督导、巡视和巡察等一系列措施实现决策的落地、落实,二者均属执行层面履行效率领导和监督反馈的职责。而临时机构制在实践中具体包括诸如成立专项工作指挥部、领导小组、领导委员会等形式,一般由党政"一把手"担任组长,与专项工作紧密相关的职能部门首长作为成员,也具有绩效领导的特征,在应对较为复杂问题时进行统一领导以促进跨部门间的协调与合作。党的十八大以来,领导小组和委员会的制度性功能得以强化和拓展,中央层面几个重要领域的领导小组变更为委员会(如 2018 年,中央全面深化改革领导小组改为委员会),表现出由临时机构向协同性常设机构转变的趋势,主要履行战略决策与整合协调的职能。

以党委为核心的党政领导系统,通过领导小组(委员会)的工作机制联动高度体系化的战略平台,通过归口管理和常委分管的工作机制联动资源和执行平台,再加上多种渠道的参与平台,在绩效领导的价值、战略和工具等三个功能属性上综合发挥作用。在此过程中,信息、资源在领导体系和组织层级间流动,动态的沟通和学习机制促进组织创新和可持续的绩效提升。

在我国某一级党政组织中,绩效领导三个功能属性动态地表现出特定领导角色。即便是在某一特定职位上的领导者或领导班子中的某一成员,在决策和执行时也需要转换不同的绩效领导属性,即同一主体在政府绩效生产中可能发挥不同功能或功能组合。当领导主体作为价值领导时,立足于其所在组织施加影响的全部范围(如某一行政辖区或社区),将增进区域内公共利益和组织的根本使命相联系,形成符合实际的治理理念作为组织发展的基础。这种价值层面的思考与技术理性完全不同,强调除了利用精巧的组织管理技术以外,还要将一种历史意识(historical consciousness)引入公共行政之中,如艾赅博和百里枫所言,"还必须带入一种社会角色与身份,在其中不仅仅是要灌注个人与职业的伦理,更重要的是要灌注一种能够识别行政之恶伪装并拒绝与之同谋的社会与政治意识,或者说公共伦理"。当领导主体作为效率领导时,立足执行层面的具体职能部门或机构,通过技术理性引领、指导实现具体的年度、季度抑或每日绩效目标。这里存在一种可能的目标置换(goal displacement)风险,即太过关注于达成目标的手段而将此作为组织的最终目的。如何确保在执行过程中不会偏离治理理念?当领导主体作为愿景领导时,通过绩效治理的战略平台,纵向进行从治理理想到绩效目标的层层具象化,横向协调各职能部门的相互协调和配合。

四、发展绩效领导力的三个关键问题

在公共领导研究领域,主流的组织行为学者将领导力理解为一种对追随者施加的影响力,主要在微观的层面讨论此种影响力的作用机制。与之相比,本文理论和实践的切入视角要更加宏观和体系化。这与治理研究的兴起相关,基于互动治理的视角,治理的主、客体及其间的互动关系影响了治理能力,这就要求作为治理能力载体的领导机制向立体化发展,各种功能条件随着内、外部挑战的变化不断变化。因此,本文在梳理传统公共领导理论路径的基础上,对绩效领导和协同领导系统的内涵及框架进行了理论定位,同时结合我国党政体制的结构与特征,重点分析了绩效领导这一结构化的公共领导概念对提升我国领导干部及领导班子治理能力方面的理论优势,为发展和进一步完善党政领导能力和水平提供了有益的思路。

2019 年年底,中共中央办公厅印发了《2019—2023 年全国党政

领导班子建设规划纲要》，明确未来五年党政领导班子建设的总体要求和主要目标，即领导班子理想信念更加坚定，为人民服务、担当尽责意识持续强化，专业素养全面提升，班子结构不断优化，遵规守纪、廉洁从政自觉性进一步增强。可见，当前我国在提高党政领导班子建设质量方面，具备有利条件的同时也要立足更高起点。从绩效领导的框架看，要在以下三个关键问题上进一步深入研究。

（一）党政体制中绩效领导的价值、愿景和效率的输入与输出

其中，"输入"研究的问题是公共价值、战略愿景和效率标准如何形成并且随着治理流程在系统中传导。"输出"是绩效生产的逻辑过程，如何在价值引导下得到有效的结果。其中，特别是公共价值的输入和输出，一方面，中央层面形成国家的执政理念与大政方针（作为公共价值的载体）通过党政体制从中央到地方的价值运作机制输入各级领导系统中，并将政治性作为领导干部筛选、评价的首要标准，确保各地政策的制定和实施在理念方向和总体目标上与中央具有一致性。另一方面，党政体制同时具有自下而上的各种参与平台，本质上是民情民意的反馈和聚集渠道，是公共价值的聚合渠道。把"最大公约数"向上传达，而地方的差异和特殊情况成为地方领导运用自由裁量权的考虑因素。不仅系统层面的绩效领导要在治理环节中将公共价值置于核心位置，个体层面的绩效领导也应该成为 Moore 所描述的公共价值的追求者，并在对公共服务对象和公民的责任方面发挥重要作用。

（二）绩效领导的价值属性、战略属性和工具属性间的动态关系

绩效领导的结构是其功能实现的基础，功能实现又要回应公共治理的复杂性。这就需要在党政体制中发展一套原则来处理价值、愿景和效率领导之间复杂的关系。根据 Ostrom 的制度分析与发展框架，原则（rules）被界定为"治理主体就被要求、禁止或允许采取何种

行动(或结果)的强制性规定所达成的共识"。绩效领导视角下这些原则包括两个层面的问题:一是在党政体制中,党作为领导核心,更多地在价值维度发挥作用,政府则更多地在执行层面的效率维度上发挥作用,而由党政高层根据时代所赋予的核心任务,所组建的领导小组或委员会则作为战略平台的载体发挥战略作用,需要研究连接不同层面的原则以弥合党政组织的缝隙,构建整体性治理体系;二是在绩效领导体系中,要研究当遇到不同公共问题时,三种属性如何动态组合发挥不同作用应依据的原则。

(三)与绩效领导结构相匹配的领导干部选拔任用和班子建设制度

长期以来,我国不断深化干部人事制度改革,从废除领导干部终身制,提出干部队伍"四化"的建设方针,到颁布、修订公务员法,基本建立了一套公务员制度,再到以强化执政能力和廉洁担当的建设重点,形成"信念坚定、为民服务、勤政务实、敢于担当、清正廉洁"的好干部标准。进一步,要在配强党政领导班子正职的基础上,将目前实践中主要考虑的教育背景、工作经历、年龄结构、性别比例等班子组建要素和价值、战略、工具属性相联系,按照绩效领导价值、愿景和效率等三种作用的综合搭配来强化、优化班子整体功能,将绩效作为干部选拔任用以及班子建设的核心准则,确保领导能力提升和班子建设建立在科学与情境相依存的基础之上,并形成一套行之有效、可操作的制度。

(包国宪、张弘,原载于《行政论坛》,2020年第3期)

党政融合机制下决策过程的绩效领导路径研究
——来自中国 L 县的观察

决策是公共领导的重要职能，提升决策能力是国家治理体系和治理能力现代化的重要内容。传统公共决策研究可以被归纳为理性假定的视角、数理优化的视角以及政策议程和参与的视角。根据 PV-GPG 框架提出绩效领导决策机制，构建渐进调适的适应性决策系统来提升决策有效性。通过对 L 县党政领导人深入访谈数据的编码分析，对我国党政融合机制下公共决策的过程、呈现出的绩效领导特征、不同绩效领导属性的决策准则、决策中的学习机制和约束条件进行研究。

一、引言：大变局下的公共决策新特征

2018 年习近平提出，当前中国处于近代以来最好的发展时期，世界处于百年未有之大变局。大变局的要义在"大"和"变"：变局之"大"，强调全球宏观格局与权力结构的激变而非微观要素和关系的变动；大局之"变"，主要表现为二战之后全球化进程的成果（如建立的国际组织和国际秩序体系）有坍塌之势，国际环境日趋复杂，不稳定性不确定性明显增加。对于我国而言，国家治理体系和治理能力是我国党和政府在大变局下应势而谋、顺势而为的基础，而党和政府的决策能力又是国家治理体系和治理能力的核心组成部分。

党的十九届四中全会提出，提高党把方向、谋大局、定政策、促改

革的能力。健全决策机制,加强重大决策的调查研究、科学论证、风险评估,强化决策执行、评估、监督。此外,自党的十八大以来,相继出台《中共中央国务院关于全面实施预算绩效管理的意见》和《重大行政决策程序暂行条例》等重要文件,我国公共决策的两个导向愈发清晰:一方面是强化党在公共决策中的价值引导和领导核心地位;另一方面是决策过程中,在依法决策、科学决策的原则下,不断加强绩效信息或证据在决策论证、执行、评估、监督中的使用,突出决策的绩效导向。这两点恰好分别对应了西蒙所提出决策之价值因素和事实因素,价值与事实分别关照了决策过程中如何确定最终目标的价值判断(公共价值的引导)和如何实现最终目标的事实判断(绩效信息的依据)。特别地,在公共治理的现实场境中,不仅价值与事实交织牵染,多元目标相互关联,且最终目标之前往往排布众多中间目标,某一中间目标实现后又成为下一级目标的实现路径,可见公共决策复杂程度的提升,绩效的导向性、工具性和动态性都将成为公共决策体系建设的重要视角和要素。除了显著的绩效导向外,公共决策的另一个特征是以领导为核心。一方面,公共部门的领导对于维持公共组织的公共性至关重要。因此,公共部门领导人的关键责任是任何决策制定都以维护公共制度特有的功能和道德属性为准则。另一方面,公共决策归根到底是人来作决策,在我国背景下,公共决策其实是党政融合机制下各级领导班子集体决策,是民主集中制的具体体现。这一认识突出了领导对研究公共决策的潜在贡献。其实,尽管学者从多个学科研究决策,并归纳了多种决策模式或理论,"人"一直是研究决策的重要传统,认为决策者本身的行为与特质显著影响决策的过程和质量。例如,以人所具有的不同理性程度为假设的行为、认知研究视角一度成为决策科学的主导范式;特别地,基于决策者注意力分配的决策机制研究也烜赫一时。但是,"组织或个人如何决策"这一问题的答案依旧复杂难辨。在当前复杂的治理情境下,基于决策个体的观点实则过分强调了领导人个人权威, 无法解释中国行政体制和决策机制所具有的高度适应性, 忽略了我国公共决策背后的制度与领导结构设计, 因此也亟需加强本土化的决策机制研究以期参与以上讨论并发展与时俱进的公共决策理论与实践。

基于以上认识,本文试图讨论公共决策之领导机制,旨在深入结合我国党政融合的制度和组织背景、基于以公共价值为基础的政府绩效治理框架(简称 PV-GPG)提出的绩效领导概念和本土经验来发展我国公共决策研究的新视角。概言之,绩效领导作为理论切入,一是突出绩效视角,聚焦公共决策的有效性,包括决策的方向正确和执行效率;二是研究公共决策的绩效领导路径,包括领导人、领导团队的整体功能、协同领导机制和党政融合机制背景。以期回答:地方党政体系领导如何决策?不同领导人在决策中发挥怎样作用?公共决策的绩效领导路径包括哪些具体机制,作用如何? 以下,本文首先简要梳理公共决策的理论脉络,提出绩效领导的决策思路;对课题组在 L 县开展针对党政领导人的访谈资料进行编码,归纳党政融合机制下公共决策的过程;最后,简要讨论绩效领导的决策特征和具体机制。

二、绩效领导的决策思路:构建渐进调适的适应性系统

党政体制是 "融政党于国家并与国家权力高度结合的政治形态"。本文认为我国党政体制包括三方面主要内容:一是以党的全面领导为核心的治理结构;二是以党政融合为特点的运行机制;三是以党委领导下的行政领导人负责制为中枢的执行方式。基于此,本文讨论的公共决策是指在我国党政融合机制下, 党政领导作为决策的核心主体在资源稀缺条件下为实现公共利益所进行的一系列选择行为。尽管我国党政体系各个层级具有相似的权力结构和决策机制,但

是由于中央政府和地方政府的职能和决策内容差异较大，本文重点讨论的是县域治理中党政融合机制下的公共决策问题。作为决策核心主体的党政领导是指由领导人组成的领导集体和我国党政融合机制下的一系列领导制度和工作方法。此外，党政领导并不是公共决策的唯一主体，根据不同的政策议题，不同的智库、专家和相关公众也将作为决策主体通过不同方式参与决策。资源稀缺是公共决策的前提假定，可以说人类所有的选择行为都是由于现有资源不足以满足全部的需求。进一步地，公共决策的绩效领导机制是指从绩效治理和绩效领导的理论视角来研究公共决策中不同领导功能属性的发生条件、决策特征和决策有效性。那么，公共决策的绩效领导路径与决策领域的已有研究有何关系？如何在理论层面对其进行定位？是本文首先要交代清楚的问题。

（一）公共决策的几个研究视角

公共决策对公共利益具有广泛且深远的影响，在社会科学研究中备受关注。有研究归纳了以理性程度为基础的公共决策典型模式，并进一步讨论了试图超越"理性—渐进"竞争框架的垃圾桶模式及多源流框架和循证模式。还有学者结合我国医疗改革的具体情境提出了共识型决策的模式。这些研究关注了决策的微观机制和决策者的决策动机和约束条件，特别是结合我国政策情境的本土化研究具有一定启发。本文则试图从更宏观的角度切入，根据不同研究视角背后的核心主题和学科基础概括了理性假定的视角、数理优化的视角和政策议程参与的视角。基于绩效治理理论框架尝试提出绩效治理的决策视角并分析其与前三种分析视角的联系与区别（见表1）。

理性假定研究视角是基于经济学的决策研究。其中，理性决策将决策者假定为掌握完全信息、具有完全理性的行为人。一方面，他们有效了解并评估全部备选方案的可能后果；另一方面，他们有能力掌

表1 决策研究的几种视角

视角属性	理性假定	数理优化	政策议程和参与	绩效治理
概念基础	基于理性	基于证据	基于权力关系	基于绩效
学科基础	经济学	管理科学	政治学政策科学	公共管理学
重要假定	每个决策制定情境里的决策制定者的目标,能够容易地被转化为一个人总体效用的函数	人类及人类社会的行为、现象及其各类影响因素是可以被抽象与量化的	不同决策主体的利益与偏好是有差异的,决策是不同利益相关者权力博弈的结果	绩效是决策共识的基本准则,公共领导是决策的核心主体
分析单位	决策者	决策模型	决策者利益集团	治理绩效绩效治理系统
主要研究方法	经济学建模	数学建模优化仿真	博弈论实验法案例研究	田野研究案例研究

握决策者对每一备选方案的偏好并精确地计算每一备选方案的优劣以便做出最优选择。但是,学界很快认识到这些"严苛"的假定与标准与现实距离太远。"最优"原则被"满意"原则替代,在决策者具有有限理性(bounded theory)的假定下,备选方案的选择范围被缩减至人类信息承载与处理能力之内。其实,与决策问题相关的情境因素为决策者提供了一系列约束条件,成为决策信息的重要来源,划定决策空间的主要依据。自此,决策行为更加具有程序性,成为组织特定程序的结果。在研究方法上,也多采用经济学建模的方法解决问题。

与此同时,管理科学所提倡的各种优化技术在管理决策中也被广泛应用,帮助决策者应对更加复杂与专业的决策问题。这些技术基于概率数学模型或其他高度结构化的数学方法并辅以计算机强大的计算和仿真能力，主要应用于公共领域当中有关系统性的任务流程优化的决策。诸如排队论、灰度决策模型、贝叶斯决策理论等数学模型在城市交通系统设计、公共服务系统优化等大型复杂公共项目管理中的决策中发挥作用。

此外，大量政治学、公共政策领域的研究将公共决策视为国家与社会公共权力互动下博弈与妥协的结果。主要关注两大问题：一是公共政策议程设置，研究公共问题的优先级设置。直觉地，决策议题似乎遵循"有不善，应时改定"的思路来确定。然而，一方面不同利益相关者对同一公共问题的偏好和重要性赋权不同；另一方面，一定的社会、思想和管理现实决定了政策观念的形成与定义，仅依赖政治与社会精英的个人理性很难对复杂问题的长远发展态势进行准确研判，需要机构性力量的发挥。另一问题是公共决策的公众参与问题，论证公众参与决策是民主价值的要求并讨论如何提升公众对决策产生实质的影响。其中一个重要却鲜被考虑的问题是，公众参与决策的有效性高度决定于有力的领导作用，这也是本文研究的一个重要补充。研究方法较为多元，比较突出的是采用博弈论和仿真技术模拟各主体的策略选择。

公共决策的绩效治理视角是本文试图提出并发展的公共决策理论。首先，PV-GPG 为公共决策提供一个包括公共价值建构、组织管理和绩效领导的协同系统作为分析框架。而其中绩效领导是发挥决策职能的重要主体。绩效领导是基于 PV-GPG 提出的公共领导概念，具有价值、战略和效率三种功能属性，在公共治理过程中担任决策的核心主体，传递价值、管理冲突、实现治理目标。绩效领导不只是领导者个体的行为或能力，而是由领导者、领导机制与支撑平台组成的领导体系。与上述分别着眼于个体、技术或权力的研究视角不同，绩效治理回应了决策研究的多元视角倡导，绩效领导承载的协同领导机制将决策中重要的资源因素、个体行为因素、技术因素、组织因素、权力因素以及制度因素从绩效的视角加以整合，提升公共决策的有效性。下文将进一步交代公共决策的绩效领导路径吸收的决策理论基础、决策思路和前提假定等问题。

(二)绩效领导的理论特征与决策思路

绩效领导何以作为公共决策的路径之一？主要有以下两个原因。首先，领导人和由领导人组成的领导集体是公共决策的核心主体。这与当前大力提倡的参与式决策模式并不矛盾。尽管学界一再强调公众参与是实现民主决策的重要途径，然而，也有学者很早就表达过冷静的提醒，散落在社会中的个性化、情绪化的公民随机地表达或参与决策是非理性的甚至是危险的。只热情高涨地鼓励公众参与却忽视参与的基础条件建设的做法未免过于幼稚。绩效领导就以研究公共决策的基础条件为主要内容。

价值属性关注决策的规范性约束条件，战略属性将决策目标与实施计划、资源动员相结合，效率属性侧重于管理组织过程并改进管理方法，确保决策的高效实施。其次，有研究指出，公共组织与机构中大多数决策是由诸如地方政府委员会或其他团体（而非个人）作出的。因此，决策的质量实质上取决于决策群体内部的内在互动。绩效领导正是具有结构性组织资源和公共权力的决策主体，特别是在我国党政融合机制下，公共决策并非"一言堂"式的简单、封闭行为，也不是各要素、机制纷繁交织，复杂到无法洞见的"黑箱"。决策中贯穿的绩效主线和不同领导属性的功能协同机制，成为试图打开我国公共决策逻辑和理论之门的钥匙。

公共决策的绩效领导路径以 PV-GPG 框架为理论基础，整合 Lindblom 的渐进调适(muddling through)和复杂适应性系统(complex adaptive system,简称 CAS)建立理论分析框架。

PV-GPG 的重要理论预设包括:首先,绩效是情境依赖的复杂概念,与传统认为绩效即是结果的普遍认识不同,PV-GPG 讨论的绩效不仅是一系列组织流程产出的结果,还包括价值投入、过程和产出。其次,绩效领导体系在价值、战略和科学管理三个层面上发挥动态的、整合的作用。最后,绩效领导的核心职能是决策,决策的重要判断准则是绩效标准与目标。这三点相互关联,对绩效内涵的认识是研究的基础,绩效领导的决策路径使决策目标不偏离公共价值和组织愿景与使命,使决策过程与战略管理流程相匹配,使决策结果在一系列组织要素与资源的支撑下有效实施。

对于公共决策的绩效领导路径来说,渐进调适的决策模型具有较强的解释力。一方面,强调依据决策的现实情境而非书面的理论准则来选择备选方案,同时反对将决策目标与实现目标的手段、价值与事实相分割的基本立场,与绩效领导的理论预设相一致。另一方面,在方法论层面,渐进调适的决策过程描述了决策者依据现实的限制条件,在对政策议题的基本价值达成共识后,在已有政策的基础上沟通偏好、调整方式、反复试错,以完成边际意义上的决策。与我国多年来行政体制改革"摸着石头过河"的实践方法与导向异曲同工,具有实践解释力。

除此之外,复杂适应性系统的思想,也为解释决策过程中绩效领导的多元功能属性间的动态互动提供有益帮助。复杂适应性系统是由相互作用的、相互依赖的多个主体(agent)组成的网络,它们由于共同的目标、愿景、需求等原因在动态、交互的网络中彼此联结。同时,已经有学者将 GAS 的思想应用于领导研究。我们认为,绩效领导人、绩效领导机制以及复杂变化的环境构成一个复杂适应性系统,"复杂"意为不同领导者之间、不同功能属性、领导系统与治理环境之间互动频繁(而非主体众多),"适应性"意为领导机制动态地调整以适应变化,体系具备一种探索、学习、寻找解决方案的能力,也就是决策的能力。

综上,绩效领导路径理论层面的决策思路如图 1 所示。绩效领导通过深入地分析、理解局势来界定待决策的问题,价值、战略和效率功能以绩效目标为判断准则和行动依据,从不同的角度对问题相关的各类信息进行处理,几经渐进调适的过程以作出决策。

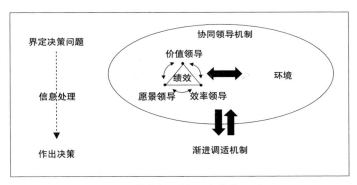

图 1 绩效领导的理论决策思路

基于此,下文将利用编码技术分析对 L 县党政领导进行深入访谈后获取的逐字稿、研究者的观察笔记和相关政策文件,进一步阐释:在我国党政融合机制下,表现出哪些绩效领导的理论决策要素?有哪些具体的做法?

三、研究方法

(一)研究背景:中国党政融合机制与县级党政层级

已有研究已经提出中国党政融合机制具有实现绩效领导理论设计的制度优势和组织条件。中国共产党领导是中国特色社会主义最本质的特征。与西方政党通过竞争获得执政机会、政治—行政二分不同，中国共产党和人民在长期实践探索中形成了党政紧密融合的行政体制。特别是党的十八届三中全会首次提出"完善和发展中国特色社会主义制度，推进国家治理体系和治理能力现代化"这一全面深化改革的总目标后，党政关系进一步调整。2018年国家公布《深化党和国家机构改革方案》，提出以推进党和国家机构职能优化协同高效为着力点，健全加强党的全面领导的制度，更好发挥党的职能部门作用，推进职责相近的党政机关合并设立或合署办公。党政融合的改革思路进一步清晰，"融合"既不是"领导—追随"的简单分工也不是"党政合一"的职能混淆，而是以党的全面领导为核心，构建国家治理框架，实现"党"和"政"的组织互构、职能协同、资源整合，是一种"以党领政"的治理结构。党政融合机制两个基础条件是：一方面，党政融合以依法治国、协商民主和民主集中等原则为基础，通过改进社会管理和公共服务，提高政策过程中的社会需求识别和技术理性，提升党政体系的治理能力和政治凝聚力，基于务实的目标促进治理绩效提升。另一方面，更广义的党、人大、政府、政协"四大班子"权力关系调整为：通过集中统一的组织内分权，形成决策权、执行权和监督权既互相制约又相互协调的权力结构和运行机制。以上突出了价值引领下的绩效导向和以功能而非政治为范畴的分权逻辑，都是中国制度优势的体现，成为国家治理体系和治理能力现代化的基础性支撑。

尽管中央党政层级做出的国家层面决策都会受到社会公众的极大关注，但涉及公共服务的具体决策主要是在较低党政层级上做出的。本研究以中国县级党政层级的决策机制为研究对象。在上述党政融合机制之下，中国县级党政层级具有以下特征：在权力结构上，县党委是县域治理的领导核心，同时县级党政组织受到上级党委、政府的直接领导。同时，近年来，随着治理重心向基层下移，县级党政层级获得更多授权；在横向职能分工上，党政领导班子的内部分工衔接了各职能部门的工作内容,以绩效管理为手段开展工作;组织结构上,党的组织和政府组织均以层级节制的科层制运行以实现理性和效率。同时,由权力层级较高的领导和部门牵头、联合各相关机构,在不同重点工作领域设置领导委员会或领导小组行使议事、决策、协调职能,平衡条块结构所产生的交易成本和信息壁垒。

为进一步揭开党政融合机制下县级党政领导公共决策的具体做法和绩效领导特征,课题组于2018年11月21日至11月29日前往位于中国中部的L县针对绩效领导的决策问题开展调查研究。

(二)数据来源

课题组主要通过半结构访谈、收集L县委政府门户网站上公布的领导信息、L县委县政府发布的决策性文件等数据支撑本研究的理论构建过程。

以下列出课题组访谈对象的基本情况(见表2)。

表2 访谈对象职务与职能分工情况

	成员	编码	是否县委常委	人数(人)
四大班子"一把手"	县委书记	PS-1	Y	1
	县人大主任	RD-1	N	1
	县政协主席	ZX-1	N	1
	县长	CM-1	Y	1
县委、县政府副职领导	副县长	CMD-1~3	CMD-1 Y	3
各职能部门/办公室首长	县民政局、信访局、环保局等	ZNJ-1~17	N	17
乡镇/街道层级党政"一把手"	街道书记乡镇书记开发区书记	XZQ-1~5	N	5
				合计:29

明确的研究问题和多个数据来源是控制研究质量的重要手段。在访谈前，课题组首先选择在 L 县委办公室有多年秘书工作经验的副主任并对其进行预访谈。访谈结束后针对提纲中出现的术语、表达的歧义、问题的情境化等问题征求了意见并对访谈提纲进行了修改。共对 29 位领导者进行了正式的深入访谈，经访谈对象同意后对访谈过程进行了录音，后全部被转录为逐字稿。被访者可被分为四类：一是 L 县四大班子"一把手"；二是县委、县政府副职领导；三是各职能部门/办公室首长；四是乡镇/街道层级党政"一把手"。下文将这四类领导者称为 L 县党政体系的领导团队，而 L 县委常委成员和副县长则组成 L 县县委、县政府的领导班子，与实践中的用法一致。在访谈过程中，我们首先邀请受访者简述本人的工作职能、重要任务和在领导班子、团队中的角色。之后，分别提出县委、县政府是如何决策的、遇到决策困境时向谁获得帮助、目前决策中遇到最大困难是什么、如何解决以及理想的领导班子/团队的特征等问题。同时，通过获得官方门户网站、L 县党委、政府发布的决策文件、领导小组成员信息等多来源数据，提升信度和效度。

（三）数据分析策略

数据分析遵循 Strauss 和 Corbin 提出的用以扎根理论发展的质性数据分析流程。在数据分析操作和结果呈现方面，本文主要借鉴经典文献提出的"Gioia 三步编码法"。具体做法是：首先进行开放式编码（open-coding）以搜索并发现一阶概念。然后，我们将全部的一阶概念进行分组以创建类别，最后基于理论框架聚合形成理论纬度，并基于此确定类别之间的关系。数据分析过程中，研究者使用 MAX、QDA 2020 软件辅助标记编码过程。图 2、图 3 分别呈现了数据结构（见图 2）和决策思路（见图 3），是编码后得到的结果。

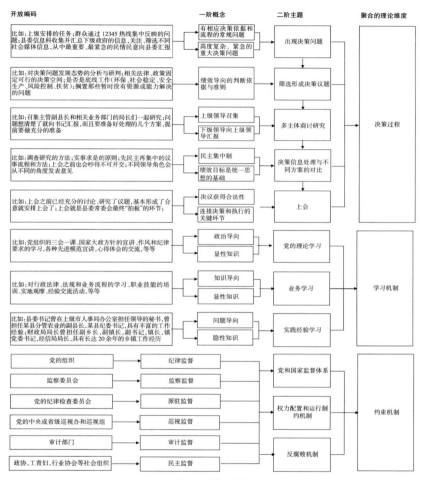

图 2　数据结构

四、研究发现

根据图 2 可见，编码共产生 12 个二阶主题和三个理论维度:决策过程、学习机制与约束机制。

（一）决策过程

"集体领导、民主集中、个别酝酿、会议决定，是党委内部议事和决策的基本制度，必须认真执行。集体领导、民主集中是党的领导的最高原则，个别酝酿、会议决定是重要的方法和程序（《中共中央关于加强和改进党的作风建设的决定》2001）。"

在"集体领导、民主集中、个别酝酿、会议决定"的议事决策制度要求下，L县党政体系的决策过程共经历了出现决策问题、筛选形成决策议题、多主体商讨研究、决策信息处理与不同方案的比对和上会五个关键环节。

出现决策问题。在领导人注意力资源稀缺的条件下，党政体系所建立的公共问题反映渠道越多，不同渠道越集中反映某些问题，越有利于快速进入党政决策流程。通过编码，L县出现了"自上而下的部署性议题""依靠党政体系内部信息部门的焦点议题"和"自下而上的民情民意议题"三大类决策问题来源。例如，在访谈中笔者发现，一方面十八大以来，党中央把推动生态文明建设和生态环境保护作为统筹推进"五位一体"总体布局的重要内容，在"打好污染防治攻坚战"的全国动员和部署下，L县领导班子将打击、管制各类污染问题和严格监控环境质量作为重要工作事项，是该县绩效管理的核心内容。与此同时，居民通过"12345"热线，集中反映了养殖污染物偷排、炼油小作坊半夜开工等非常具体的污染问题。此时"自上而下的部署性议题"与"自下而上的民情民意议题"相交汇，领导班子研究讨论后决定针对居民反映的具体问题，组织开展以打击偷排、偷倒废水、废物、废气案件为主题的联合执法行动。决定采用县委书记督办，分管环保工作的副县长负责，会同县综合行政执法局局长组织、指挥执法行动的工作方式实施。

筛选形成决策议题。研究发现，并非所有重要的公共问题都会进入决策流程。领导体系所具有的筛选机制将议题进行分类:搁置一部分由于历史遗留问题或超越本级政府治理能力的议题;选择出一部分通过明确的、固定的管理或政策流程即可做出决定的问题输入行政流程;最后将复杂的、结果具有很大不确定性的、领导班子中必将存在竞争性决策方案的决策问题识别出来并进入下一步骤。

通过将编码结果和访谈对象职位职务相匹配的方法,研究者对不同类型领导者在不同关键决策环节上表现出的偏好和判断准则进行了定位(见表3)。可见,随领导人层级的降低,领导者筛选决策议题的准则越具体。"多主体商讨研究"是指决策议题确定后归口管理的领导人联系其他领导人、专家、一线公务员、市民或村民等利益相关者商议备选方案。分析表明,县委书记更关注决策的社会效益和公共利益的实现,表现出鲜明的价值导向;虽然乡镇/街道层级党委书记是"一把手",由于街道、乡镇处于我国行政区划的最低一级,更多发挥执行的职能,因此这一级党委书记表现出鲜明的效率导向;信息是决策的重要依据,领导人主要以实事求是为准则,通过调查研究的方式收集不同角度的决策信息;各职能部门/办公室首长是决策过程中重要的信息搜集、汇总与向上传递者。此外,党、政组织中的核心领导人构成县级领导班子,使党的组织和政府组织既保留必须的组织和职能边界,又因"以党领政"的明确关系将权力、人、财、物等资源充分动员。使治理能力的来源以及社会利益的集结呈多样化,党的组织并在此过程中能够维持有效的引领功能。在决策的实施过程中,领导人通过督办机制对任务执行进行督促实现对进度、质量的有效控制。形成具有快速回应能力的党政协同性决策机制和实施措施。

(二)学习机制

"(L县)财政收入虽然不高,但是相比来说在这几个县里,他的财力还是很好的,日子比较好过。所以说在这个地方的干部呢就形成

表3 不同类型领导对决策关键环节的不同偏好与准则

	筛选决策问题	多主体商讨研究	决策信息处理与不同方案的比对
县委书记	优先考虑符合县域发展定位的决策问题	准则:价值导向,通过"定调子""几步走"来把握决策方向,确定发展步骤	综合依据以往决策经验、专业知识积累
县长	优先考虑符合县域发展当前目标的决策问题	准则:战略导向,将愿景发展为目标,目标分解到不同职能部门并与资源进行匹配	主要依据绩效信息
县委、县政府副职领导	优先考虑县委、县政府年初承诺完成的重点工作相关决策问题	准则:技术导向,将目标细化为指标,动员资源	主要依据绩效信息
各职能部门/办公室首长	通过信息的传达,反映决策的约束条件和困难	准则:信息导向,上传下达,向领导班子汇总传达全面的信息	信息的搜集、汇总、传递者
乡镇/街道层级党政"一把手"	优先考虑本乡镇/街道资源、能力欠缺的决策问题,以此向上级领导争取资源	准则:效率导向,执行县委县政府下达的任务	主要依据上级领导的部署和要求

了一种什么样的思维呢,就是夜郎自大,就是小富即安、小成即满、夜郎自大、等靠要拖、推诿扯皮,不敢担当这样的思想,这主要是针对当时 L 县的这种现状,干部感觉我们这个很好啊,我们不需要出去啊……所以我提出需要解放思想。带着他们省内学习、市内学习,市内的话带他们跑了发达的市,让他们去看,县里、市里比我们好的地方,让他们去看。然后把我们的干部拉出去上浙江大学什么的培训,然后呢我又搞了几次,八次还是几次讲座,通过这个可以说是有一定的效果……(L 县县委书记 20181124PS-1-43)"

值得注意的是,作为研究对象的 L 县领导是换届后刚履新的一届领导班子,各职能部门首长也刚经历了大范围的变动和调整。而上一届领导班子中的多位领导人因渎职和权力滥用而落马。在访谈中,几乎全部的访谈对象都提及这一事件,并将其认定为一件影响较大的政治丑闻。因此,在严格监督与高强度反腐败的政治生态中,L 县领导团队表现出高水平的绩效动机,以期通过高绩效来改善负面影响。与此同时,多位领导人也反映出对在决策过程和执行中出现不用弃用权力等失职行为的担忧。在这一背景下,解放思想、学习创新成为 L 县领导提升绩效的重要方法。

学习机制是编码得到的第二个理论维度。基于 Capello 的定义,本文将绩效领导的学习行为定义为由不同领导者和领导功能构成的领导系统基于法律法规和相关政策与流程,以寻找解决问题的方案为目的的知识创造、积累与转移的社会化行为。已有研究认为,知识的创造和共享是改进公共服务的核心,公共组织中许多好的想法和做法并不限于某一特定组织而是需要在各部门和各级政府之间进行转让。通过组织学习,组织可以获取经验并利用经验来创造知识,知识将在组织内或组织间转移从而使组织随着时间的推移进行自我完善。

L县党政领导班子主要通过三种方式学习。一是党的理论学习。主要内容和形式包括党组织的三会一课、国家大政方针的宣讲、作风和纪律要求的学习,各种先进模范宣讲,心得体会的交流,等等,具有高度政治性的特征,对应绩效领导的价值属性。特别是当前在党建引领提升基层治理水平的要求下,领导干部将来自中央层面的政策导向和党内严格的纪律要求内化为决策的价值准则,为决策划定了可行的范围。此外,在访谈中笔者发现,多位职能局的领导人认为县级党政系统的主要职能是对上级政策的落实和下达命令的实施。此认识突出科层制工具属性的同时增加了地方治理将手段替代目标的风险。针对这一风险理论学习的重要性就凸显出来,领导团队通过较高强度的党的理论学习提升领导团队的意义构建(sensemaking)能力,在决策过程中增加形势研判的准确度和与上级政策精神的一致性。正如组织研究的一般性解释,在具有挑战的工作环境中,组织具有任务过载、较高模糊性和政治性的特征,信息处理(processing)、意义构建和提出缓冲性议题(buffering)是调节组织中知识获取和绩效之间关系的重要能力。

二是与岗位相关的业务学习。包括对行政法律、法规和业务流程的学习、职业技能的培训、实地观摩、经验交流活动,等等。具有高度知识性的特征。周雪光等从专业化角度区分了党政组织中领导干部的政治任命与业务任命,指出机构正职一般采用政治任命而副职倾向采用业务任命。进一步地,本文从组织学习的角度来看,组织中领导干部的知识创造却并不简单基于政治任命或业务任命的职务特征,具有复杂的发生过程。组织学习包括学习的产物(知识)和学习的过程两个维度。从知识的角度来看,由于L县领导团队本身具有层级结构,纵向上越处于上级的领导者越倾向于创造概念化的知识,诸如县委书记提出发展愿景、创新工作思路等就凸显了概念化的知识特征;而越处于下层级的领导者越倾向于创造技术性知识,诸如向领导汇报工作的方法、协调与动员资源的经验、和老百姓打交道的语言运用等就凸显了技术性知识的特征。从学习过程来看,每位领导人个人职业发展的路径上,政治任命与业务任命一般交替出现,正职领导人如果缺少多年业务知识的积累,也很难具有概念化的能力。副职领导人一般也具有担任下级组织正职领导者的经历,在大局观、系统性方面具有知识积累,是创造性地提出工作方法的前提。

三是基于多年实践的经验学习。以强调治理能力为特征,突出领导人解决问题的经验和历练。与西方文官制度不同,"官员晋升锦标赛"是中国领导干部的重要激励机制。领导干部只有通过党组织的政治考验和具体岗位"急、难、险、重"任务考验后才得以晋升。多年的工作历练成为领导团队发挥整体功能的重要学习途径。特别地,我们还发现担任分管副县长的领导者们在沟通方面作用极为重要,他们一方面要将上级部门提出的工作要求和县域发展的愿景目标结合不同部门的工作内容表达成更具体的目标和任务。另一方面,在多部门合作中他们也充当了协调者的角色,发挥绩效领导的战略协同作用。

(三)约束机制

"坚持和完善党和国家监督体系,强化对权力运行的制约和监督。党和国家监督体系是党在长期执政条件下实现自我净化、自我完善、自我革新、自我提高的重要制度保障。必须健全党统一领导、全面覆盖、权威高效的监督体系,增强监督严肃性、协同性、有效性,形成决策科学、执行坚决、监督有力的权力运行机制,构建一体推进不敢腐、不能腐、不想腐体制机制,确保党和人民赋予的权力始终用来为人民谋幸福。(中国共产党第十九届中央委员会第四次全体会议公报20191031PD-19-04)"

"所以你得知道底线,明确红线。底线和红线的范围之内,来决策各种事情。(L 县副县长 20181125CMD-1-78)"

本文还识别了公共决策的三种约束机制。分别是党和国家监督体系、权力配置和运行制约机制与反腐败机制。源于社会分工以实现复杂目标的基本前提,决策、执行和监督是环环相扣却又完成了组织化分离的重要政治职能。党的十八大以来,党和国家的权力监督制度和执纪执法体系不断完善。目前我国县级政府行政与权力监督体系主要存在自律、他律和参与等三个模块。L 县领导团队在决策和执行的各个环节上都处于由纪律监督、监察监督、派驻监督、巡视监督、审计监督和民主监督等不同监督方式所交织的权力运行制约空间当中。

其中,纪律监督的主体主要包括 L 县上级和本级的党委组织部、纪律检查委员会以及下级党组织;监察监督的主体是 L 县上级和本级的监察委员会,对所有行使公权力的公职人员进行监察,调查职务违法和职务犯罪,开展廉政建设和反腐败工作;派驻和巡视强调对领导干部的政治监督,其中派驻监督是 L 县上级纪委对 L 县一级党组织和领导干部监督的一种机制;巡视监督突出党内自上而下对权力运行进行监督的威严性。党的中央或省级组织成立巡视办和巡视组,通过个别谈话、访谈、受理群众信件、调阅资料等形式对 L 县党政部门、企事业单位的党组织进行全面巡视。审计监督主要由审计部门对 L 县财政收支和政府财务收支的真实、合法和效益进行审计监督;民主监督则主要包括 L 县政协,工会、共青团、妇联、行业协会等社团组织以及各类民情民意反映渠道对领导干部所进行的监督。

基于图 1 绩效领导的理论模式,数据编码补充了绩效领导决策模式的具体内容和相互关系(见图 3)。首先,领导团队中的不同领导人基于团队角色和个人经验对复杂动荡的治理环境进行理解,并识别重要的决策议题。

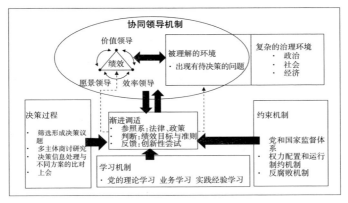

图 3　基于编码的绩效领导决策思路

五、小结与讨论

2020 年底,中组部印发了《关于改进推动高质量发展的政绩考核的通知》,旨在深入贯彻习近平新时代中国特色社会主义思想,围绕贯彻新发展理念、推动高质量发展,落实《党政领导干部考核工作条例》,进一步改进地方党政领导班子和领导干部政绩考核工作,引导各级领导干部牢固树立正确的政绩观,不断提高贯彻新发展理念能力和水平,提高制度执行力和治理能力。本文公共决策之绩效领导路径的提出与讨论以期回应新时代下进一步完善我国以党的领导为核心的决策体制的理论需求和实践引导。

首先,不同领导功能属性的决策出发点不同。从 Mingtzberg 和 Westley 所归纳的"seeing first""thinking first"和"doing first"的三类决策路径来看,L 县级党政体系中,县委书记表现出显著的价值领导属性,在面临复杂公共决策问题时表现出"登高望远"重视大局观(seeing first)的决策行为特征;而政府首长更加关注领导集体和党政组织的资源不足与短板,表现出"运筹帷幄"科学谋划(thinking first)

的行为特征；而职能部门首长和乡镇一级领导人主要在决策实施环节发挥作用，决策时表现出"做中学"(doing first)的执行力和创新能力。对于有明确的管理流程进行决策的一般问题，"thinking first"的决策效率最高；而对于时间紧急的突发公共问题，"doing first"不失为快速回应的良策，并以渐进调适的反馈机制不断调整。

其次，从绩效领导的结构来看，由于环境不是决策的前因变量、中介或调节变量，而是产生给定绩效领导体系的动态人物角色的情境。原因在于环境决定了不同的领导主体(个体或机制)、等级结构、组织资源和环境之间相互作用和相互依赖的性质。所以，不同领导功能属性的组合使环境中的不同影响因素被纳入公共决策。尽管任一领导人并不能掌握完全的情境信息，但是绩效领导的结构性和系统性提高了决策信息的完全程度。

最后，不论是知识、能力还是经验，学习是中国共产党永葆生机与活力的源泉。学习机制是领导体系应对知识时代挑战的重要机制，这也是复杂适应性系统的关键特征。在对绩效领导的学习机制进行分析的基础上，本文突出了学习机制的两个特征：一是绩效领导的学习目的在于解决实际问题，二是绩效领导的学习目标在于提升创新能力。其意义就在于在新时代背景下，提高领导干部的解决实际问题能力是应对当前复杂形势、完成艰巨任务的迫切需要。而提升领导干部的创新能力是实现危机中育先机、于变局中开新局的基础。

（包国宪、张弘，原载于《中国行政管理》，2021年第3期）

公共治理

治理、政府治理概念的演变与发展

　　治理的概念由西方引介而来，其本身不但是一个学理概念，而且是嵌入在特定实践和制度背景之下的。通过对国外治理理论和治理文献的重新思考和梳理，发现"治理"在政治学和行政学上有其各自的内涵，并构成了一个新的理论分析框架。基于此，通过对治理、政府治理概念缘起的研究，探究治理在政治学和行政学上的演变和发展，从而将治理所形成的不同层次的分析框架展现出来，最后就治理、政府治理来揭示中西方存在的不同治理基础。

　　"治理"一词如同"发展"一样，运用范围很广，但却很难给出一个确切的含义来对其加以解读，其原因是人们运用这些词语的时候已经有了很多默认和想象的含义，另一方面，一个词语所带来的多重解释也表明了其在学术研究上仍然具有的争议性和生命力。"治理"从其本意讲可以理解为一个过程也可以是一个结果，同样可以是达成这一结果的一系列手段。治理一词在我国的兴起是引介于西方，而其本身又是"一套十分复杂且充满争议的思想体系"——学者将其统称为治理理论。治理理论所涉及的核心主要为权力分散、主体多元、结构网络化、过程互动化等关键词，但单从这些方面理解治理的内涵显然不够充分和全面，治理一词的出现不但是嵌入相应的制度背景中的，而且从学理分析来看，治理又有其自身的范式创新。基于此，本文通过对治理理论和相关文献的再次思考和重新整理，从西方学者们使用"治理"一词的学理意义出发，并结合西方相应的实践背景，重新解答以下问题:治理的涵义? 治理是否带来政治学的新范式? 治理是否预示着政治行政的融合? 中西方政府、市场、社会的路径演化差异是否存在同样的治理基础?

一、治理的概念及产生的背景解析

国外学者的研究中,治理依然是一个不断发展、更新的概念,治理一词的运用非常广泛,运用于经济学、社会学、政治学、法学等领域,而治理本身也被学者描述为是跨学科研究的一座桥梁。但是,治理本身并不是一个定义完好且存在滥用的概念。西方学者对治理(Governance Governning)、政府治理(Governmental Governance)、政府管理(Government Manegement)、政府统治(Government)也多存在混用。治理的出现有其相应的制度背景,可以说,治理是从学理解释上对实践中的问题提出了应对的方法和前瞻性的思路,所以,深入分析治理出现的制度背景对理解治理的概念十分重要。

(一)理论的变迁

就治理及其相关内容的变迁而言,西方理论的发展可以从三方面加以概括:一是对凯恩斯主义的质疑,从而重新思考政府与市场的边界问题;二是制度主义的兴起,为更接近于现实的经济模型提供了新的解释;三是传统政治学范式的变革,将政府、市场、社会纳入到政治学分析中,也就是一个将政治对市场、社会的外生性影响内生化的动态过程。理论的变迁所反映出来的同样是实践的需要,政府与市场的边界问题使得凯恩斯的政府干预不断被弱化,表现在政治行政上则需要政府在自身的定位和职能上做出重新的调整,并从治理的角度重新看待政府所涉及的领域和问题,方式和实施的途径。制度经济学作为对新古典经济学的补充,从制度层面来考察被新古典经济学所外生化的政治问题和制度环境对经济的影响,其中对制度安排、制度变迁、制度激励等问题深入分析，提出了新的治理模式和治理机制。传统政治学所缺少的同样是在面临新的环境下，不能将政治影响内生化的问题，构建一个基于政府、市场、社会的动态分析框架，并以此重新看待政治学中的民主、公共物品、公共选择等问题，是政治学的一个新的发展方向。治理从其内涵上就包含了这些理论内核，从而为政治学整合新范式提供了可能。

(二)政府所面对的社会变化

按照几个世纪的使用常例，一般来说，当提到权威在某一特定领域的实践时，治理这个术语就代表了那个同时代的一个观念，治理的实质就是创造一种环境(条件)，这一环境是为良好秩序和集体行动提供条件。用最简单的形式定义治理，治理是政治、经济、行政权威管理社会事务的实践。Kooiman 更精确地定义了社会政治的治理，"所有这些相互安排中，公共和私人参与者的目标都在于解决社会问题，或者创造社会机会，并且关注让这些行为发挥作用的制度安排。"治理包括治理结构和治理过程的设计和实施，以及调整的统治方式的再设计与实施。在面对政府无效率的感知，由于在全世界范围内兴起的公共服务供给的竞争，社会政治治理可以完成当代的政策调整。这种转变在这样的背景下发生：人们逐渐认识到财政政策的局限，全球化所驱动的经济、金融技术以及社会生态之间的相互依赖性，使得人们也逐渐感知到政府行为的自主性和合理性存在局限，所有这些都有助于形成一种环境，这种环境如果不是推动，也是承认了凯恩斯福利国家还是遭到了前沿性的攻击，尽管福利国家辩解说政府对社会领域的干预非但没有增加而是减少了。毫无疑问的是，那些现在非常流行的先进的自由主义民主政体中的社会经济、政治、文化和自然环境，比起它们过去存在的状态已经发生了很多的改变。由于这些社会已经变得更加具有多样性(Diversity)、动态性(Dynamic)和复杂性

(Complexity)，所以政府的角色已经改变了。特别是政府开始寻找如何回应公众对政府质疑的方法，人们所感知到的政府在传统治理结构、过程、工具上存在范围上的失效，政府也需要通过新的方式来回应新世界秩序的挑战。这种回应是一个循序渐进的过程，从传统治理模式到政府—社会相互作用的新模式，这种转变将会激励很多的争论，关于政府—社会交互作用的管理，政府的意义和目的，以及政府的公共机构怎样来评判并且为它们的行为和绩效负责。新社会政治环境的结果是政府成为了一个创造物，即政府不是对于小问题来说太大了，就是对于大问题太小了。考虑到在政府代理机构和参与到政治过程中的公民社会越来越多地成为了利益相关者，同时，面对要被决定的议题的复杂性同样在上升，所以对治理能力的研究就非常重要了。面对这些新的挑战，政府现在发现很难做到效率、效益、合理性，正是在这种驱使下，政府不得不重新定义它的角色。随着国家（通过为公民提供的服务）渐渐地希望承担起公共利益托管人的角色，现代社会的治理变为一个协调、掌舵、施加影响并且去平衡相关利益体相互行为的一个过程，这对于已经达到的政策目标有什么样的影响？这意味着，执行公共政策必须考虑从一个连续的系统中去操作服务的提供，而不是依然按照传统的公共—私人二分的方法来进行政策供给。同时，需要做到公众信任，培育协调和合作机制，理解参与是人们行为和相互关系产生的前提，并且成为提供一个社会公正的衡量尺度。

（三）社会中传统观念的变迁

传统的观念认为，一般的人群不被视为是民主的创造者而被视为顾客或委托人，并且需要专家们提供服务。正如美国的专家政治治理模式来源已久，可以说是一种历史的传承。影响其形成的原因很多，其中最为重要的是历史的传递，以及以此为标准进行的实践，最终形成了现在的政治模式和政治格局。社会存留下来的传统观念具有很强的路径依赖效应，而这种传统很容易让民主的基础受到侵蚀。当我们将这一立场放入一个更加广阔的社会视野就会清楚地看到，当人们不是民主的创造者而只被视为委托人的时候，民主的基础便被操作在精英的手中，从而通过意识形态和授权神化不断地创造出其自身所需要的价值基准。所以，在社会不断发展的情况下，应该存在政治观念上的重构。作为相互影响的公民存在平等的立场，但是却有不同的观点和利益，他们之间存在横向的关联而不是简单地只与国家存在纵向的联系，并完全依托国家来解决他们的问题、塑造公共价值或在公共生活中进行谈判。社会传统观念变迁正是要重构这一政治观念，从治理的角度理解这个转变过程：从将公民视为投票者、志愿者、委托人或顾客到将公民视为公共物品的问题解决者和共同创造者。它包含了一种公共职业者的角色转变，比如，公务员、非营利管理人和事务所的持有人（从服务的提供人和与拍档、教育家共同解决问题）以及公民行为的组织人。比起层级和控制，治理包括合作和授权，并且理论上常常适用社会资本和社会网络等概念。其实暗示了一种对人的强调，包括工具的制造者和工具的使用者以及工具自身。

综合以上的分析，不难看出治理包含着一些关键的元素：分权与授权、合作与协商、多元与互动、适应与回应。但是，单从这些理念中理解治理，我们认为是不够充分的，治理不但是由一些概念和元素构成，其同样是对以往范式的一种整合，试图在治理的框架下构建一个更符合实际的、动态的理论框架。从宏观层面讲，治理构建的是政府、市场、社会相互联系、相互影响的横向框架，构建以此横向连接为条件的公共选择机制；从微观层面讲，治理搭建的是政府内部政治—行政行为的桥梁，是政府行政权力及行为如何运行、如何分配、如何组织的政治—行政过程。对于宏观和微观层面，治理都是一个开放的系统,能够将变量进行内生化的动态系统,进而通过这一框架来形成对理论的发展和实践问题的解释。下面将治理分为政治学和行政学两个部分来分别进行研究,分析治理对于政治学和行政学体系与范式的构架所含有的更深内涵。

二、治理的政治学解读:公共选择理论的复兴?

(一)治理在政治社会学中的运用

在此将治理放在政治社会学的视角下来看待其所具有的特殊意义,是由于治理本身包含了一个政府、市场、社会的分析框架,并在这个框架下整合传统公共选择理论中的相应概念。不仅如此,在传统公共选择理论的基础上,由于治理所融入的政治过程的内生性和主体的多样性,使得整个分析框架更具有动态性并有利于将集体偏好考虑到框架内部。

Mayntz 指出:在政治学中治理意味着自治的调整和控制,但是相互依赖的参与者或者通过外部的权威或是通过内部机制完成自我管理和自我控制。从政策科学的角度,提出了政策制定的类型学,以及制度化的规则系统。通常这些分类包含了四种规则系统,如果将治理放到一个狭义的范围内定义为政策制定的网络,分析治理从横向关系的连接,即怎样达成集体选择的结果。治理不是指一种结构或是过程,而是在这个结构和过程中,如何连接两者,也就是"Arenas",即横向关系、层次的概念,也就是在政治学的研究中,不是研究单个个体对政策制定的影响,而是研究怎样将治理的参与方连接起来的横向机制。从社会科学的观点看,政府在治理结构中所起的权威作用是不太清晰的,而且也不能说政府就有能力来满足这一角色的需要。治理被定义为,通过相互影响的参与者,政府对于参与者和资源的依赖是控制(Control)转向治理的核心。Arthur Benz 总结到在政治学的文献中，治理这个术语通常表现为没有权威机构做出最后决策的集体行为，并且治理同时意味着跨越国家的政策制定，并且与公共和私人参与者广泛的合作，以及私人部门的自我管理。他指出了这样的定义存在的片面性，即没有考虑到治理的横向机制实现问题。事实上，我们所谈论的治理，如果协调和控制发生在参与者之间的水平层面上，那么就必须要研究水平结构的存在和效用，以及将它们连接在一起的机制。比起层级和控制，治理包括合作和授权，并且理论上常常适用社会资本和社会网络等概念。其实是暗示了一种对人的强调，包括工具的制造者和工具的使用者以及工具自身。Boytel 提出治理在政治学语境下，应该实现从民主国家（Democratic State）到民主社会（Democratic Society）的转变，在民主社会范式下，政府是一个重要的公民工具，提供、领导、资源、工具和规则。但是官员们不是公民世界的中心，政府同样不是在民主国家中居独特的位置。事实上，不能将公共物品和国家视为市场导向和工具导向，并意识到这种民主可能性要求有政治性的治理，并且重新思考民主政治长时间的实践。在这个层面上的治理是一个政治过程，而不是一个以无党派观念去看待不同利益主体解决问题所存不同方法以及创造公共价值的对话过程。政治是以公民为重心的，具有生产性以及多元特性。

（二）治理所隐喻的政治学范式

治理在政治学语境下，首先所展现的是从治理的角度出发，在分析层次上表现为一个政府、市场、社会的分析框架，正如 Drechsler 所表述的，治理是一个中立的概念，它关注特定政治个体的操作和管理的运行机制，并同时强调国家（层次一）、市场（层次二）和社会（层次三）三方的互动。Kooiman 在其专著《Governing as Governance》中也论述了治理的层次问题，将其分为三个层次的治理 first-，second-和 third-order governance，第一层次的治理是一种日常的问题导向型的治理;第二层次的治理关注制度的维护,是在政府、市场、社会的层面讨论治理问题;第三层次的治理即治理的治理,治理的规范化研究,同时也包括如何评价治理的问题。也有学者提出第三层次的治理实质上就是探讨元治理(meta-governance)的问题。

其次,在这一分析框架下,总结治理不同纵向层次的模式组合,即治理的实现机制问题。Kooiman 在总结了治理的三种要素(治理轮廓、治理工具、治理行为)的前提下,指出了通过三种要素的融合,体现了治理是一个连续的有效的过程,并总结了治理的三种模式:自治(Self-Governance)、共同治理(Co-Governance)以及科层治理(Hierarchical Governance)。Alan W. Hall 总结了三种主要的治理模式:一是传统的官僚治理系统(Traditional Hierarchical Governance Systems),在这种模式下,政府主导、控制和关注市场发展以及引导公民行为是其关键词;二是市场导向的治理系统(Market-Led Governance Systems),倡导市场作为资源配置的基础机制,解除管制、私有化和管理主义是对这种模式的描述;三是现在通常提出的一种分布治理系统(Distributed Governance Systems),主要通过非正式和自愿的分享权威和责任作为社会管理调解自身的主要方法。分布治理模式试图提供一种在政府管理社会,引导市场和通过社会团体表达社会利益之间的平衡。Arthur Benz 将治理的模式总结为层级(Hierarchy)、网络(Networks)、竞争(Competition)和协商(Negotiation)四种模式,并将四种模式的要素加以组合提出了八种新的组合模式。如:层级协商模式,其特点是在公共管理中引入协商,在法律层面形成参与合作;层级竞争模式,即在区域和地方之间形成统一的基准;层级网络模式,表现为政府、市场、社会的广泛合作协商;层级—层级模式,即形成多层级(Muti-Level Hierarchy)的管理模式;网络协商模式,如在联邦政府层级上形成广泛的行政协商网络;网络竞争模式,表现为在政府、市场之间既存在竞争又保证相应的网络依存关系；网络套嵌模式（Muti-Level Network）；竞争协商模式，如在联邦政府合作的基础上引入竞争机制；竞争—竞争模式，如在区域政治层面引入竞争；协商—协商模式，即在跨区域上形成协商机制。

从对集体行动的实现机制和横向联合方式的重视不难得出，治理要研究的问题在政治社会学上就是要整合权力的分配方式及其实现方式，在这一过程中，治理是一个集体行为所达成的结果。更为重要的是其中将治理过程连接起来的机制要怎样实现，从而使得对问题的分析突破了静态和比较静态的分析方法，更加具有动态分析的特点。从治理的层次和模式问题上，突出了治理在政治学的语境下整合了相关的概念，并从政府、市场、社会的层次构建框架，从宏观到微观都建立了治理实现的不同模式和相应的连接机制。治理在政治学的语境中由于前述的特点，我们认为治理是对公共选择理论的再次重组，并从动态性、多样性的角度，使其所建立的框架可以从权力、集体偏好充实和发展公共选择的理论内核。

三、治理的行政学解读：政治与行政的融合？

(一)治理与行政学范式变迁

公共管理的学者就"治理"及治理结构对公共管理实践存在的影响表现出极大的热诚，并进行了大量的研究。当代许多著名公共行政学者要么把"治理"一词当作"公共行政"的对应术语，要么试图用"治理"代替公共行政这一传统术语。不论从哪个角度来看待治理对公共行政带来的冲击，治理存在整合公共行政相应概念的可能，并同时满足着实践中的需要。作为公共行政的治理的第一个和最明确的含义是：它包括了参与公共活动的各种类型的组织和机构。而随之出现的定义与参与使行动网络中的组织，扩大了公共行政的领域。另外还包括公共政策学派的管理专家提出的内涵:多元制度—组织环境存在的原因,政策企业家将更具政治性、创造性以及更大的解制。另一种关于治理在公共行政中的含义通常是隐含的,治理意味着重要性、合法性,以及一种为达成公共目的而做出的积极贡献。对公共行政的治理来说,治理的概念拓展为一种政治与行政的融合。Kooiman 厘析了在定义治理中的一些共同要素,如:强调系统的质量和规则,合作对于提高合法性、效能以及对新过程和公共—私人管理的关注。Frederickson 提出治理的观念通常包括了公共行政,利益主体多元化,网络管理方法以及合法性。在最近的文献中产生各种治理的概念是由于这样的事实:治理的争论源于国家地位的降低。如果政府是决定并履行集体目标的有效机制,那么如何实现这些目标是争论的一个中心问题。Federickson 回顾并评价了治理概念在公共行政上的发展,"治理"一词广泛地运用在公共与私人部门之间,全国与地方之间,正式与非正式规则之间。所以,当学者将其作为对实现政策和组织目标的重要手段来定义时,会有很多问题变得不清晰,比如:是否涉及组织结构,行政过程,管理判断,激励和规则的系统,行政价值,或者是这些要素的融合。政府在治理中是重要的一方,但与以往相比却不是主导的一方,而是在一个协商和合作的语境下进行公共事务的供给、服务以及监督。可以说,治理的问题与公共行政的某些方面是融合,也就是说,运用治理这一符号或隐喻,从相当程度上改变着政府治理、公共传统理念和方法。

(二)治理所隐喻的行政过程中的政治

政治与行政是分离还是融合一直是行政学争议的焦点,而每一次新范式的出现同样要对这一问题重新展开思考。然而如果说政治行政存在某种分离的话也可能是一种人为的设想,与其说政治行政存在分离,可能更加恰当的是认识到政治和行政如同一个连续"光谱"上的两端。如前所述,治理存在将政治与行政融合的可能,并将行政学的范式统一到一个理论框架下。在政治学中治理的研究是有层次的,宏观和微观,对于行政学来说,治理的微观框架正是行政学得以整合各种行政范式的基础。我们将在行政学语境下的治理视为:在不同的制度环境和制度安排下以及所发生的制度变迁过程中,政府根据市场和社会的变化需要,不断调整其权力分配方式、内部组织结构来适应这一过程,治理从宏观上构建了权力分配方式的机制,从微观上调整政府内部组织结构,使权力运行方式得以实现,从而架起了政治与行政之间的桥梁。在此需要强调的是,治理为什么存在整合行政学范式的可能?微观层面上,治理是使政府内部组织结构适应制度变迁需要的一个过程,制度变迁过程具有异质性和多样性的特点,所以治理的实现方式,即模式的变迁就一定具有多样性。因此,在不同权力分配方式下,治理就可以有不同的模式:科层、市场、混合、网络等。从以上分析可以看出,治理可以在行政学中形成一个将行政学范式整合起来的统一框架,并且这个框架是和政治过程息息相关的,而不是将其割裂开来,所以治理本身就隐喻了行政过程中的政治。

四、治理与政府治理:中西方政府、市场与社会演变路径差异

在对治理进行深入分析后,从治理和政府治理这两个概念的差异就足以透析中西方研究的差异,并可以从治理与政府治理这样的概念中,对中西方政府、市场与社会演变路径的差异做出分析,进而回答中西方政府社会是否存在同样的治理基础这一问题。治理是一个具有其自身时代背景的概念,从治理的理论研究到现实实践,都受到异质性的政治制度、经济制度、社会发展的影响,这也就使得在对治理及政府治理的相关问题研究上必须要对制度环境进行深入的分析。从国外学者使用治理一词的方式便可看出与国内学者研究的方

向以及方式上的差异，而这种差异的背后恰恰是制度变迁的差异所导致的。国外学者仅使用治理（Governance）一词，政府治理（Governmental Governance）出现只是指很狭义的政府内部的治理，即可理解为治理政府内部的方式。而国内学者通常是在政府治理这一关键词下研究治理问题的。国内外的研究对应性上是存在偏差的，即国外学者是将政府治理的概念放入治理语境下进行研究，政府成为了与市场、社会并行的主体，所以"治理"本身的涵义便诠释了这一转变过程。而国内学者提到的政府治理则是一个与我国国情相适应的概念，政府治理普遍被认为治理者是政府，而对应政府治理这一主体便有了相应的客体（如社会公共事务）。从这样一种关键词的差异就可以看出国外学者与国内学者在对"政府治理"问题认识上存在的分歧。

虽然在国外的研究中"治理"依然是一个不断发展不断需要学者去赋予它更准确更深刻内涵的概念，但是从现有的研究层次上看，政府在治理中的作用往往从宏观到微观得到了相应的界定。依托于国外的民主政治体制，在宏观层面：研究政府、市场、社会的横向关系；政治层面的公共选择问题；并以此为基础研究治理的模式、结构问题。在微观层面：研究政府本身，横向结构、纵向结构，并以此为切入点研究治理的模式、结构。国外学者的研究中，治理可以成为一种范式整合概念，并形成了对传统政治学的超越，对行政学而言，也可以将行政学的相应范式用治理来加以表达。国内学者关于政府治理则普遍地认为依然是以政府为主导，政府充当治理中的主导角色，通过"治理"的模式和方法来配置公共资源，通过"治理"的理念来协调公共组织，最终达到治理（而不是统治或管理）社会事务的目的。

用治理的框架来看待这一问题可能是更为清晰的，中西方存在不同的制度变迁路径，即政府、市场、社会的宏观治理方式存在差异。

西方一直是以市场为主导形成相应的治理模式，我国则在政府主导背景下开始制度变迁。因此，中外所产生的政府、市场的力量是不同的，而由于政府、市场的博弈关系的差异导致社会的发展也不相同，并形成了各自的发展路径。在这样的格局下，西方可能形成政府、市场、社会较为制衡的博弈关系，所以治理本身的研究就反映了这一平等性。而我国政府主导是制度变迁的起点，在形成的治理结构中，依然是以政府为主导，依然是必须通过政府的力量来塑造市场和社会，所以政府治理这一概念实质上反映了这一过程。我们认为，中西方从治理的分析框架看并不存在相同的治理基础，这是由相异的制度变迁过程所决定的。不过虽然治理是西方学者应对其自身问题提出的理论框架，对于我们依然是有借鉴意义的，只是需要注意的是，在借鉴的过程中需要看到其具有的特殊性而抽象地进行吸收。治理的理论价值和其对政治学、行政学新的范式整合的贡献，远远大于其本身所蕴含的那些概念含义，怎样能够将政治过程在理论分析中内生化，如何能够更加动态地理解制度变迁的过程，如何才能使得宏观的权力分配和微观的政府组织结构相统一，这也许才是运用治理理论所应真正关注的问题所在。

正是基于这样的思路，我们认为治理从宏观层面来讲是一个分析框架，这个分析框架研究的是政府、市场、社会的相互关系及其演化的路径，以及在此关系中的权力分配以及偏好选择的理论问题；在微观层面上，治理要研究的是与宏观治理构架相符合的微观政府结构，也就是需要怎样的政府组织模式来与宏观的治理框架相匹配的问题，以及如何匹配的具体问题。就我国的具体问题而言，由于我国制度背景与西方的差别，要将西方的治理框架套用到我国显然是不科学的，而在现阶段中国社会经济转型的背景下，研究政府治理语境下的各种问题同样是我国现阶段的现实情况所决定的。所以，对待现阶段的中国问题，以政府为主要力量来治理社会的政治社会学视角是更为实际和更加富有解释力的。而对于中国的政府治理问题，不是用几个简单的治理概念就可以分析清楚的，而是需要运用治理的视角来构建一个分析问题的理论框架。中国政府治理的理论框架同样应该注重宏观层面和微观层面的区分，在宏观层面研究我国政府治理的制度基础，即分析我国政府治理的制度变迁路径，并以此来构建一个基于政府、市场、社会的政治社会学的分析框架；在微观层面研究政府治理的模式问题，即从其机制、手段、方法等方面来分析适于我国的政府治理的各种异质性的模式；最后还应该通过大量的案例研究来比较分析这些模式出现的深层次制度原因，为理论研究提供实例的验证，并以此对现阶段我国的政府治理提出模式创新及促进对策。

（包国宪、郎玫，原载于《兰州大学学报（社会科学版）》，2009 年第 2 期）

新公共治理理论及对中国
公共服务绩效评估的影响

　　斯蒂芬·奥斯本在《新公共治理？》一书中提出了"新公共治理"一说。那么，新公共治理究竟"新"在何处？本文从这一问题出发，对新公共治理范式从理论基础、资源分配机制、价值基础、系统结构、政府角色等方面与传统公共行政和新公共管理进行了比较。在此基础上，重点探究了在新公共治理理论下公共服务绩效评估在分析单位、评价维度和公共价值方面发生的变化，并对我国公共服务绩效评估变迁的可能性进行了分析。文章认为，新公共治理范式下公共服务绩效评估的分析单位由个体转为系统，关系绩效成为新的评价维度，政府绩效的合法性和公共价值成为新的关注焦点。我国政府改革为多元主体共同治理的格局奠定了一定的基础，但是系统绩效、关系绩效和公共价值还远未成为地方政府绩效评估的关注焦点。

　　纵观近几十年来公共行政领域的改革思潮，先后出现了新公共行政、新公共管理、新公共服务等思想，"反思、批判和重构"是这些思想生成的典型途径。长久以来，对新公共行政和新公共管理能否成为范式一直是学术界争论的话题，英国学者斯蒂芬·奥斯本(Stephen P. Osborne)在《新公共治理？》一书中又增添了"新公共治理"一说，力图在范式之争中增添新的要素。那么，新公共治理"新"在何处，在新的理论范式下公共服务绩效评估将面临怎样的变化，中国公共服务绩效评估又将何去何从？本文将围绕这几个问题展开讨论。

一、新公共治理"新"在何处

《新公共治理?》一书并未对老式的公共治理进行界定,更没有从新旧公共治理对比的角度展开分析。在奥斯本看来,社会—政治治理(socio-political governance)、公共政策治理(public policy governance)、行政治理(administrative governance)、合同治理(contract governance)和网络治理(network governance)等都是新公共治理的思想来源。之所以提出"新公共治理",作者意在改变公共治理的从属地位,使其成为一个独特的话语体系,从而对当前的现实问题和挑战进行回应。因为在公共服务提供主体日益多元和公共政策制定过程日益复杂的21世纪,与传统公共行政和新公共管理相比,新公共治理更能反映和把握这种复杂和碎片化的现实。因此,新公共治理之"新"主要是针对传统公共行政和新公共管理而言的。在奥斯本看来,在过去的一个世纪里,尽管公共服务思潮不断翻新,但公共政策实施和公共服务提供只经历了三种主流体制的演变,分别是传统公共行政、新公共管理和新公共治理。尽管奥斯本一再强调由于学界共识的缺乏,他并不打算提出新公共治理是公共服务提供的一个新范式这一观点(因此书名是加了问号的),但是在书的结尾他承认,新公共治理确实是当代公共服务提供的一个重要范式。

1. 理论基础:制度和网络理论

传统公共行政以伍德罗·威尔逊提出的政治—行政二分原则和马克斯·韦伯的官僚制理论为基础。19世纪末,美国政治上政党分肥制度导致的贪污腐败和行政混乱,经济上垄断资本主义发展引发的经济危机和阶级矛盾,使得"政府应该扮演守夜人角色"的传统观念遭遇挑战。正是在这样的背景下,威尔逊提出政治和行政二分,主张建立一门行政学科,由此开启了行政学的研究之路。而韦伯的官僚制理论与威尔逊提出的"政治—行政二分"是一脉相承的(尽管二者来自不同的国家),因为官僚制不是一种政体形式,而是在某种政体形式下,从事具体业务的行政管理班子的体制。传统公共行政正是建立在政治—行政二分和官僚制基础之上,强调规则,更多建立在技术理性而非价值理性基础之上的一种体制。它在 20 世纪上半叶经济、政治和社会面临激烈动荡和改革的时期,发挥着极为重要的作用。

新公共管理的理论基础是私营企业管理理论和公共选择理论。如果说传统公共行政以政治与行政的分离为核心特征的话,那么新公共管理则以公共部门和私人部门管理技术与方法的融合为核心特征。正如 Wallace Sayre 所言,"从根本上来说,公共部门和私人部门在所有不重要的方面都是相似的",新公共管理试图从私人部门中吸取营养,希冀挽救西方国家在 20 世纪 70 年代末出现的财政危机、信任危机和管理危机。具体管理中倡导民营化,强调顾客至上、竞争、绩效评估等私人部门流行的理念和做法。新公共管理注重经济学的理论在公共部门中的应用,其中,作为新公共管理理论基础之一的公共选择理论就是以微观经济学的基本假设(尤其是理性人假设)、原理和方法作为分析工具,来研究和刻画政治市场上的主体的行为和政治市场的运行。

奥斯本认为,与传统公共行政和新公共管理不同,新公共治理的理论基础是制度理论和网络理论。自 20 世纪 60 年代以来,组织理论家开始关注组织和环境的交互影响,前期主要关注环境对组织的影响,后期开始关注组织对环境(尤其是很少被学者关注的制度)的改变和形塑。在新公共治理下,如果治理安排缺乏规范性基础(制度)的话,那么从长期来看,其必然会导致效率低下和合法性不足的问题。制度不仅可以促进治理主体间的互动,也可以对其进行控制,同时治理主体间的互动也会改变和形塑制度。新公共治理的另一个理论基础是网络理论。与传统官僚制理论强调规则和命令不同,网络理论强调关系和信任,关系资本(Relational Capital)成为网络理论的一个核心概念。在新公共治理下,网络理论所暗含的民主而非专制、平等而非等级、协商而非命令、信任而非算计被融入和吸收,这与传统官僚制行政是大相径庭的。

2. 资源分配机制:网络和关系契约

等级制是传统公共行政的核心资源分配机制。韦伯在理论上假定处在金字塔尖端的上级发出的命令是正确的,由此在等级命令链条、非人格化以及规章制度的严格束缚下,官僚制"精确、稳定、有纪律、严肃紧张和可靠……纯粹从技术上看可以达到最高的完善程度"。传统公共行政聚焦于单一集权制的行政体系,政策的制定和实施的空间是一个垂直整合的封闭空间,通过权力和命令机制,使资源得以配置。

新公共管理的核心资源分配机制是竞争机制、价格机制和契约关系。在新公共管理下,政府与政府、政府与企业、政府与第三部门之间可以展开竞争。通过竞争,不仅可以增强政府机构的危机感,督促其有效率地提供公共服务,同时也可以检验公共服务提供主体的合理性,以期达到节约财政资源的目的。新公共管理将公共物品视为和私人物品一样的一种商品,主张用价格机制引导其配置,力图达到资源配置的最优化,改变政府垄断的低效率和浪费。另外,新公共管理主张用契约关系来规范和调节合作主体之间的关系,理性人假设、静态性、标准化等是其核心特征。

相比之下,新公共治理的资源分配机制是网络和关系契约。网络是一种不同于官僚制和市场的资源分配机制。在韦伯式的官僚行政中,命令发挥着至关重要的作用;在新公共管理下,竞争机制和价格机制大行其道;而在新公共治理的网络结构下,合作而非竞争成为重要的机制,其中信任发挥着非常重要的作用。对信任的提倡,与经济学家着重关注的风险意识形成了鲜明对比。因为大部分经济学家认为,在市场交易的条件下,信任发挥的作用是微乎其微且不可靠的,采取信任实际上就是在冒险。然而,新公共治理下网络治理的复杂性使得预测所有偶然因素进而使用契约进行限制的困难性明显增大,因此,建立在信任基础上的关系契约,而不是风险分析基础上的古典契约,成为网络合作的重要基础。关系契约强调社会人假设而非理性人假设、动态而非静态、个别化而非标准化……这与新公共管理下的古典契约关系是截然不同的。

3. 价值基础:多元价值的共存

在奥斯本看来,传统公共行政的价值基础是公共部门精神(Public Sector Ethos)。公共部门精神是公共部门官员,尤其是高级官员所倡导的一系列态度和价值。在英国,公共部门精神包括政治中立、忠诚、正直、廉洁、诚信、公共服务等。实际上,无论在西方国家还是东方国家、过去还是现在,公共部门精神都具有相似性。奥斯本之所以将公共部门精神作为传统公共行政的价值基础,意在突出传统公共行政时期价值基础的相对单一性,即无论这一时期的价值如何多元,公共部门精神(而不是私人部门的价值)具有绝对的主导地位。

与传统公共行政强调价值基础的公共性不同,新公共管理强调的价值基础是市场化特征。奥斯本认为,新公共管理暗含着这样的信条,即市场为公共服务的生产提供了最适宜的场所。因此,在推行新公共管理的国家里,民营化、合同外包、内部市场、消费券等成为政府广泛推行的工具。政府希望借助这些工具提升政府效率、提高公民满意度、挽救信任危机。新公共管理下,不仅公共部门和私人部门具有不同运行逻辑的假设被打破,而且统治私人领域的市场和竞争机制在公共领域中占据了主导地位。

如果说传统公共行政的价值基础更倾向于公共性，新公共管理的价值基础更强调私有化，那么新公共治理的价值基础是多元、分散和相互竞争的价值的共存。新公共治理的网络结构中，多元主体共同致力于公共服务的提供，多元价值的共存成为常态。尽管网络中的不同主体或者不同联盟间的地位和权力可能并不完全对等，但是新公共治理力图通过主体间的协商来促进不同主体间的共识和合作。多元价值的竞争和共存使得公共价值生成和实现的可能性大大增强。需要强调的是，虽然在新公共管理下，政府、企业以及非营利组织均可参与公共服务的提供，但是竞争和效率是新公共管理的主导价值，这与新公共治理下多元价值的共存是不一样的。

4. 系统结构和政府角色的变化

由于新公共管理和新公共治理下服务提供主体的多元化，从不同主体构成的系统结构而不是单个组织的内部结构来探讨新公共治理在形式结构上的演变变得至关重要。传统公共行政的系统特征是单一主体构成的、等级控制的封闭结构，政府是公共服务提供的唯一主体；从权力运行方式来说，整个政府系统，无论是某一层级政府内部还是整个政府系统都呈现出自上而下的等级约束关系（尽管在联邦制的国家中央政府对地方政府的约束关系要小于单一制国家）；从系统与外部环境的关系来看，内部取向和相对封闭是传统公共行政的主要特点。在这样的结构下，借用戴维·奥斯本和特德·盖布勒的术语，政府的角色是"划桨"，即政府基本垄断了公共服务的提供。

新公共管理的系统特征是多元主体构成的、管制式的开放结构。政府、企业和第三部门都是公共服务提供的主体；管制（Regulation）而不是等级控制成为其主要特点，这种管制不仅体现在政府内部的自我管制（绩效评估工具的应用）和代理机构化，而且体现在政府与外部主体间的关系（如在合同外包中，政府主要借助合同对其他主体进行监督,而不实际参与服务的提供);从系统与外部环境的关系来看,政府开始从封闭走向开放,与政府外部的主体展开竞争或合作。在新公共管理下,政府的角色从"划桨"转为"掌舵",政府只是把握方向,而具体的服务提供可以交给政府机构、企业组织或第三部门。"管制国家(Regulatory State)"也在这一时期成为流行的术语。

新公共治理的系统特征是多元主体构成的、网络式的开放结构。新公共治理网络结构的平行化与传统公共行政科层结构的等级化的区别自不必多言。就新公共治理和新公共管理比较而言,尽管就系统结构的多元构成和开放程度而言,两者有许多共同之处,不过在结构形式方面其区别也非常明显。新公共管理的系统结构尽管由于主体的多元化也呈现一定的网络化特征,但是仔细探究不难发现,新公共管理主体间的竞争性决定了其网络化结构的分散化和脆弱性,而新公共治理由于更加强调多元主体间的合作,其网络结构更加紧密和坚韧。另外,就系统与外部环境的关系来看,虽然新公共管理和新公共治理都是相对开放的系统,但是其最大不同之处在于:新公共管理依然聚焦于单一组织的内部过程;而新公共治理则更多聚焦于组织之间的关系。在政府角色的演变方面,我们可以借鉴新公共服务理论的相关内容来界定政府在新公共治理下的角色。在《新公共服务:服务而不是掌舵》中,登哈特夫妇婉转地批评了企业家政府理论中政府"掌舵"角色的定位,认为引导公共服务这只"船只"方向的不应该是政府,而应该是公民。在这个前提下,新公共治理下政府的角色应该是服务,而不是掌舵。也正因为掌舵的人是公民,政府所应扮演的领导角色是基于共同价值的领导,而不是传统公共行政的控制式领导和新公共管理下的管制式领导。

除了以上五个角度的区别之外,奥斯本还从关注焦点和强调的重点两个方面对三者进行了区分。从关注焦点而言,传统公共行政聚焦于政治系统,新公共管理聚焦于组织,而新公共治理聚焦于组织及其所处的环境;从强调的重点而言,传统公共行政强调政策制定和实施,新公共管理强调组织资源和绩效的管理,而新公共治理则强调价值、意义和关系的协调。由于奥斯本旨在抛砖引玉,引发学者对新公共治理范式的思考,因此奥斯本提出了新公共治理的七个"新问题",涉及新公共治理的基本问题,即新公共治理的基本分析单位是什么;结构问题,即何种组织架构是新公共治理的最佳选择;可持续问题,即如何确保公共服务体系的可持续性;价值问题,即新公共治理的核心价值理念是什么;关键技能问题,即关系绩效(Relational Performance)需要的关键技能是什么;责任问题,即新公共治理体制下责任的本质特征是什么;评估问题,即如何在开放自然的公共服务提供系统中评估可持续性、责任和关系绩效。这些问题不仅直接指明了新公共治理未来的研究方向,也间接道出了当前新公共治理研究的不足。

二、新公共治理范式下公共服务绩效评估的变化

绩效评估被认为是新公共管理的核心特征,这并不意味着传统公共行政下不存在绩效评估。从伍德罗·威尔逊对行政效率的强调,到 20 世纪早期纽约市政府对绩效评估技术的应用,都可以看到早期公共行政中绩效评估的影子。不过,正如 Ouchi 所言,在处理评估和控制的问题上,传统公共行政更强调通过规则的使用实现对绩效的控制,而新公共管理则更强调对可量化的产出的测量;传统公共行政的绩效评估更多依赖于专业标准(professional standards)和服务目标的使用,而新公共管理的绩效评估则建立在资源或战略的基础之上。传统公共行政在绩效评估方面的特色,与古典管理时期科学管理强调管理者作用的发挥和官僚制理论强调规则和层级控制是高度一致

的,而新公共管理之所以可以将绩效评估作为重要的控制手段,部分原因在于官僚制的内部规则已无法直接作用于外部的行为主体。那么,新公共治理范式下,公共服务绩效评估会发生怎样的变化? 为了突出新公共治理范式下公共服务绩效评估的特质,本节将主要从分析单位、评价维度、价值基础三个方面展开论述。

1. 绩效评估的分析单位:从个体到系统

新公共治理在绩效评估方面发生的变化,不仅仅限于绩效评估地位和评估机制的变化,而在于绩效评估分析单位的转变。无论是传统公共行政还是新公共管理,绩效评估的分析单位均局限于单个的组织。传统官僚制行政下的层级控制和部门分工加剧了政府内部在纵向和横向上的隔离,这种隔离导致每个层级的政府、每一个部门局限在自己的空间内,在绩效评估方面的体现便是只追求单个层级或单个部门的绩效最大化,而对于系统的思考和把控则更多寄希望于顶层人员。在新公共管理下,虽然服务提供主体已经从一元向多元发展、系统环境从封闭走向开放、政府角色从控制走向管制,但是竞争机制的使用依然加剧了服务组织之间的隔离。在财政资源获取的压力下,单个部门(或公共服务提供主体)更多关注自身的绩效,而不是整个系统,绩效问题主要是从个体组织的视角上来看待的。尽管这一时期的绩效评估更多与战略管理相互结合,但是这种战略是建立在单个组织的基础之上,而不是整个公共服务系统。新公共管理的这种弊端可以从英国政府改革的发展轨迹中窥见一斑。从撒切尔夫人保守党时期对于强制竞争和代理机构化的大力提倡,到新工党政府最佳价值、协同服务、网络治理的强调,可以看出政府在克服新公共管理的碎片化方面所做的努力。而随着新公共治理环境下组织结构从垂直整合、横向联合向碎片化、混杂式的结构发展(这种结构与新公共管理下同质化相对较为严重的多元结构是不同的),单个孤立的

"政策筒仓(policy silos)"或"服务筒仓(service silos)"向跨部门、跨领域的整合系统的转变，公共服务绩效评估的分析单位也应该从个体向网络或系统方面发展。

尽管系统(或网络)由个体所组成，但是个体结果的达成并不等于系统绩效的实现。由于治理网络主体间的相互依赖性，网络整体绩效的实现取决于公共服务提供主体间协同作用的发挥，单个主体的绩效状况直接影响其他主体乃至整个系统的最终绩效。因此，网络主体不仅要在思维模式上从聚焦于自身绩效的个体视野向着眼于整体绩效的系统视野转换，而且在评估实施方面要突出个体绩效和系统绩效之间的关系。这种关系或评估理念看似简单，但是在实际操作中的复杂性要远远大于以往的时期。以某一政府部门来说，在新公共治理的背景下，由于涉及多种公共服务和与政府内外的多个主体合作，如果以公共服务的类型来划分网络的话，其可能处于不同的网络之中，扮演不同的角色。因此，着眼于系统绩效的评估，可能需要面对多重网络以及更多的利益相关者，相比以往，评估涉及的范围、系统思考的广度、相互学习的频率都需要有大幅度的提升，这大大加剧了新公共治理背景下绩效评估的难度。

2. 绩效评估维度的变化:对关系绩效的强调

在新公共治理的研究背景下，关系资本、关系营销、关系绩效、关系契约、关系技能(Relational Skills)成为重要的学术术语。不同于传统公共行政下的等级关系、新公共管理下的管制关系或契约关系，新公共治理下的关系不仅在主体上范围更广，而且在关系性质上也更为多样。从主体方面来讲，新公共治理重视公共服务提供主体之间的网络合作关系，甚至视顾客(或服务对象)为合作生产者;从主体结成的网络关系来说，可能存在主体关系趋于平等的网络，也可能是主体地位不对等、某一组织①承担领导和协调角色的网络；在内在机制上来说，新公共治理下的关系更强调合作和信任，而不是竞争和管制；从政府绩效评估的实践来看，合作、关系、信任、对话、承诺、整体等成为新的流行话语。

由于新公共治理背景下的这种关系可以有效地降低交易成本，挖掘公共价值，获取多样资源，满足多元利益相关者的需求，最终提升整个网络的绩效，因此奥斯本着力提倡对关系绩效进行探索。例如，关系绩效的核心要素是什么？如何在多元服务组织构成的服务网络中对关系绩效进行评估？目前学术界专门针对关系绩效的研究还相对较少，尽管国内普遍将 Contextual performance 翻译为关系绩效（也有翻译为周边绩效或情境绩效），但是两者无论在字面构成还是内涵意义上都不能完全等同。情境绩效的提出主要针对任务绩效而言，强调组织、社会和心理环境对组织效率的影响；其研究的内容涉及单个组织内部的人际关系而不是聚焦于网络系统中的组织关系。因此，有关情境绩效的研究并不能弥补新公共治理下关系绩效研究的不足。与关系绩效相关的研究可以通过关系治理（relational governance）的研究（或者更宽泛地来说，可以通过网络治理的研究）窥见其中的一些要素，但是专门针对网络成员间的关系绩效以及关系绩效评估的研究则是非常少的，至少从完全相符的字面提法上是如此。

在这些少量的研究中，Stank 等学者在借鉴服务质量概念模型的基础上对网络合作背景下关系绩效的构成要素进行了初步探索。他们将关系绩效解构为回应性（Responsiveness）、保证性（Assurance）和关怀性（Empathy），并对关系绩效分别与运作绩效、成本绩效和顾客

①如 Provan 等提到的内部产生的领导组织（Lead Organization）和外部产生的网络行政组织（Network Administrative Organization）。

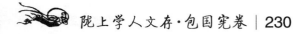
满意度的关系进行了分析。Mandell 和 Keast 认为,合作网络的关键特征在于新型关系的构建能力。除了传统的绩效测量指标外,合作网络的绩效测量应包括网络成员关系的紧密度、网络成员对整体绩效的承诺度、利益相关群体的融合度、网络成员的开放度以及网络内外部关键成员对网络的支持度。Ansell 和 Gash 则以间接的方式识别了影响网络成员合作关系绩效的因素,包括对话、信任、承诺和共识等。这些研究均可看作是治理背景下关系绩效构成要素的有益探索。总之,在新公共治理范式下,治理网络的有效性不仅取决于有形的产出绩效,也取决于无形的关系绩效。另外,需要指出的是,一定程度上来讲,关系绩效的实现并不是治理网络的终极价值追求,而只是实现终极价值的手段,那么在这样的前提下,正如传统公共行政过分追求规则而饱受诟病、新公共管理过分追求竞争而备受批评一样,关系绩效会不会面临同样的困境? 对于关系绩效的评估应该保持在一个什么样的合理范围内,才能避免目标置换的困境? 这些都是在范式转变的新背景下,学者和实践者需要思考的问题。

3. 绩效评估的价值基础:重视公共价值的生成和实现

绩效评估在提高以绩效指标数据为支撑的政府绩效方面发挥着显著的作用, 然而指标数据反映的政府绩效与公民满意度却并不一定呈现正向的相关关系, 其中可能的原因在于政府绩效指标所反映的公共价值供给与公共价值需求之间存在明显的偏差。尽管目前学界对于公共价值的界定存在一定的分歧①,但是将公共价值融入政府

①以 Moore 为代表的公共价值(Public Value)研究,强调对行为结果的价值进行判断,而没有对公共价值的具体内容或构成进行深入探讨,而是通过有效的公共管理并借由公民和民主代议机构来判断政府部门是否创造了公共价值;而以 Jørgensen 和 Bozeman 为代表的公共价值(Public Values)研究则多偏向于对行为的判断和行为的合理化,注重对公共价值具体内容的探索。

绩效评估和管理已经受到学界越来越多的重视。

从公共价值的生成来说，新公共治理范式下多元主体的参与更有利于确保公共价值在绩效评估过程的应用。传统公共行政范式下，哪些公共价值(尤其是那些在特定情境下创生的公共价值)能否进入政府部门，政治家和民选官员起决定作用，尽管其背后的逻辑是公民选举政治家——政治家制定政策——政府官员执行政策，以此来实现公民的价值诉求，但是在这种通过精英来确保公共价值的体制下，如果精英或者制约精英的制度出现问题，其中的逻辑链条便会发生断裂，进而影响公共价值的实现和导致公共价值的供需矛盾。当然，在传统公共行政中，公民亦可通过公民满意度评价一定程度上约束公共服务的设计和提供，但是政府官员无疑起着主导作用，而公民处于相对被动的地位。新公共管理对传统公共行政的"政治—行政"二分提出了质疑，尽管当代的公共行政也无法完全摆脱"政治—行政"二分的束缚，但是分离的程度已经与19世纪末期力图克服政党分肥制弊端而确立的二分原则大不相同。当前，不仅行政人员参与政策制定日益频繁，而且政府之外的私营部门和第三部门也一定程度上参与到政策过程中来，从而使得传统上政治家独断价值判断发展为多元主体共同决定公共价值。在这种政治泛化背景下，生成的公共价值不仅更具合法性，而且在新公共管理大力提倡绩效评估的文化下公共价值更容易得到实现。尽管如此，由于新公共管理的理论基础是新古典经济学和公共选择理论，私人部门的个人利益取向必然会渗透到公共行政领域中来，而这种以个体为基础的价值取向与公共价值所强调的"公共"基础或者"集体"基础是不同的，有时甚至是相互冲突的。因此，公共价值的合法性生成以及通过绩效评估促进公共价值的供需匹配仍然会面临问题。而在新公共治理范式下，公共服务提供主体的多元性、公民参与空间的扩大、对相互间对话和学习的强调、信任关系的建立等都有利于公共价值的生成。当然,这并不意味着传统公共行政和新公共管理下无法生成公共价值,而是说在当前的信息技术条件下和新公共治理营造的政治生态下,这种机制更利于形成公民认可的公共价值,并通过绩效评估工具或绩效管理,推进公共价值的实现。

从公共价值的实现来说,新公共治理范式下的绩效评估将更有利于公共价值的实现。首先,(正如前文所述)由于新公共治理强调对整体系统而非个体的评价,像新公共管理范式下公共服务提供主体更多聚焦于个体效率得失而缺乏系统思考的做法已经不合时宜。在这样的情境下,着眼于整体、着眼于公民的公共价值更易成为公共服务绩效评估的价值基础。其次,新公共治理范式下公民在操作层面和战略层面的全面和深度参与,使得公民不再像传统公共行政时期那样只能被动地通过公民满意度评价希冀政府官员能够听到他们的声音,也不像新公共管理时期那样只能通过用脚投票的方式影响公共服务的提供,而是通过战略计划的参与,主动地、全面地对公共服务的提供产生影响。因此,新公共治理范式下的绩效评估或管理必然会因为公民参与深度和广度的增加而更利于凸显公共价值。再次,在新公共治理影响下兴起的、公民深度参与的政府绩效评估形式,如公民发起的政府绩效评估(Citizen-Initiated Government Performance Evaluation)、公民参与的政府绩效评估(Citizen-Involved Government Performance Evaluation)等,都有利于公共价值在战略计划层面到执行层面的全面转化和实现,有利于减少公共价值在绩效管理过程中的偏离和冲突。

三、中国情境下公共服务绩效评估演变的可能

在中国情境下,新公共治理理论对公共服务绩效评估演变会产

生什么样的影响,影响的可能性有多大? 一定程度上来说,不同理论范式下绩效评估的演变都有利于公共服务改革的深化。例如,在绩效评估方面,新公共管理改革之所以更强调资金使用的效率,关注输出(Output),是为了克服传统公共行政下只重视资金使用的合规性和输入(Input)合法性的缺陷。而新公共治理则更进一步,更为关注资金使用的结果(Outcome),聚焦于公共服务的长期效果、整体影响和公共价值实现,这与新公共管理下只关注短期利益的即时输出和竞争基础的个体绩效是不一样的。因此,新的理论范式的诞生,必然要求公共服务系统在理念、行为、结构上发生新的变化,而这些变化需要新的绩效评估方式加以巩固。那么,在西方新公共管理和新公共治理理论的影响下,中国在实践层面或政策层面已经发生了哪些变化? 这些新的变化是否有可能催生公共服务绩效评估的改革?

1. 宏观环境:多元共治局面初步形成

公共行政每一次理论范式的演变都是政府与市场、政府与社会关系的重新调整。20世纪80年代之后,如果说西方国家是在政府与市场、政府与社会业已分化的基础上对政府职能和政府边界进行深入思考的话,那么我国则是在政府包揽一切经济事务和社会事务的背景下对政府与市场、政府与社会关系的反思和探索。在政府与市场关系方面,我国已经从20世纪80年代初期的“计划经济为主、市场经济为辅”的经济格局,发展成相对完善的社会主义市场经济体制。中共十八届三中全会指出,要“建设统一开放、竞争有序的市场体系,是使市场在资源配置中起决定性作用的基础”,“完善主要由市场决定价格的机制。凡是能由市场形成价格的都交给市场,政府不进行不当干预”,“凡属事务性管理服务,原则上都要引入竞争机制,通过合同、委托等方式向社会购买”。在政府与社会关系方面,改革开放以来,政府对社会的控制范围和控制力度都有所放松,使得基层组织的自治能力和民间社会团体的力量逐步壮大。中共十八届三中全会倡导"加快形成科学有效的社会治理体制,确保社会既充满活力又和谐有序","鼓励和支持社会各方面参与,实现政府治理和社会自我调节、居民自治良性互动"。中共十九大报告强调"加强社会治理制度建设,完善党委领导、政府负责、社会协同、公众参与、法治保障的社会治理体制,提高社会治理社会化、法治化、智能化、专业化水平"。因此,从我国政市关系和政社关系的发展历程来看,尽管我国在经济自由度指标的世界排名还处于中等水平,民间力量在权力抗衡、经济独立性、参与自愿性和参与广度方面与发达国家还存在明显的差距,但是我国仍然为私营部门和民间团体对公共事务的参与保留了大量的空间。另外,从中共十八届三中全会第一次将推进"国家治理体系和治理能力现代化"作为全面深化改革的总目标,到中共十九大报告首次提出"国家治理体系和治理能力现代化"的路线图和时间表,也可以看出国家对政市关系和政社关系的深度思考。尽管有学者指出,我国政府提出的"国家治理"更强调政府主导下的多元共治,与西方治理概念强调治理各方的平等参与不同,有自身的逻辑起点和话语体系,但是在治理的大背景下,政府必须重新思考和调整治理各主体之间的关系。从"治理"一词在政府文件中的高频出现,以及地方政府在《国务院办公厅关于政府向社会力量购买服务的指导意见》(国办发〔2013〕96号)、《财政部、民政部、工商总局关于印发政府购买服务管理办法(暂行)的通知》(财综〔2014〕96号)和《关于在公共服务领域推广政府和社会资本合作模式指导意见的通知》(国办发〔2015〕42号)发布以来相继制定的相关政策来看,我国正在朝着多元共治的方向发展。

在这样的政策背景下,如果整个公共服务系统的绩效评估还是局限于合作系统中的单个个体的绩效(如政府部门的绩效或者承担公共服务的私人部门或者第三部门的绩效），那么最终产出的绩效可能只是个体绩效的最大化，而不是整个公共服务系统绩效的最大化，从而暴露出新公共管理改革极易导致的个体理性和集体理性的矛盾，最终损害公共利益。因此，新公共治理范式下建立在合作而非竞争基础上的多元共治，必然要求公共服务绩效评估聚焦于系统而非个体。在"国家治理体系和治理能力现代化"成为热门词汇的今天，在考察国家治理绩效的时候，必然需要关注"体系"或者"系统"的绩效。"国家主导"或"政府主导"是学界长期以来在改革许多体制方面所持有的一种主流观点。在我国独有的党政体系、经济发展、公民社会成长背景下，政府主导对公共部门改革或社会体制改革的正面作用毋庸置疑，但是需要谨慎合理地把握政府的权力边界。当政府主导成为破坏公民参与、第三部门参与或者私人部门参与公共事务积极性的潜在力量时，我们便需要思考政府应该以一种什么样的姿态在多元共治背景下发挥作用。而其中，新的绩效评估方式必然不能加固政府的不合理干预，而应该导向和谐的多元共治局面。

2. 微观环境：公共价值还远未成为地方政府绩效评估的核心话语

新公共治理范式下，系统绩效、关系绩效和公共价值成为公共服务绩效评估新的关注焦点。其中，公共价值是公共服务绩效评估的基础，系统绩效和关系绩效是实现公共价值的手段和途径。在三者的关系中，公共价值处于核心的地位。从微观环境来看，公共价值还远未成为我国地方政府绩效评估的核心话语，系统绩效和关系绩效也未受到应有的重视，具体来说：

（1）从绩效评估的系统观来说，我国的实践更多聚焦于内部系统。为了克服传统官僚制的部门割据局面，政府主要依赖上级、领导小组或战略管理工具重塑整体绩效。以杭州政府绩效评估为例，在政策层面,《杭州市绩效管理条例》规定,"市和区、县(市)绩效管理机构具体负责……拟定本级绩效管理总体规划……批准绩效责任单位的绩效管理规划……协调相关部门共同推进绩效管理工作",而"绩效责任单位应当根据本地区(行业)经济社会发展规划和本单位工作职责编制绩效管理规划……"。在实践层面,通过在部门内设定"战略性指标""部门协作目标""对市委、市政府部署的、由多部门协同推进的……年度重点任务"进行专项社会评价等方式,实现部门之间的协同联动。另外,从公民参与和多元主体共治的角度来讲,虽然聚焦于内部系统的评价视角开始逐渐向外发展,但是还远未形成成熟的格局。20世纪末开始,许多地方政府开始尝试在政府绩效评估中引入公民参与,涌现了大量诸如"万人评议政府"这样的政府绩效评估形式,但是从公民参与的深度、公民评价分数的比重、绩效结果的公开程度、公民评价的可持续性等方面分析来看,还远未达到新公共治理所要求的"合作生产公共绩效"的地步。虽然杭州在这些方面略胜一筹,但是由于公民的组织性和自治性相对较弱,难以与政府处于相对平等的地位,使得杭州政府绩效评估仍然是由政府主导的。另外,我国政府绩效评估中,虽然允许政府之外的企业、第三部门参与到公共服务提供的过程中来,但是对于多元主体合作绩效的探索还远未形成制度化的做法。

(2)从绩效评估的维度来看,关系绩效还远未进入政府绩效评估制度化的视野。由于新公共治理反对建立在个体利益基础上的竞争,倡导建立在信任基础上的合作,因此,"信任""合作""关系规范(Relational Norm)"等成为反映关系绩效之状态维度的核心词汇。从全国各地制定的有关政府向社会力量购买公共服务的实施办法、实施意见或部分地区制定的相关绩效评价办法(如《江苏省政府向社会组织购买服务绩效评价办法》《内蒙古自治区政府向社会力量购买服务项目监督检查和绩效评价管理暂行办法》等）来看,"竞争""市场""合同"这些新公共管理运动的核心理念依然是政府政策文件中的高频词汇,而"信任""合作""关系规范"出现的频次则远远低于上述词汇。这说明在我国治理格局初步形成和探索的时期,合同管理依然是政府和社会力量合作的主要维系工具,而信任关系的建立以及信任基础上的深度合作则需要通过政府与社会力量的多次博弈才能形成。另外,从我国地方政府绩效评估实践发展所诞生的两个法律文件——《哈尔滨市政府绩效管理条例》和《杭州市绩效管理条例》——来看,政府与公民关系成为法律条文里面潜藏的内容(《哈尔滨市政府绩效管理条例》允许公民对政府绩效计划提出意见和参与政府满意度评价;《杭州市绩效管理条例》要求绩效责任单位在编制绩效管理规划、制定和调整年度绩效目标时应当听取社会公众意见,规定绩效管理机构应当建立公众评价意见反馈机制),而对于政府与企业、政府与第三部门的关系则在法律条文中没有任何提及。

(3)从绩效评估的价值基础来看,公共价值在我国政府绩效评估中的基础性地位还未充分体现。公共价值是政府绩效的合法性基础。"回顾公共行政发展史,每一个公共行政范式都是关注(公共)价值的,所不同的是(公共)价值在其理论体系中的地位……"。为此,在实践中政府绩效的价值建构过程应该与政府绩效的组织管理过程有机结合,从而尽可能地接近"产出即绩效"的理想状态,最大可能地减少绩效损失。公共价值在政府绩效评估中基础性地位的缺失,并不意味着公共价值在政府领域内的缺失。实际上,我们从政府的政策、规划、目标、报告、领导人讲话内不仅可以抽取出大量抽象性的公共价值,包括效率、效益、公平、经济、自由、民主、平等、透明、稳定、法治、诚信等;也可以凝炼出众多具体性的公共价值,包括交通便利、环境保护、生活小康、公民参与、医疗实惠、教育优质等。然而,公共价值在政府绩效评估实践过程中的缺失体现在：①公共价值还未成为政府绩效评估的核心理念。政府绩效评估过程中出现的目标置换现象最能充分说明这一现状，为了维护自身的形象和地位，有些政府部门会将创新项目分阶段申报，目的是在每年的绩效考核中都能处于优先地位。这种工具理性的取向与公共价值明显是相悖的。②政府绩效的社会建构还不充分。在官僚制体制下，上级命令和指示往往成为政府绩效评估指标的合法来源，然而在公民需求和政府供给出现矛盾的时候，由于公民直接参与政府绩效管理的过程受阻和发展不充分，听从上级旨意常常成为政府工作人员的"合理"选择。在公民的意见无法及时进入精英阶层或者代议制的理想链条发生断裂时，官僚体制的"自上而下"和公共价值建构的"自下而上"便会发生矛盾，进而影响公共价值的实现和政府绩效的合法性。③政府绩效评估过程与公共价值建构的过程并未有意识地进行融合。由于公共价值并未成为当下政府绩效评估的核心话语，公共价值的建构过程与政府绩效评估过程未能有机结合，使得政府生产的绩效在程序和内容上均面临合法性危机。当资源限制使得多种公共价值的同时实现成为不可能，当精英阶层的公共价值排序与公民的价值排序相异导致价值冲突，当公民内部价值的分裂使得政府在价值分配面临两难选择时，如何通过约束机制、选择机制和领导机制将公共价值的合法性生成与政府绩效评估过程相结合，从而使得绩效损失降至最低，是政府在评估实践过程需要思考的问题。

3. 国际视野：带有新公共治理范式印记的绩效评估并未成为主流评估模式

从国际经验来看，鉴于《新公共治理？》成书于英国，在分析带有新公共治理范式印记的绩效评估实践在我国的发展现状之后，不妨了解一下英国公共部门的绩效评估是否受到了新公共治理理论的显著影响。英国贝尔法斯特女王大学的 Hyndman 教授通过对 45 个政策文本或相关资料进行分析后指出，主导英国中央政府绩效评估实践的理论基础依然是新公共管理理论，而非新公共治理理论。这一结论建立的数据基础是反映不同范式下绩效评估特征的核心词汇在政策文本中出现的频率。数据统计结果显示，新公共管理对绩效评估的影响居于绝对主导地位（64.60%），传统公共行政的影响次之（27.70%），新公共治理的影响最弱（8.70%）。这个研究一方面折射出影响公共部门绩效评估实践的理念的多元性，这些理念之间不是绝对的替代和排斥关系，而是有可能互补和共存；另一方面也说明带有新公共治理范式印记的绩效评估在英国中央政府这一层面并未真正出现，与新公共管理相匹配的绩效评估依然是实践中的主流模式。从这一角度来讲，即使在公民社会相对发达、更易发展新公共治理的欧美国家中，带有新公共治理范式印记的绩效评估的未来发展和应用效果还有待时间的检验。

四、结语与展望

新公共治理是否是一个新的范式？斯蒂芬·奥斯本在《新公共治理？》一书中带着这样的疑问出发，通过集结众多欧美学者的学术观点和实践案例，对此问题进行了肯定的回答。在理论基础、资源分配机制、价值基础、组织结构、政府角色等方面，新公共治理都呈现出与传统公共行政和新公共管理不同的地方。然而，作为一个新的范式，必然面临着理论构建和实践改革的挑战。在新的范式下，政府绩效评估，或者更准确地说，公共服务系统的绩效评估会发生什么样的变化是一个值得探索的问题。本文从绩效评估的分析单位、绩效维度、公共价值三个方面对这一问题进行了思考。从分析单位来讲，新公共治理下的绩效评估聚焦于整个公共服务系统，而不是单个个体。传统公共行政下,在公共服务绩效的范畴内,政府与其他主体是隔离的,公共服务的绩效大多情况下只与政府有关;而新公共管理虽然使得政府、社会、企业都可以成为公共服务提供系统中的一部分,但是市场和竞争机制的引入使得绩效评估更多聚焦于系统内的单个个体;而新公共治理则对这种建立在个体绩效基础上的绩效评估进行了批判,从而使绩效评估回归到"公共"利益的系统绩效上。从绩效维度的变化来看,关系绩效成为新公共治理范式下新的关注焦点。传统公共行政下,政府内部的上下级关系是关系的主流形态,在这种关系形态下,政府绩效评估更多关注程序的合法性或合规性;新公共管理突破了内部关系的边界,与企业和社会建立关系,但是由于新公共管理采用的是古典经济学的个体主义方法论,使得绩效评估的焦点从程序转为产出,关系更多通过合同来进行维护;而新公共治理范式下的绩效评估则希望在关注结果的同时,重点探究多元主体建立在信任和合作基础上的关系绩效。从公共价值的角度来说,新公共治理范式下的绩效评估突出了公共价值的基础性地位。传统公共行政主要通过代表公意的精英实现公共价值的传导,然而现实中代议链条的断裂常常使得政府绩效面临合法性危机;新公共治理下市场、竞争、价格机制的引入使得在绩效评估过程中公共价值容易受到私人价值的侵损;而新公共治理下由于对作为合作生产者的公民的重视以及对整个公共服务系统的关注,使得绩效评估更加易于关注公共价值而不是私人价值,因而在程序和内容上都更具合法性。

从改革开放以来政府的改革历程来看,我国在政企关系、政社关系、政事关系等方面已经取得了大量的成果,原来由政府把控的众多职能回归到了市场和社会。而近年来我国在公私伙伴关系、政府向社会力量购买公共服务等方面的政策表明我国的政府改革明显受到新公共管理的影响。"竞争""市场""合同管理""效率"等成为各地政策的高频词汇。面对新公共管理所暴露出来的弊端和新公共治理的兴起,我国政府绩效评估(或公共服务绩效评估)应该如何转变,是一个值得思考的问题。在中国特色社会主义进入新时代、国家治理体系和治理能力现代化提上日程的新时期,如果政府在与其他社会力量合作提供公共服务的情况下,关注系统整体的绩效显然要比关注个体绩效更能保证绩效的公共性,为了克服竞争机制下个体的机会主义行为,对多元主体关系绩效的维护和实现需要成为一个新的焦点。为了保证绩效的合法性和绩效损失的减少,公共价值的建构过程应与绩效评估过程进行有机融合。从一定程度上来说,未来政府绩效评估的理论建构,必须关注系统绩效、关系绩效和公共价值。其中,公共价值是政府绩效的基础,只有以公共价值为基础,政府绩效才具有合法性;只有以公共价值为基础,才能尽可能地减少绩效损失。

然而,新公共治理显然对"人"提出了更高的要求,如果说新公共管理是力图将私人领域的经济人假设和个体主义方法论应用到公共领域的话,那么新公共治理则是在强调公共领域特殊性的基础上对这种假设和方法论的质疑和批判,使公共服务提供重新回归到"公"的范畴内。新公共治理范式下对系统绩效、关系绩效和公共价值的重视,要求政府、公民、企业或者社会组织必须具备公共精神、系统思维和参与意识。而这些品质的培养,需要制度设计、文化变迁和体制改革的综合作用。

(包国宪、赵晓军,原载于《上海行政学院学报》,2018 年第 2 期)

构建以"效能政府"为核心主体的
突发疫情治理体系

2003 年的非典疫情刚过去 17 年,今年我国又遭遇了一场突如其来的新冠肺炎疫情。在这两场突发疫情的应对中,充分体现出了我国社会主义制度的优势,政府的领导号召力、组织控制力和资源动员力,以及广大人民群众在抗击疫情中表现出来的众志成城、共克时艰的精神。如果说"以人民为中心,不惜代价"是突发疫情治理中政府的核心价值追求,那么,"干部忙坏了,医生累坏了,公众慌坏了"则是对社会无奈和应对被动的一种形象描述,反映出突发疫情防控中还存在很多问题,政府治理体系还有缺陷。其根本在于社会治理弱化甚至缺位条件下政府承担过多角色而导致其治理系统性、协同性和可持续性变差。解决这一问题的关键是必须构建以"效能政府"为核心主体、社会各界和各社会组织有序参与的突发疫情协同网络治理体系。

效能政府是从"绩效"和"能力"两个维度塑造、建设和衡量政府治理有效性的理论框架与实践范式,是政府治理合法性的重要基础。以"效能政府"为核心主体的突发疫情治理体系,除应具有常态下系统性、协同性和可持续性等特征外,还有快速决策和快速响应的要求。突发疫情防控治理效果是对国家治理体系与治理能力现代化水平的检验,也是对各级政府的严峻考验。本着总结经验、吸取教训和"固根基、扬优势,补短板、强弱项"的精神,致力于突发疫情下政府治理体系的健全完善才是治本之策。

第一,明确界定各级政府在疫情防控中的领导决策、战略部署、配置资源、动员社会、发布信息、维护公众权利以及监督反馈等角色,形成与医疗机构、科研机构及企事业单位和非营利组织的协同治理机制,形成统一决策、分工负责、运行有序的治理网络。

随着政府治理体系的健全完善、市场机制作用的充分发挥和社会建设水平的提高,政府在突发疫情防控中的角色要彻底转换。在此基础上,各社会团体和企业以及社区的角色功能要更加明确清晰,其自主决策、自组织和应变学习功能须得以强化,使各个主体的优势转化为整体治理效能,并大大提升治理系统的可靠性。

第二,在充分发挥已经形成的自上而下号召动员优势的基础上,特别要强化自下而上的信息反馈、经验分享和共识建构机制,优化政府与以非营利组织为核心的社会组织之间的协调、互补和委托代理关系,形成群策群力、群防群治的疫情社会治理机制和良好有序治理氛围。当务之急是把以社会组织为核心载体的社会建设提上议事日程,提到国家治理体系与治理能力现代化的高度来认识。

目前,在突发疫情防控中已经形成了非常强大的自上而下的号召动员、信息反馈机制,但与此同时,自下而上的机制尚需强化,包括疫情报告、信息和经验教训公开分享、监督反馈等。

一是政府渠道较为畅通,但缺乏详尽系统的问责办法,政府及相关部门内部缺乏危机信息识别和报告人规则,致使推脱责任、反应迟缓而常常贻误时机,造成严重后果。

二是把本来具有自主权力并有极大组织优势的官办社会团体,诸如共青团、妇联、科协、青联、学联、红十字会等组织都纳入了政府体系,使其在组织、信息、科普、疏导方面的优势丧失,难以发挥自下而上的反馈、沟通和协调机制。

三是民间非营利组织尚不健全成熟,甚至存在很大真空和盲区,致使社会建设和发展缺乏载体。因此,在突发疫情发生后,政府除从基层政府之外难以获取必要信息、支持和资源,社会公众从政府之外也难以获取必要的信息、支持和资源。这就是在突发疫情防控中政府忙乱、社会恐慌,资源得不到优化配置使用的根本原因。出路在于以这次突发疫情防控为契机,开展调查研究,并借鉴发达国家和地区的经验,把社会建设和治理不失时机地纳入国家治理体系之中,当作影响国家治理效能的瓶颈来突破。这方面有体制改革的问题,比如共青团、妇联、科协等如何在政府体制内独立自主发挥功能,有放松社会组织发展政策的问题,也有在政府引导下,社会组织主体功能与责任机制的创新问题。

第三,按照价值与目标、对象与指标、组织与流程、技术与方法和规则与文化等五要素要求,建立健全突发疫情公共绩效评价体系。

绩效评价具有激励、问责和资源配置等多种功能,但因其在管理系统中的强大杠杆作用,而被认为其导向功能是第一功能,"要什么评什么,评什么得什么"是对这一功能的写照。在突发疫情防控中:

一是根据"以人民为中心,生命高于一切"的价值诉求确定防控目标,以此为基础依据,对其目标对应的对象、指标、评价主体与流程以及合法合规制定评价方案。

二是把评价信息使用与问责和审计结合起来,发挥评价的积极作用,促进评价体系不断完善。

三是积极使用现代技术和方法,提高绩效评价的绩效。

四是积极引入第三方评价,优化突发疫情公共绩效治理体系,增强政府公信力。

五是在评价中要考虑特殊情境和特定区域的实际情况,做到评价的公平公正和科学准确。

突发疫情公共绩效评价体系既是治理体系的重要组成部分,也是持续提升疫情防控效能的前提和保障。因此,突发疫情公共绩效评价与管理体系建设、制度建设、学科建设和专业技术队伍建设应尽快提上国家应急管理的议事日程。

第四,把以大数据、云计算、智能机器人应用为代表的疫情治理技术创新、疫情防治知识普及与智慧城市建设和乡村振兴战略结合起来,并将之体现在诸如国家传染病防治等相关法律法规的修订完善之中,以提高国家治理突发疫情的技术水平和法治化水平。

一是通过治理技术创新提升疫情防控的信息定位精准化管理,通过传感器、无人机等技术设备,数字化反馈疫情信息和个体风险,提升社区单元应对疫情的响应度和执行力。

二是充分发挥智慧城市的预警系统、监测系统的作用,预警和化解疫情风险。

三是进一步提升乡村人居环境、卫生环境,将现代生活理念的更新嵌入乡村振兴战略中。

四是健全完善疫情期间相关法律法规和法律知识的普及,特别是法律规定的疫情响应级别要求和相关行为可能触犯的法律法规等。

这次突发疫情应对中反映出的诸如对早发现、快决策、快响应要求反应迟缓的问题,公众对疫情科普知识了解严重不足的问题,法治和责任等意识不强的问题,都希望能通过技术创新、科学普及、管理优化和立法执法普法工作的跟进得到改善。

（原载于《逆势突围:56 位管理学家建言》,中国人民大学出版社2020 年出版）

中国疫情治理的历史关照与效能研究

　　新型冠状病毒肺炎疫情的暴发使得重大疫情防控体系的构建成为必要且紧迫的现实需要，提升疫情治理效能成为推进国家治理体系与治理能力现代化的一个关键内容。中国历来疫情多发，长期面临着几乎独有的疫情治理困境，恰需回顾历史以关照现实。本文通过回顾疫情发展史，总结中国历史上疫情的发生时间、分布特点以及周期性规律，梳理历代中央政府、地方政府和民间应对疫情的措施，在国家治理效能的逻辑框架内分析疫情治理历史并认为：中国历史上形成了相对完备的疫情治理的组织结构和相对完善的制度设计，然而其治理有效性则更赖于中央政府的治理能力，并为疫情本身的烈度所制约。历史地看，疫情的发生周期在逐渐缩短并呈现出间歇性与常态性，全球化更增加了疫情治理的难度和成本。需要我们发挥一贯的"集中性"和"公共性"的优势建构科学系统的疫情防治体系。要综合领导指挥、应急救治、物资储调等防灾、救灾、减灾准备，同时着重建设防疫科研体系和防疫政策储备，不断因应疫情治理现实选取适当的疫情治理措施，最终提升疫情治理效能。

　　2019年末至今，新型冠状病毒肺炎疫情作为国际关注的突发公共卫生事件（PHEIC）已在全球多国呈现蔓延趋势，并发展成为全球性大流行病（Pandemic）。这场疫情成为了各国政府在公共卫生安全方面的管理能力挑战，同时考验着各国应急管理指挥体制、保障物资供应、人口流动管理、医疗资源供给等疫情治理措施的综合效能。疫情治理成为了公共管理领域的热点。作为长期伴随着人类社会发展从不止歇的挑战既是各国政府需要解决的现实问题，也是长期面临的历史课题。

中国是此次新型冠状病毒肺炎疫情暴发最早、患病人数较多、治理实践场域最复杂的国家之一。疫情集中暴发于春节前夕，正是我国基本生产休滞、人口流动频繁、节庆气氛浓厚以致防疫意识松懈的复杂时期，使得中国的疫情治理困难重重。前期疫情判断不准确、措施决策不果断、物资供应不充足、信息披露不及时等问题都暴露了我国在重大疫情方面的治理能力和体系缺陷，疫情治理效能亟待提升。但在疫情治理方面，由于国情差异巨大，外求借鉴西方管理经验以提高治理能力完善治理体系的一般路径已不堪取，更遑论实践而言西方在应对短期内大规模暴发聚集性疫情的管理经验未必较我国先进。此时只能求诸自身，以历史经验作为现实的关照，为提升我国疫情治理效能提供可堪深思的殷鉴。

一、疫情：发生、分布与周期性

中国并不是第一次面临如新型冠状病毒肺炎一般严峻的疫情。回溯我国历史变迁，各类灾害频仍不断，疫难亦然。据统计，自春秋时期（公元前 770 年）至清朝末期（公元 1911 年）有记载的疫情六百余次，平均每四年就发生一次疫灾。我国有漫长的城市发展历史，农耕文明发展同时伴随人群聚居，明代中国即有数座百万人口以上的城市。人口众多、居住集中、密度大、流动快是中国长期面临的国情，加之中纬度地区四季分明的气候特征恰成为了疫情扩散的温床。这是中国长期以来几乎独有的疫情治理困境，成为了中国疫情治理的繁难所在，也将其经验积蓄为后世疫情治理的历史参考。

回顾历史疫情记载，大多数以时间、地点为记，如：公元 163 年陇右"道路隔绝,军中大疫,死者十三四",寥寥述及而已。部分影响较大的疫情记载中会包括发生的具体时节。而为害甚深的疫病如鼠疫、霍乱、天花(这也是今天传染病学分类中的甲级传染疾病)等不仅名称得以记述流传下来,在当时就成为了重点研究对象,有颇多专门著述。综合各种历史记载,统计我国先秦时期至清代的疫病发生见表1。

表1　中国历代疫病分布统计表

	先秦	两汉	魏晋南北朝	隋唐五代	宋	元	明	清	合计
国祚	564	426	360	379	319	89	277	267	2681
疫灾年	6	46	75	41	84	30	169	218	669
占比:%	1.03	22.12	20.83	10.82	26.33	33.71	61.01	81.65	24.96

数据来源:《中国历代天灾人祸表》(陈高佣,上海书店,1986)

如表1所见,整体上朝代越是晚近,疫病年份即越多。这当然跟历史材料的保存有一定关系,通常越是高古流传材料越少,越是晚近记载就越多,可参照佐证的材料也越多。但这不足以否认中国历史上疫病灾害整体处于波动上升趋势的特征,因为根据记载,这种差异从不是突然形成的,以百年为计量单位,相邻的世纪灾疫频度并没有过大的差异。灾疫较少的时期,相对地也更稳定繁荣,如隋唐五代时期,作为古代中国治世,其灾疫年占比就较少。

梳理有详细发生时间记载的疫灾记载见表2。

从时间上看,我国有时间记载的疫病大都发生在夏季。其次是春季,秋冬季节的疫情次数较少。这些疫病的名称没有被记载下来,但是历代发病时间恰和我国季风气候区的气候特点相照应:雨热同期,降水量年际差异大,旱涝灾害频繁。夏季蚊虫较多,涝时更适宜蚊虫滋生繁衍,蚊蝇是疟疾等急性传染病的重要传染媒介。加之夏季普遍湿热,以促使生物腐烂进而污染水源等生活必需品,使得霍乱、菌痢

表 2　中国历代疫病发生季节统计表

	春	夏	秋	冬
秦		1		
魏晋南北朝	8	13	1	3
隋唐五代	1	4		
宋	5	12	2	
元	4	5		2
明	13	33	5	6
清	13	40	10	2
综合	49	112	19	13
占比	25.39%	58.03%	9.84%	9.74%

数据来源:中国历代天灾人祸表(陈高佣,上海书店,1986)

等传染病不断流行。

从历史上疫情的分布来看,有几个较为明显的特征:

其一、疫情常发于王朝统治的政治中心区域或者核心城市。两汉时代有记载发生疫情的甘肃、河南分属关陇中心区和中原中心区,是长安、洛阳两大都会的附属区域。而魏晋时期,都邑分散,洛阳、长安、成都、建业均曾作为国都,相应地关中、蜀中、河南、江苏数地均有灾疫记载:"晋武帝咸宁元年十一月,大疫,京都死者十万人。""皇兴二年十月,豫州疫,民死十四五万。"唐代,疫灾亦发生于两京核心区,据载:贞观二年五月"关中先水后旱、蝗,继以疾疫,米斗四百,两京间死者相枕于路,人相食"。两宋时期,都城先后位于河南和浙江,此二地区均有疫载:"靖康二年(南宋高宗建炎元年)金人围汴京,城中疫死者几半;绍兴元年六月,浙西大疫,平江府以北流尸无算。"而至元代，河北作为中书省辖京畿之地，亦有疫情记载，明清延之。这是由于传染性疾病自身的传播特性所致，"人类特有的人传染源疾病如麻疹、天花、霍乱等均必须在人群聚集增加、城市发展的基础上才会发生"。王朝的中心城市和地区由于政治性因素在同一时期往往聚集着更多的人口，比如关中和关东地区，由于历来为王朝核心区，根据葛剑雄《中国人口史》的梳理，关中、关东地区人口虽几经增减，但总体稠密，因此灾疫尤甚。这也构成了中国疫病分布的一个基本特征。表明了历史以来中心城市的疫情防控压力显著高于一般城市，疫情防控的关键环节很有可能成为薄弱环节，需要增加中心城市防疫资源投入，突出建立有针对性的城市特别防疫机制，提升应对突发公共卫生事件的应急保障水平。

其二、疫情多发于长江、黄河的中下游地区与区域中心地区。两汉时期，江苏、浙江、山东等不处于关陇、关东核心地区的灾疫亦时有发生。魏晋南北朝时，安徽、浙江、江苏、江西、湖北等在王朝核心区之外，地处长江流域的省份也有相应的灾情记载："永嘉四年，襄阳大疫，死者三千余人。"唐宋时期，除上述省份外，四川省亦屡有疫情，四川盆地内部的成都平原素称天府，是西南地区的中心，据载："元和元年夏，浙东大疫，死者太半。"之于明清，则由南至北，自东至西，大半中国省份均有疫情记载，但除了京畿中心区域外仍旧多见于长江、黄河的中下游地区与区域中心地区。这是由于整体上，区域中心地区和河流中下游地区往往是地方经济生产的中心，经济的集中策应着人口的集聚，增大疫情发生的可能。我国南方地区的自然条件较北方湿热，适宜农耕时代的农业生产。自东汉末年起，南方人口密度逐渐大于北方，而历史疫情的重心也呈现由北向南的趋势，这和我国历史上的人口南迁和经济重心南移大致是同步的。在人口稠密的中心地区，需要增加区域内防疫府际合作以应对人口密集带来的防疫困境。

其三、疫情偶发于边陲地区。边境人远地偏,特别是古代,边地往往以游牧文明为主,人口密度低,一般意义上并不常见灾疫,但仍旧偶见记载。比如东汉建武时期:"二十二年,匈奴连年旱蝗,赤地数千里,人畜饥疫,死耗过半。"而后宋代宁夏、明清时期的东北地区、云南、海南等边地也有疫情。这种偶发更多地和疫病发生的生物性相关联,与人群的生活状态联系并不紧密。比如历史上曾多次爆发的鼠疫,其疫情发生的策源地大都在边远之地。在这些地区,虽然依赖人口密度的疾病不易流行,但是由于经济条件相对落后,卫生防疫知识淡薄,容易成为重大传染性疾病的疫源地,比如 1793 年诗人师道南描写所见发生在云南地区的鼠疫:"鼠死不几日,人死如垜堵。……三人行,未十步,忽死二人横截路;夜死人,不敢哭,疫鬼吐气灯摇绿。"边地爆发疫情的另一原因是人员流动相对频繁且接触范围更广,这成为了外来疫病传入的途径。比如清朝末年发生的东北鼠疫,疫源就是由中东铁路经西伯利亚传入哈尔滨的,在医疗条件有限的晚清时期一度造成了巨大伤亡。随着经济社会发展和防疫知识的普及,边境关隘地区防疫在疫情防控中的地位也愈发突出,需要加强边境地区检验检疫,尽可能将疫情御止于国门之外。

对于疫情发生规律的研究素来是疫情史研究的侧重,研究者们用各种分析角度试图描摹出疫情发展的周期。有研究通过统计疫情连续发生的年份并对此进行谐波分析以拟合出相应的变化周期,同时将这些周期与太阳活动的周期对照,证实疫病具备自身的某种周期性。也有研究通过计算各年度的疫灾指数并将其气候变化与中国王朝治乱周期相联系,从而解释疫灾发生的周期性和对历史的影响。这些研究对于了解疫情发生所遵循着某些规律深有裨益,然而由于历史的一维属性以及史料获取的各种限制使得计量的历史研究在证明某种确定的周期方面存在根本性缺陷。这是否意味着疫情的周期不可得? 笔者以为,事实上我们至少可以通过许多其他的侧面来窥得疫情发生的某些更广义的周期属性。

首先与疫情相关的侧面当然是自然地理环境。广义上的自然地理环境是气候、地形、土壤、水源、地貌、生物等地理要素的综合。某种程度上,自然地理环境对疫情的存续处于支配性地位。气候特征决定了水旱等灾害的频度以及病毒生存的客观环境;地形、土壤、水源等共同制约着地区内部的人口要素即受灾体;在人口流动严重不便的古代,地貌所展现的大的地理单元可能规定了某次疫情发生的区域界限;而某些生物则可能是传播疫情的载体。总的而言,"大灾之后有大疫"正是对这一特征的形象表达。疫情的周期可能与自然灾害发生的周期以及气候整体的周期性变迁紧密相关,竺可桢先生关于中国5000年的气候变迁研究恰好证明了这一点,两相印证可得历史上寒冷期时自然灾害总是多一些。这是疫灾周期的自然解释。

其次与疫情相关的是人的社会活动,集中表现为由于各种原因造成的人口流动。疫病的流行需要传染源、传染途径和易感人群三大要素。人口的大规模流动可能同时促生这三大要素。古代社会的人口大规模流动大致离不开战乱与战乱造成的人口迁徙。战乱之时往往死伤无计,作战队伍的频繁跋涉也很难妥当处理尸体,尸体往往成为感染源。加之战争队伍人员密集,士卒疲惫常常易感,这正恰与前文相对:"大兵之后有大疫。"此外平民为了躲避战乱的迁徙也是造成疫情的原因。譬如:魏晋时期的灾情记载尚处于南北均有且侧重北方的阶段,到了战乱频仍的南北朝,人口大量南迁,有记载的疫病发生地域就集中在江苏、浙江、江西、湖北等南方地区了,北方仅中原核心区域有少量记载,这与中国人口迁移的历史是吻合的。人口规模流动的历史周期可谓是疫灾周期的人文解释。

另外还有一个观点认为:中国古代政治的治乱周期往往与疫情

发生的周期相关联,政治清明时疫病较少,反之则疫病集中。从历史上看,部分朝代的表征是符合这一规律的,比如前文统计所提及的唐代。但更多的时候,中国历史的治乱周期并不直接与灾疫相关,比如明清时期,统计可见:尽管数百年间灾害频发,但仍旧存在两个历史公认的治世,这正好证明了治乱周期并不一定影响疫情周期。治世与乱世的差异,更多的是国家治理能力和治理效果的差异,治理能力的增减周期可能由于经济、制度等原因的确存在某种王朝的兴衰周期,但事实上很难证明疫情的发生周期与之相关,治世与乱世更多地只与治理效能相关。

二、疫情的治理:中央、地方与民间

疫情的治理不是仅依靠单一治理主体实现的,尽管中央政府在疫情治理中起决定性的作用,中央政府也需要地方政府与民间的配合。

历史上疫情一贯是国家极为重视的公共事件,王朝统治的政治中心区域或者中心城市是疫情多发的地区,这类地区聚集着全国的政治中枢与高阶行政班底及其亲眷,因此多是中央直辖或高配官员领牧的地区。这些地区的政策执行往往由于行政资源的集中与倾斜而支撑更充分、效率更高。这类地区的疫情发生时,统治集团自皇帝本人以下,均着力以抗疫。如南朝萧齐太子长懋就以身为范:"与竟陵王子良俱好释氏,立六疾馆以养穷民"。在疫情发生时,这些地区也因为超高的行政执行力得以将防疫制度迅速下沉推广,东晋永和末年,发生瘟疫,许多朝臣家眷也染上疾病,在当时即具备并推广了一定的隔离制度。"朝臣家有时疾,染易三人以上者,身虽无病,百日不得入宫。"并且执行得很彻底,宫阙甚至一度为之一空。

历史上中央政府治疫有三大主要工作,病民诊治、流民救济和御止传染。

中心区域之外的疫情中央政府多是通过间接且主动的方式治理疫情的，形成了一些有代表性的制度。其一是巡诊制度，这一制度早在汉代就有推行，巡诊人员往往由太医担任，如史载："夏四月，会稽大疫，遣光禄大夫将太医循行疾病。"宋代沿有巡诊，南宋年间仍"分遣医官循行临安疗病"。对急诊甚至有快速通道："疾疫者以医驰马救疗。"而到了唐代以后，中央政府不仅是在灾疫发生后被动防疫，同时更加转向主动防疫，防疫体系也更加健全。唐代规定由太医院主管疫情防治药物的预研，每年根据疫情多发的时令备药。宋代则更是通过普及医学教育的方式方便患者防治疫病，据《宋史·艺文志》记载，有宋一代共编撰各种医药学书籍五百余部，其中官修的方书以及作为局方的成药两类被以行政手段推广于民间。同时宋代在疫情发生时，朝廷也会直接给出药方指导治疗，其中著名如高宗时："高宗出柴胡制药，活者甚众。"

疫情造成大量的人口死亡，也同时产生大量的丧失劳动能力、无所依附的流民。对流民的救济一贯是疫情治理的重点。对于直接受灾的群众，政府采取划拨赈灾粮款的方式加以救济，通常动用央储赈灾，治平二年，饥疫并作朝廷"运京仓与江淮所漕粟往赈之"。同时对无力购买药物的贫民分发药品，对无钱殡葬的贫民遣发丧葬费："遣医行视，贫民给钱，葬其死者。"同时对灾后的受灾群众减免赋役，如宋明道二年，梓州路疫，宋仁宗即下诏蠲免梓州路全年的租赋。

在防止传染方面，"舍空邸第，为置医药"的隔离制度是最早采纳并落实的防治传染的制度，宋代官办了大量的养病机构，被称为"病坊"，作为临时隔离的处所。而至后世，由于对人口（特别是外来人员）的流动与疾病传播的认识越发深入，针对外来人员的主动检测和隔离以及海关检验检疫制度成为了晚清处理疫病的创举。清初即对海上往来的商船进行检查,若有痘疮则不许入境,须待痘疮平愈方可入境。清末大鼠疫流行时,中东铁路所经过的大站都需"节节截留,一体送所查验,过七日后方准放行,染疫者即送病院医治"。过关商品亦需严格查验,贡品也不例外。为了控制传染源不扩散,还着力推行火葬,要求疫死者一律送指定场所焚化。

中央政府在推进三项主要防疫措施之余,还监察下级执行的情况,设立相对应的考核制度,予以奖惩。奖惩的依据就是疫病发生时该地获救的人数。比如宋代,医家王克明曾在一次军中大疫时救活了几万人,战事结束后王克明被授"额内翰林医痊局,赐金紫"。

地方政府的抗疫举措则多是依政依令而行,普及贯彻防疫措施。

早在秦代,地方官吏就对涉及疫病的法律事务的处理进行了记载。睡虎地秦简《法律问答》中有这样一问:"疠者有罪,定杀。定杀可如?"针对这一问题回答则是用埋杀等可以抑制疫病传播的方式,对于罪不至死的轻犯则采取单独隔离关押处理。同时,为了贯彻隔离防疫的措施,地方官员需调动辖内所有可以用作抗疫的人力、物力。在疫情物资不足时,需要亲自沟通百姓,劝其捐赠粮食以填补官廪的不足,同时也要沟通协调腾出房舍以作隔离治疗之用,并组织人员提供饭食。在此过程中,地方官员放开针对山林等的管制,尽可能地救治百姓,并且为死去的病人修坟安葬。这些都是高层颁布的防疫措施在州县落地时所面临的具体困难和具体的执行措施,非求实求是不能落实。

为了预防疾病,地方更是在州一级便致力于平时培养医生。唐开元年间,每州都需设置一名医学博士。而后,地方甚至推行按人口比例配置医生,据载:"十万户以上州置医生二十人,万户以下置十二人,各于当界巡疗。"晚近时期为了预防鼠疫,地方政府采取捕杀老鼠的措施,北京的巡警总厅就曾颁布捕鼠令,号召有偿捕鼠,送活鼠至区署者给铜元二枚,死鼠给铜元一枚。并要求下属区域专列册记,按日报数。

具体的事务之外,地方政府还有一责任是及时进行疫情上报。这一要求自秦已有,自最为基层的里长起即须及时上报辖内疫情状况。宋仁宗皇帝甚至三天两发诏谕,敦促地方官员遇事及时陈禀:"比诸路饥疫相仍……其思所以救治之术,条列以闻;自今州县奏请及臣僚表疏,毋得辄有阻留。"

就中国中央集权体制而言,地方政府是中央行政权力在地方的延伸。严格意义上地方政府在大多数情况下并不是完全独立的治理主体。然而在灾疫之时,由于信息传递的时效性局限,地方政府不得不在行政资源缺乏的情景下先行独自履行因地制宜地落实防疫政策,必要及时地救治和援助百姓的行政职责。大部分的防疫政策和惠民补助都需要由有效的地方行政落实,面对疫情这样的突发公共安全事件亟需地方官员当机立断、务实务本,这也成为了对地方政府治理能力和水平的考验。

民间对疫情治理的参与主体则更为多元,形式也更为多样。

民间医生是疫情治理时期最主要的民间参与者,他们参与灾疫的预防和治疗的全过程。在疫病发生时的医疗实践中,民间医生提出各种治疗方案。比如:宋代著名的痘疹专家董汲就用其改良的"白虎汤"治疗麻疹,收效甚好。同时,他还鉴别了传染性的伤风和斑疹的区别,为科学诊断小儿斑疹提供了依据。药王孙思邈在《千金要方》中提出可以使用熏药法以及向水井中投入药物等方法进行大规模的消毒。熊立品则在其《治疫全书》中指出"毋近病人床榻,染其秽污;毋凭死者尸棺,触其臭恶;毋食病家时菜;毋拾死人衣物"的防疫要点。这些方案成为了官方医疗的补充,部分药方经过时间检验被纳入官方医书之中,而部分防疫方法则通过普及丰富了普通人的防疫知识。在预防疫病方面,民间医生从致病原理的角度提出了相应的预防措施,告诫人们注意饮食卫生与环境卫生。比如:葛洪认为"凡所以得霍乱者,多起饮食"。而张仲景在《金匮要略》直接指出了易造成疾疫的饮食:"六畜自死,皆疫死,则有毒,不可食之。……疫死牛,或目赤,或黄,食之大忌。"而宋人温革在《琐碎录》中也说:"沟渠通浚,屋宇洁净无秽气,不生瘟疫病。"

宗教组织是另一种主要的民间参与,我国历史上参与灾疫救治的主要是佛教跟道教,这些参与往往带着宗教色彩。疫情发生时,佛教僧侣们往往大开寺门,供养病人。北魏孝明帝年间就有记载:"从移止青罗山,受诸厉疾供养。情不惮其臭溃,甘之如荠。"北齐天宝年间僧人们不仅收治病人,而且还分性别安置,供给周到。不仅收留病人,僧人们更是尽己所能地治疗病人,根据开皇年的记载:"或医诸坊村受于疠供。见有脓溃外流者,皆口就而之,情无余念。"由于宗教治疗的传教性质,部分描写往往神乎其神,佛教、道教的记载中都有使用咒语、丹符等物治病的记载。

民众也是疫情治疗的民间参与之一。囿于认识水平所限,民众防治疫情的举措往往不得其法。宋代民间流行巫术信仰,将"死生之命委之巫祝",使得官方不得不介入以树立正确的疾病防治观念。民间也流传着积德行善、慎杀茹素便家无疫患的说法,这些认知都非常朴素。当然民众也不总是蒙昧的,北齐就有民间慈善人士三十年间均在疫情发生时主动救济民众:"凶年散谷至万余石,合诸药以救疾疠。"

民间医生的参与补充了基层医疗资源不足的历史实际,为疫情的治理增添了积极因素,但整体而言,参与主体的多元、立场的差异与认知水平的高低导致民间救疫方法的效用参差不齐。事实上,在救疫这样专业性较强的事情上,民间参与的作用很难一概而论。

三、疫情的治理效能：效果、能力与代价

俞可平将国家治理的内容归纳为政府治理、全球治理、经济治理、社会治理、环境治理、文化治理、教育治理等方面，疫情治理显然是国家治理体系的一个子系统。与国家治理相对的，学术界还有政府治理和社会治理的概念，依据王浦劬的辨析，这三个概念之间存在包容性、交集性的关系以及区别性的联系，其中国家治理的范畴更广一些。我国在长期的行政经验总结中形成了"党委领导、政府负责、社会协同、公众参与、法治保障"的综合治理模式，这是区别于西方"多中心治理"论的，适应于中国国情的特色治理话语，也是本文分析疫情治理的概念起点。

这一分析视角同样具备历史合理性，我国的治理是在历史发展规律的印证下逐渐形成的，历史和现实的国情差异是我国治理区别于西方治理路径的根本原因。早在古代的治理设计中，皇帝与部分顶级官僚的职责设计就不是直接处理繁杂的政务，而是承担某种"沟通天人，顺天牧民"的顶层设计职责。此外，相对完备的官僚结构和不断完善的制度设计为治理的政治实现提供行政支撑。社会各层面又固有"天下兴亡，匹夫有责"的参与意识。这些早期且朴素的治理逻辑成为了中国治理基因的某种文化特征。尽管这种治理缺乏后世明确且法制化的保障，受制于封建社会统治者的剥削属性和"家天下"必然的偏私，仍旧体现出核心领导下的社会协同属性。这都证明传统的治理可以与今天的治理话语对话，具备着许多层面的积极意义与探讨价值。因此，这种治理不仅可作为一个历史问题加以分析，同时具备了从现实治理视角分析借鉴其得失的意义。

党的十九届四中全会提出推进国家治理能力和治理体系现代化，将我国的制度优势更好地转化为国家治理效能。笔者认为，应当

理解为"绩效"和"能力"两个维度的综合。绩效维度指的是当下产出的结果抑或是效果（effect）；而能力维度则着眼未来，更侧重于通过体制机制的建立，形成生产远期、可持续及战略性绩效的能力。政府在治理过程中应当在绩效和能力两个维度中寻求平衡以期最大化治理效能。在治理实践中，过分重视绩效维度可能会影响长远的战略目标，而一味谋求能力维度可能会累及当前的绩效需求，影响到民生改善和社会福利提高，进而引发政府的政治危机。因此，提高治理效能就需要分析治理实际，平衡绩效和能力两个维度的协同效果。

　　能力维度的分析可以通过纵观历史的视野理解其体系建设、制度安排、战略部署的长期效果，这恰是历史分析的优势所在。而绩效维度的分析，其测度标准是一个难点。计量史学一度被认为是一种有力的测度分析工具，甚至有西方学者据此提出了"测度文明"的构想。然而计量史学的应用有两个前提：其一历史数据被完整地保留下来，如果数据不完整，那么依据不完整数据进行的分析往往是有偏的；其二是历史数据是真实的，这则是更难证明的一个观点，历史的一维属性使得我们无法复现并验证其真实性，历史数据记录的过程又充满了不确定性：尽管记录者恪守史学公道，也不能保证其所见并收集的数据是真实的。前提的不可证实使得依据这些数据获得的分析结果其有效性存疑，从而动摇计量史学存在的基础。历史治理绩效的测度也由此陷入某种推进的困境：知道这些举措可能是有绩效的，但不能进一步证明其水平高低。从本文研究的范畴看：历史数据应用到数量化的疫情治理评价中是不现实的。先秦时期有记载的疫灾次数远少于明清任意一朝，这显然是不符合社会生产力发展的现实。许多研究者也尝试选择其他测度指标认识历史层面的治理绩效，宋丙涛等人就主张以空间规模、利益共享、文化多样性与治理的持续时间等变量为核心测度治理的绩效，笔者以为至少在疫情治理绩效方面，治理结果的质性认识足以增益现实。

现有的治理理论的评价研究所阐释的评估框架有许多是原则性的,比如俞可平提出的包含公民参与、人民权与公民权、党内民主、法治、合法性、社会公正、社会稳定、政务公开、行政效益、政府责任、公共服务和廉政等十二个维度的评估框架,这种立足当今语境的评估框架并不完全适用于长时段纵向材料的分析。为了适应本文的内容和逻辑,本文选择针对治理主体、治理方式和治理结果等三个维度的基本分析思路分析疫情治理的历史效能。

首先,治理主体维度包含着治理的结构取向。

一般而言,现代公认的善治实现于多主体参与的协同治理,这意味着同时回应多个主体的价值诉求,并在治理过程中予以体现。如何形成公共价值成为了影响治理效能的一个核心问题。此时,疫情作为凝聚形成公共价值的特殊背景,在疫情发生之时,社会的价值判断空前一致,无论是政府、组织还是个人的诉求都是尽可能平息疫情、降低损失,这使得疫情治理与一般治理不同,更容易在组织结构层面激发各个主体参与的积极性。这一协同性治理过程是在政府(特别是中央政府)的主导下进行的,政府在治理遇到资源限制的困境时,也主动与社会组织相配合。比如宋代中央政府在疫情发生时除了应用自身力量救灾也鼓励僧人加大对灾民的赈济。同时政府常常在疫病发生后,发放度牒,在筹集资金的同时赈济灾民;"宋政府募人煮粥药,凡医活百人者度为僧人。"这是政府利用税收和徭役的蠲免权益主动发挥其他社会主体参与疫情治理的实践。

疫情治理的不同还在于疫情的治理措施,在很大程度上并不是某种"公议"的结果,反而需要依据救治疫情的专业群体所做出的判断。从中央到地方、从政府到个人在疫情治理之时很大程度上都仰赖于医生的专业判断。从治理主体维度的评价上来看:多大程度上尊重、信任并且任用医生，成为了评估疫情治理主体维度绩效的核心要素。而重视并尊重医生的参与历来是我国疫情治理的特征，在历史演变中形成了以太医为治疗核心的中央疫情治疗团队和以地方医学博士为主民间医生为辅的地方疫情治疗团队，这些都有力地促进了疫情治理的实现。我国在疫情中对防控医生的尊重依赖甚至是在王朝末期也依旧如是，清末大鼠疫发生于宣统末年，整个国家积贫积弱，在朝廷万般空虚的情况下仍旧重用了留洋归国的华人伍连德，全力配合其防疫检疫措施，在其建议下封闭山海关，并且授权其全面负责疫情期间的人员、物资调度。任用专业人士主导防疫的传统是中国疫情治理的历史优势。

其次，治理的方式维度体现着治理的过程取向。

中央政府在推进疫情治理时采取的举措，重点是建立其支撑治理实现的制度体系，包括疫情的预防、疫情发生的上报、赈灾的机构和措施、灾后休养生息的优待政策以及对赈灾官员的考核监察等。如前文介绍，整体而言古代疫情治理过程的制度设计是较为完备的，在一些程度上还体现着某种公益属性，比如朝廷专设太医局下属的卖药所，该所又下属和剂、惠民二局，和剂局负责生产药品并标定公价用以抑止不法商人趁乱囤积居奇以及防止假冒药品，惠民局则专事赈灾，负责在疫情发生时无偿施药。

但这一相对完备的过程设计也并不总是能够产生绩效，因为制度设计过分仰赖政府（特别是中央政府）的治理能力与国家实力。比如，在配合医生推出的防疫政策时需要政府资源的大量投入。比如为了遏制感染源扩散，需进行大量的经济投入："赐死者一家六尸以上，葬钱五千；四尸以上三千；二尸以上二千。"这在政通人和的时代尚可实现，若是战乱之际则基本推进无望。其他赈抚政策的落实也要求有一支相对清廉、高效的行政官员队伍，这也是抑制疫情的人员基础，这在王朝初立中央对地方控制力强时尚可达到，一旦中央对地方监察控制的力度松懈，这一过程的效果就当存疑。此时，疫情治理的过程绩效更多地和王朝的国家治理能力相关，越是国家强盛时期中央政府应对疫情的心力和余力就更充足。而越是王朝末期，由于行政资源和能力的限制，这一过程设计则可能产出极低的绩效，越古越然。

最后，治理绩效的结果维度体现着治理评价的效果取向。

从疫情治理的实际来看，其治理效果的标准是公认的：是否平息了疫情并且降低了社会的损失。从疫情治理的结果角度看，我们很难认为政府所采取的各种措施总是能够产出绩效的。古代由于其信息传递、医疗条件、物资运输的限制使得疫情治理的效果极低，遍布史书的记载尽是例如"景州大疫、人死无算……文登大疫，民死几半"。偶有记载活人甚多的事迹也颇具传奇属性："服之者多获奇效，全活甚众。"但晚清时代中国的疫情治理也曾有突出表现，清末鼠疫仅用了 67 天就迎来了零死亡日，这是人类历史上一次重要的流行病防疫成功事例，与中世纪欧洲大鼠疫死亡三分之一人口形成了鲜明对比。就中国疫情的总体治理效果而言，在疫情发生时能挽救多少人的生命虽受制度安排和治理能力的影响，但更多地也与传染病本身的烈度相关。

从能力角度看，缺乏先期的突发疫情治理准备，首当其冲造成的就是抗疫人员的牺牲，其中包括官员和医生。汉建安二十二年官员司马朗"到居巢，军士大疫，朗躬巡视，致医药。遇疾卒，时年四十七"。清末伍连德的防疫团队更是付出了超过 10% 的殉职比率。其次便是人口的死亡和经济生产的损失，大疫往往造成大量人员伤亡，使得"民有凋伤"产生大量无劳动能力且无人照拂的人口。同时影响农业生产："且饥疫死亡，其能达者十有二三。诸夏纷乱，无复农者。"农不事产则饥疫交叠出现，大疫之后亦有大灾。而朝廷赈济的经济开支是最基本、直接的代价,其中包括下拨经费、减免赋税以及减少朝贡等等,与前者相比,几可不计。

如果现实的治理效果不好,疫情也会造成相当程度的社会混乱,以至于政治统治失序。流民是古代社会政治不稳定的核心要素,躲避灾疫常常使依附土地生产的农民转化为流民:"既丧其本业,咸事游手,饥馑疾疫,不免流离。"甚至不止是普通民众,连官员亦不得免,根据《晋书》记载:"又大疾疫,兼以饥馑……饥疫总至,百官流亡者十八九。"若是在疫情期间治理得当,还能够稳定民心,增加政府信任:"时饥馑相仍,又多疫疠,矩垂心抚恤,百姓赖焉。"如果治理不当,流民就会威胁社会稳定,构成执政危机,北魏神瑞二年,疫情爆发致使"四方有轻侮之意,屈丐、蠕蠕提挈而来,云中、平城则有危殆之虑"。威胁到统治秩序,并最终促使北魏政权选择迁都。有时疫情甚至能够促使王朝更替,东汉末年大疫接连发生,死亡率极高,为民间术士以治病传教提供了土壤,张角、张梁、张宝三兄弟趁大疫流行创立太平道,随后借信众之势发起黄巾起义,这是对于执政者而言疫情治理代价的不可承受之重。

四、余论:疫情治理的反思与启示

世界人口的增加、人类活动的密集与不可持续的开发导致环境被破坏,自然生态平衡被打破。受自然地理环境和人类社会活动共同影响的疫情,其发生的风险在逐步增大、发生的周期逐渐缩短,呈现为间歇性的常态事件,近几年几乎每年都有世卫组织依据《国际卫生条例》宣布的构成国际关注的突发公共卫生事件。从大的历史周期来看疫情的发生一直呈现出波动上升的趋势,现代疫情的发生往往同时具备常态性与突发性的特征,防控难度空前加大。

近代以来疫情治理的另一个特征就是疫情发生的区域地理属性

逐渐被打破，疫情不再单纯受制于某个地理单元的范围而是在国际交流中"全球化"了。疫病的影响扩展更增加了疫情暴发的风险和防控难度以及延长了控制疫情所需的时间，为疫情的治理增加了难度和成本。类似历史上区域疫情扩展成为全国乃至全球重大疫情的风险急剧攀升，并很可能成为一种必然。比如 1918 年波及全球共导致4000 万~5000 万人丧生的西班牙大流感疫情暴发不久，远隔西班牙和美国的我国广州、上海等城市也随即暴发疫情，并一直持续至次年年初；又比如 1968 年暴发的香港流感同样传播至英国、美国，共造成了全球 100 万~300 万人死亡。同时我们还可以从中看出：相较于更远的时期，现代疫情所造成的损失并没有同步地由于医疗卫生技术的发展得到遏制，反而是逐步加重的。这符合疫情发生的历史规律：越是区域中心、交流密集的地区越常发疫情且由于人口聚集损失巨大。因此，历史地看，构建具备防灾、救灾、减灾的重大疫情防控体系具备相当的必要性、重要性和紧迫性。

构建这一体系需要依托我国国情，着重发挥我国集中力量办大事的制度优势。中国的疫情治理一贯遵循制度和组织上的集中，由中央政府统筹规划疫情的治理，集中指导社会资源的调配和防疫政策的制定。由地方政府主导疫情治理措施的具体实施，根据不同地方的客观条件因地制宜、相机行事地推动人员和物资的调动使用。这一"集中"的过程有效地促使了社会资源向关键、紧缺、急需的方向流动，是疫情有效治理的根本保证。中国历史上虽然疫灾不断，但从未像欧洲疫情发生时那样引发数千万人死亡的亡国灭种危机，正是这种政治体制优势的体现。

疫情治理的体系建设事关全社会，离不开政府主导下社会组织和民众的有序、有效参与。我国疫情治理还有一个"公共性"为核心的社会环境基础。公共性是中国价值哲学的一个重要的思维特征。正是在此影响下,面对突发的公共安全事件,中国人的集体价值判断的出发点就是公共的。出于公共利益,政府选择充分地信任和支持防疫医生的判断;民众选择在政府的引导下主动参与疫情防治,从自身做起遏制疫源传播;而疫情的治疗人员选择积极履行职责,为保障民众健康直面疫情。可以说,这种出于集体主义公共性的社会环境是中国疫情治理的特有文化优势。民间资源的参与介入是推动疫情有效治理必不可少的重要环节。社会组织、普通民众的参与成为了政府供给之外的有力补充,有利于补充政府公共防疫资源供给的不足,同时也有利于政府构建起以人民为中心的疫情防治体系。动员和发挥社会组织的力量要求建立起灵活完备、包容性强的防疫政策体系,充分发挥民间防疫的积极性、能动性。

重大疫情防控体系的体制机制建立应着眼长远,从领导指挥体系、应急救治体系、物资储调体系的建立入手,综合提高我国疫情防控救治的效能。同时要突出建设防疫科研体系,从疫情治理的历史可以见得:预防疫情比控制疫情更为可行且高效。建立对病毒的常态监测和民众防疫知识普及有助于真正推进科学防治、使防大于治,从而防患于未然。疫情发生后科学技术、医疗技术的发展是决定疫情治理效果的技术基础。甚至可以这样说:疫情治理中的组织、制度和资源都是围绕着治疗这一关键环节有效推进的。随着疫病种类的变异、治疗难度的增加,更提出了对医疗技术和医疗资源的需求。要加大关键医疗技术的资源投入力度,增强疾病的预防和治疗能力。同时需注重信息公开和舆情引导。在重大疫情发生时,须建立及时高效的预警上报机制并且主动进行相关信息公开,避免信息混淆引发的社会恐慌,使社会平稳有序应对疫情。同时,加强防疫信息普及和科学防疫的舆论引导,避免盲目恐惧和听信谣言引发的社会动荡而增加疫情扩散的可能也显得尤为重要。

重大疫情防控体系的构建也需要在汲取治理经验教训的基础上建立系统性的政策储备。从中央政府到地方政府都应各自有一套成体系的疫情防控政策并结合实施经验评估其适用的情境与实施的代价,对政策库的政策进行一定的分级,使得在疫情触发不同层级的响应机制后,各级政府都能够及时推出适当的政策以控制疫情。在此过程中既要避免地方政府等待中央政府下达关键性决策而错失初期控制疫情的良机,也要防止由于此次新型冠状病毒肺炎疫情的经验教训过分深刻而造成的地方政府在政策选取上的过激决策,而应综合分析防疫政策的成本与防疫现实的需求,选取恰当的政策工具,提高重大疫情防控的治理效能。

鉴前世之兴衰,是为考当今之得失。中国疫情治理正是在总结前人治理经验得失之后不断完善的结果。治理场域的改变不断促使着我们动态调整旧有的治理路径,以提升治理效能、适应新的挑战。

(包国宪、白一然,2021 年成稿)

组织管理与公司治理

建立独立董事制度　完善公司治理结构

我国目前已有一千多家上市公司，但考察其运行机制和实际治理水平，离法人治理的实质要求尚有很大差距。因此，近年来完善法人治理结构就成了社会各界关注的热点，也成了政权监管部门工作的重点。在上市公司中引入独立董事、建立独立董事制度正是完善上市公司法人治理结构的有力举措。但是，如何建立富有成效而不是流于形式的独立董事制度，则有赖于我们积极借鉴国外独立董事制度的成功经验和正确认识中国上市公司法人治理机制的特点。

一、独立董事制度的起源及其模式

独立董事最早出现在美国，是指与公司、股东无产权关系和关联商务关系的董事。19世纪40年代美国颁布的《投资公司法》中明确规定，投资公司的董事会中，至少要有40%成员独立于投资公司、投资顾问和承销商。投资公司设立独立董事的目的，主要是为了克服投资公司董事为控股股东及管理层所控制从而背离全体股东和公司整体利益的弊端。经过几十年的实践，独立董事在英美等发达国家各种基金治理结构中的作用已得到了普遍认同，其地位和职权也在法律层面上逐步得到了强化。20世纪80年代以来，独立董事制度被广泛推行。据科恩—费瑞国际公司2000年5月份发表的研究报告，《财富》美国公司1000强中，董事会的平均规模为11人，其中内部董事2人，占18.2%；独立董事9人，占81.1%。西方把独立董事在董事会中比例迅速增长的现象称之为"独立董事革命"。

在西方股份公司的治理结构中，其权力机制的制度性安排有两种模式。一种是以英美等国家为代表的一元模式或叫单层模式。其权力结构是由股东大会选举董事会，由其托管公司财产、选聘经营班子，全权负责公司的各种重大决策并对股东大会负责。一种是以日本、德国等国家为代表的二元模式或叫双层模式。二元模式中日德的具体权力行使又有区别。日本公司是由股东大会选举产生董事会和监事会，董事会和监事会都对股东大会负责，由监事会对董事会进行监督，并与董事会共同行使对经营管理层的监督制衡。而德国公司是由股东大会选举产生监事会，再由监事会来任命董事会，监事会对股东大会负责，董事会对监事会负责。德国模式中的监事会相当于英美模式中的董事会，但其权力重点在于监督而非决策，而董事会相当于经营管理班子。像法国公司究竟采取一元模式，还是二元模式，由公司章程确定，经过对公司章程的修改，两种模式还可以互相转换。

从以上分析可以看出，一元模式和二元模式的根本区别在于二元模式的公司内部有一个监督董事会行为的常设机构，而一元模式的公司内部缺乏一个监督董事会行为的常设机构。正是一元模式公司治理结构中内部监督职能的弱化导致了独立董事制度的产生，这也是为什么独立董事制度起源于英美国家的主要原因。当然今天的二元模式公司治理结构中，也建立了独立董事制度，但独立董事的作用以及独立董事制度的特点是不同的。不管哪种模式，独立董事制度的兴起，在完善公司治理结构、提高公司的决策科学化水平及专业化运作和强化公司董事会的制衡，保护广大股东特别是中小股东利益等方面发挥了极其重要的作用。这正是"独立董事会革命"的重大意义，也是独立董事制度的生命力所在。

二、中国公司治理的特点及独立董事的作用

中国上市公司绝大多数是由国有大中型企业改制转换而来的。这种背景就决定了其产权结构的特点，也就决定了公司治理结构中的制衡机制和权力形式。认识这些特点，有助于我们正确理解中国独立董事制度的意义及作用。

我国公司治理的现状与独立董事制度相结合形成以下特点：

（一）在国有股权最终所有者空位条件下的独立董事制度

由于国有企业没有最终委托人，管理经营国有企业的是形形色色的代理人，以行政授权为基础的国有企业代理链使国家对公司的控制表现为行政上的超强控制和产权上的超弱控制。国家在产权上的超弱控制导致行使国有资产管理职能的政府部门对选择企业经营者实际上并不负有明确的责任，自利动机使政府官员选择企业经营者的权力或成为名副其实的"廉价投票权"，形成"内部人控制"局面就是一种自然的逻辑。这实质上是代理人垄断了国有企业的剩余控制权，而国家作为所有者事实上只是成为与剩余所有权相关的剩余风险承担者。因此，在这种条件下建立独立董事制度有着特别重大的意义。一方面可以与国有产权代理人董事形成一种制衡，防止内部人控制事件的发生；另一方面可增强董事会的独立性，强化其企业财产的控制。这实际上是与国有资产行政管理部门形成一种隔离层，从而弱化了国有资产的行政性超强控制，有利于真正意义上的政企分开。

（二）在一股独大股权结构上的独立董事制度

据上海证券交易所的一项调查表明，目前我国上市公司股权的集中程度相当高，仅国家股、法人股的比例就高达60%以上，董事会成员的50%以上来自第一大股东。这正是中国证监会领导人称之为内部人控制下的一股独大现象，这种股权结构在短期内也不会有大

的改变。为防止这种内部人控制下的一股独大现象愈演愈烈,必须引入独立董事制度,并要明确规定这种治理结构情况下独立董事的比例并依法扩大其权限,在代表全体股东利益和公司整体利益的前提下,特别强调独立董事代表中小股东的利益,从而提高公司董事会治理的公正性。

(三)在双层治理框架下的独立董事制度

我国公司治理结构是沿用大陆法系国家的二元模式,即在公司内部存在一个常设的监督机构——监事会。因此,再引入独立董事会,其监督职能的具体方式应有所不同,监督内容也有所不用。独立董事的监督应在法律层面。在董事会内部,应以对董事会决策的合法性、公正性、独立性以及战略、人事、薪酬等重大问题的决策进行监督,而监事会应在公司内部的治理层面,重点是在财务方面予以审计监督,以保证董事会有关财务决策有益于公司的整体利益及管理层能有效地执行董事会的财务决策。

(四)独立董事具有双重身份

作为独立董事,他一方面代表全体股东和公司的整体利益,为股东利益最大化目标而进行工作,从而获得自身的经济利益;另一方面,它又独立于股东、公司以及一切与该公司有关联的实体和商务活动。它是根据国家有关法律法规,依法进行监督。从这个意义上讲,独立董事又是国家证券管理工作向上市公司内部的一种延伸。作为全体股东利益的代表,只有为股东谋得最大的利益,而作为国家证券监管工作向公司内部的延伸,独立董事应具有良好的公众形象,切实发挥应有的作用,保障公司依法治理。上述两方面都能提高独立董事人力资源的价值,这一利益驱动机制是独立董事坚持诚信和勤勉义务的根本动力。因此,根据中国目前市场化水平和公司治理文化现状,人力资本社会评价机制是保证独立董事独立性的重要机制。在挑选独立董事的时候,其受教育程度、社会地位、个人财产、社会声誉都应成为考察的重要内容,以提高其机会成本,而职业经历和专业水平相对较为次要。这种特别重视独立董事素质和社会地位的个人条件,正是中国独立董事制度的一大特色。

三、强化独立董事制度的基础条件

要在我国建立起富有成效的独立董事制度,不但要做好建立独立董事制度本身的一些具体工作,而且要从根本上奠定独立董事制度发挥效力的制度基础以及这些制度基础得以强化的条件。

(一)建立和完善有关独立董事制度的法律体系

主要从四个层面着手:一是修改《公司法》,为适应新的情况,促进独立董事制度的形成和健康运行,应增加有关独立董事在董事会成员中的比例以及权利、义务、职责、作用的法律条文,而这些条文是制定有关独立董事具体法律法规的指导原则。二是由中国监督会等部门制定有关法规。对独立董事任职条件、产生程序、发表意见的原则以及薪酬等问题作出原则规定,并对独立董事的过失追究提出原则意见。三是由证券交易所制定上市公司独立董事指导意见和章程指南,对不同主要产权结构的上市公司独立董事的具体人数、具体条件、独立性解释、薪酬范围、发表意见的具体方式以及责任追究的程序方式作出具体规定,也应对独立董事在重大问题上必须坚持的原则和立场进行规范。四是上市公司的章程必须载明独立董事行权的具体内容和发挥作用的方面、方式和方法。这些法律是独立董事保持独立性和依法行权的根本依据。

(二)调整股权结构,改变一股独大的格局

一股独大的股权结构是产生"内部人控制",损害国家、企业和中小股东利益,导致管理腐败的温床,也是引入独立董事的制度性障碍。这一格局虽在短期内难以彻底改变,但要作为一项战略性任务予以高度重视并从现在起着手解决,对于上市公司而言,可以引进战略投资伙伴,逐步增加国有股和法人股的流通比例,通过多种方式减少国家和法人持股比例。对于新上市公司,国家应根据其主导产业和行业特点以及产业政策的要求,确定国有股和控股股东的股份上限,从而使上市公司不但做到了股权的多元化,而且做到了股权的分散化,为独立董事发挥作用奠定一个制度性基础。

(三)进一步完善法人治理结构

建立独立董事制度是完善法人治理结构的一个非常重要的环节。反过来,一个完善的法人治理结构是独立董事发挥作用的重要基础,二者相辅相成,互为条件。对于我国的大多数上市公司来讲虽然已有了法人治理的组织形式,但其运行机制还存在许多问题。其中加强监事会的建设,除通过法律、公司章程确保监事会依法行权外,还要加强监事会的专业化建设,坚决改变监事会成员由各类群众代表组成的现状;要让财务审计专家来担任监事会成员;把独立董事的监督与监事会的监督有机结合起来,各有侧重,相互支持;各上市公司要依法披露独立董事、监事会的重大意见,证监部门要对此要进行强有力的监管。

(四)强化公司治理文化

公司治理文化是有效治理的信用基础,是公司核心价值观的重要内容,是提高企业竞争力,促进企业持续发展不可缺少的环境条件。任何一个公司业绩都是与其治理水平相联系的。大力宣传诚信、勤勉的信条,把公司整体利益、股东利益以及社会责任义务与独立董事个人的人力资本价值联系起来,从而引导约束独立董事承担责任义务,行使权力的价值观念与公司治理文化相一致,可以矫正社会对独立董事行为评价的价值标准。

(原载于《甘肃行政学院学报》,2003 年 3 月 25 日第 2 版)

虚拟企业的组织结构研究

本文从对虚拟企业及其组织运行本质特征的分析出发，重点研究了虚拟企业的组织模式及其结构特点，构建了一个虚拟企业组织结构的一般模型，对虚拟企业及其管理问题进行更加深入的研究奠定了理论基础。

20世纪90年代以来，在全球经济格局和企业经营环境剧变的背景下，虚拟企业作为一种全新的企业组织模式走上了历史舞台，并将在未来企业组织变革中扮演越来越重要的角色。然而，从提出虚拟企业概念至今只有十几年的时间，虚拟企业研究的一系列基础问题都还没有得到一个公认的答案，这为进一步深入研究虚拟企业及其管理问题带来了很多障碍和不便。

一、虚拟企业的实践背景与研究综述

(一)虚拟企业的产生

任何企业组织与管理模式都是适应当时社会、经济发展和科技进步的产物，产生虚拟企业的根本原因在于社会、经济和技术的迅速发展使企业外部环境和内部组织与管理观念发生的巨大变化。

21世纪以来，人类进入知识经济时代，知识化、网络化和全球化成为经济发展的基本趋势。信息技术的迅速发展实现了消费者、生产者等经济主体之间的互联互动；资金、技术和商品的流通趋向全球化，世界经济越来越融为一体，这种趋势使企业经营的宏观环境发生了极大的变化。消费者对企业的产品和服务愈来愈挑剔,个性化要求越来越强烈,对产品或服务提供的时间要求越来越高,而对单一企业产品或服务的依赖性和忠诚度却在不断降低;市场竞争日趋激烈,市场波动加速,企业生命周期和产品生命周期逐渐缩短,企业进入了速度竞争的时代。

1980年以前,市场及技术的变化相对缓慢,竞争对手易于辨认,企业普遍奉行"对手皆敌人"的竞争观念,进行以追求单赢为唯一目标、零和博弈式的完全竞争。1980年以后,技术进步使行业进入门槛大大降低,竞争对象越来越具有不确定性,越来越多的企业意识到仅靠自己的资源与能力难以适应快速变化的市场需求,完全竞争的观念逐渐被协同竞争的观念所取代,企业更加强调相互信任、合作与协同。企业也开始反思已有的组织结构,试图建立有足够弹性的、更加灵活的组织和管理模式,虚拟企业由此走上了历史舞台。

一般讲来,企业参加或建立虚拟企业的主要目的有以下几种:提高企业应变能力,把握快速变化的市场机会;扩展市场占有,增加地域势力;扩展企业边界,保持对重要供应商的控制(如质量控制、供应链式的联盟);学习、完善和强化企业的核心能力;利用外部资源,降低成本;降低、分散风险等。

虚拟企业从其诞生之日起便显示出强大的生命力。据邓百氏公司《1998年全球业务外包研究报告》显示,全球营业额5000万美元以上的公司1998年在虚拟经营上的开支上升了27%,达到了3250亿美元,其中60%集中在美国,而欧洲在这方面的开支更是以每年34%的速度增长。目前,美国、日本等经济发达国家,正以年增35%的速度跨行业、跨地区组建虚拟企业;耐克、可口可乐、爱默生、戴尔等世界著名企业,都是成功进行虚拟经营的典范。

我国一些先进企业也已开始进行虚拟经营并取得了良好的成

效,如温州美特斯·邦威公司进行虚拟生产和销售,降低成本五亿多元,取得了良好的经济效益;武汉红桃K公司通过虚拟经营,短短几年将资产由50万元扩张到50亿元。

(二)相关研究综述

1. 国外研究现状

1991年美国国防部委托里海(Lehigh)大学的艾柯卡研究所组成了以13家大公司为核心、100多家公司参加的联合研究团队,对美国在改变世界工业格局中的作用和角色进行研究。最终由肯尼斯·普瑞斯(Kenneth Preiss)与史蒂文·L·戈德曼(Steven L.Goldman)、罗杰·N·内格尔(Roger N.Nagel)合作完成了一份《21世纪制造企业研究:一个工业主导的观点》的研究报告。该报告首次提出了虚拟企业(virtual enterprises,VE)的概念。

1992年威廉·戴维陶(William H.Davidow)、迈克尔·马隆(Michael S.Malone)发表了《虚拟企业:21世纪企业的构建和新生》的理论专著,指出新的商业革命将围绕生产一种"费时短,且可以同时在许多地点满足不同的客户化需要"的产品——虚拟产品(virtual product)或服务展开,由此必将产生一种全新的企业形式——虚拟企业。

1993年约翰·拜恩(John A.Byrne)在美国《商业周刊》发表了名为《虚拟企业》的封面文章,给出了虚拟企业作为一种组织形式应具有的五大特点,为虚拟企业的理论研究奠定了基础。

1994年史蒂文·戈德曼(Steven L.Goldman),罗杰·内格尔(Roger N.Nagel)和肯尼斯·普瑞斯(Kenneth Preiss)发表了《灵捷竞争者与虚拟组织》的专著,进一步扩展了虚拟企业涵盖的范围,标志着虚拟企业概念的形成。自此,虚拟企业研究进入了一个新的理论研究阶段,并得到了实业界人士的广泛重视。

90年代中期以来,关于虚拟企业的理论研究正在成为管理科学中的一个研究前沿和热点。肯尼斯·普瑞斯 1996 年主编了《虚拟组织手册：质量管理工具、知识财产、风险共担与利益共享》，对虚拟企业的实务问题进行了一些探讨。现在的研究主要围绕虚拟组织运行中的"合作化"特点展开。如 Bernus 提出了一个基于 Agent 的虚拟企业组织设计方法和集成结构；Mezgar 针对中小规模企业（SME）的虚拟企业协作形式给出了一个网络化协调运作框架；Katzy 提出了一个设计和应用虚拟企业的概念模型，并以瑞士的一个中型制造企业（ELEKTRO AG）为例进行了实证研究。

除此之外，许多国家都开展了关于虚拟企业的一些大型研究项目，如美国的 NIIIP，耗资六千万美元、涉及 18 个组织，目的是发展、示范和传播用于工业虚拟企业的关键支撑技术；欧盟在 ESPRIT 计划框架下，面向虚拟企业的基础结构也开展了一些研究，如 LogSME、X-CITTIC、MARVELOUS 等项目。

2. 国内研究现状

对虚拟企业组织结构与运行的研究是我国学者讨论较多的一个问题，陈志祥、陈荣秋、马士华（1998）提出的虚拟企业组织结构模型中，核心企业通过授权、控股，或信息网络、中介机构控制专业化协作单位、单元化工厂和所组成的虚拟企业。相应的管理策略包括：集成化信息网、网络精神、职业文化、协调功能以及群体决策。

卢宁宁、吴冲锋、王意冈（1997）提出虚拟企业的组织结构应由初级形态向高级联盟发展，对终极产品有品牌优势的企业实行基于外包加工的初级虚拟组织形式，其虚拟对象及虚拟企业均呈递阶组织结构的虚拟形态；经过技术改造具有一定先进技术基础而又存在部分薄弱环节的企业，集中培育企业优势组成较先进的虚拟企业，其核心优势、虚拟对象及虚拟企业均呈矩阵组织结构的虚拟形态；对各虚拟对象均有核心优势的虚拟企业，其组织结构呈柔性灵活的细胞组织结构的虚拟形态。

冯蔚东、陈剑、冯铁军、赵纯均(2000)围绕影响企业组织设计过程的 6 个关键因素——机遇、核心能力、伙伴、企业重构、敏捷性度量、组织运行模式,运用 IDEFO 方法建立了虚拟企业的组织设计过程模型,提出了基于项目的虚拟企业混合型组织结构。

徐晓飞、战德臣、叶丹等人(1999)从动态联盟的角度研究虚拟企业,将其组织构成分成 4 个层次:动态联盟层、企业间合作层、伙伴企业动态组织层和现实企业基本组织层。其中,动态联盟是由多个项目组以经营生产过程为主线、由多个伙伴企业通过供应链式、合资经营式、插入兼容式、转包加工式、虚拟合作式等多种合作形式构成的。为构成动态联盟,伙伴企业往往要采用基于多功能项目组的动态组织形式, 所有这些动态组织又都是基于现实组织的基本组织单元形成的。

关于虚拟企业的组织结构还有许多研究成果,本文不再赘述。从文献中我们可以得出一个重要观点即:虚拟企业既有"虚"的一面,更有"实"的一面。所谓"虚"的一面,是虚拟企业区别于实体企业的主要特点,即以信息流驱动物流,以信息的高效传递和沟通保证来促进企业运行;而"实"的一面是指虚拟企业所实现的企业功能是完整的,是通过每一个加盟实体企业的现实运行来实现的。因此,我们研究虚拟企业不能只务"虚",而更要务"实",要对虚拟企业实现其功能的实体运作给予同样高度的关注,这是虚拟企业赖以存在的基础。

二、虚拟企业组织构成的两层结构和三种模式

(一)虚拟企业组织构成的两层结构

综合已有的成果, 本文认为虚拟企业的组织模式从根本上是一种两层结构,即整个虚拟企业由核心层(还可称之为战略层)与外围

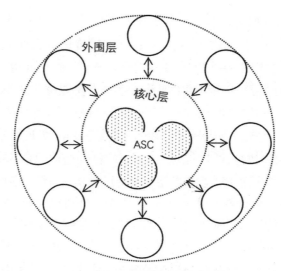

图1　虚拟企业组织的两层结构

注:◎核心层企业;○外围层企业;ASC 协调指挥委员会

层(还可称之为执行层)构成,如图1所示。核心层由一个或几个企业构成,核心成员联系紧密,比较稳定,通过建立一个共同的协调指挥委员会(Alliance Steering Committee, ASC)或类似机构负责整个虚拟企业构建、内部协调、资源整合、战略决策等工作。核心层以知识、项目、产品或市场机遇为中心,根据一定条件选择合作伙伴,形成外围层。ASC 是虚拟企业的最高决策和协调机构,是虚拟企业运行的指挥中心,同时还扮演着下面几个角色:

　　行政支持中心。主要是进行虚拟企业伙伴间行政事务的协调处理,其中最重要的就是进行文化协调,解决虚拟企业管理中经常面临的文化差异带来的障碍甚至冲突,同时促进合作伙伴间的自觉协调。

　　技术支持中心。对虚拟企业内部技术信息进行归集整理,为各任务模块提供技术支持,促进伙伴企业间资源、知识和能力的共享,引导电子信息、虚拟过程与技术的合理应用,为虚拟运作创造技术条件和氛围。

法律支持中心。ASC要设计虚拟企业整体的契约系统,通过合同网络建立和维持伙伴企业间的合作关系,明确各成员企业间的法律权利和义务,在虚拟企业运行中完善和调整该契约系统的结构和内容,保证虚拟企业伙伴间的信任合作关系得到法律和制度上的支持。

风险监控中心。虚拟企业运行中的风险是其核心层必须高度关注的问题,ASC要通过实时分析各成员企业财务及运行状况,对各伙伴企业进行风险监控,实现非正常因素的提前预警。一旦某成员企业发生危机和困难,可能影响到虚拟企业的整体运行或该企业所在任务模块工作的完成,ASC就必须做出反应。一是可以通过核心层企业的支持、伙伴企业间的协调和互助帮其渡过难关;二是如果难以挽回,就必须考虑如何最大限度地降低损失;三是在该企业不再满足加入虚拟企业的条件时,考虑与其清算的问题。同时,ASC还要整合伙伴企业间的资源,促进知识共享,实现资金的合理利用,提高虚拟企业的整体效率。

(二)虚拟企业组织结构的三种模式

根据陈剑、冯蔚东的研究,虚拟企业的组织结构可划分为联邦模式(Federation Mode)、星形模式(Star-like Mode)和平行模式(Parallel Mode)三种。

联邦模式是一般意义上的、通用的虚拟企业组织模式。若干个骨干企业构成核心层,以知识、项目、产品或市场机遇为中心,选择合作企业形成外围层。为实现虚拟企业战略目标,ASC以并行工程方式分解工作任务,将合作伙伴中实现某种职能所具有的所有资源和能力集成在一起,形成以职能为中心的集成任务模块,如研发模块、筹供模块、生产模块、营销模块等,各模块间平等合作,完成整个任务流程。集成任务模块可以由包括核心企业和外围企业在内的所有合作伙伴共同构成,也可以由某个企业独立承担。星形模式又称有盟主的虚拟企业,它只有一个核心企业,即盟主。盟主企业的管理当局同时扮演着 ASC 的角色,由其他合作伙伴组成外围层。平行模式是一种较为理论化和理想化的虚拟企业组织模式,即不存在盟主,所有成员完全平等。

本文同意以上观点,进而构建了基于联邦模式的虚拟企业组织构成(见图 2)。图 2 与图 1 的区别在于,图 1 侧重于企业间合作的紧密程度,而图 2 则侧重于虚拟企业职能的实现方式。

同时,本文认为,以上三种模式的划分是孤立的,还没有找到虚拟企业组织的两层结构和三种模式之间的关系,从而无法更加深入地发现构成虚拟企业的实体企业间的关系和虚拟企业的工作流程与任务模块间的联系。我们发现,以上三种组织模式和虚拟企业的两层结构有着密切的联系,在两层结构中,核心层与外围层的关系和构成的变化产生了这三种组织模式。联邦模式最具一般意义,体现了两层结构的一般状态;星形模式是两层结构中核心层不断缩小的极端状态——核心层只有一个企业,即虚拟企业的盟主;而平行模式是核心层不断扩大的极端状态,即核心层与外围层完全合而为一,这当然是一种理想状态,现实中还不多见。这样一来,我们就找到了以虚拟企业合作伙伴间关系的紧密程度为标准划分出的两层结构和以在虚拟企业运行中实现的职能为标准划分的虚拟企业流程及任务模块间的联系。这对深入理解和研究虚拟企业组织管理问题有着重要意义。

三、虚拟企业组织结构一般模型的构建

经过以上研究,我们对虚拟企业的组织结构有了一定的认识,但这种认识还是肤浅的,还没有将更多的虚拟企业组织结构的特点和

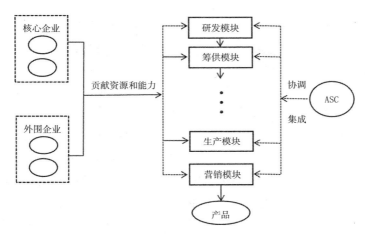

图 2　基于联邦模式的虚拟企业组织构成

资料来源：作者绘制

内涵考虑进来。因此，上面建立的模型仍不能成为具有一定通用性、一般化的虚拟企业组织结构模型，要达到这个目的，还要对更多的问题进行研究。

（一）虚拟企业与企业虚拟经营的关系

由于虚拟企业没有实体企业的形式，我们必须正确理解和界定其内容和范围，理顺虚拟企业与构成虚拟企业的实体企业间的逻辑关系，才能在研究中准确体现虚拟企业的本质。因此，我们必须辨析虚拟企业和企业虚拟经营这两个极易混淆的概念。虚拟经营是对实体企业而言的，是指实体企业将某些职能虚拟化，交由其他企业完成，自身只保留具有核心能力的职能，以达到把握机遇、整合资源、提高竞争力、更好地适应市场环境变化的目的。而虚拟企业是实体企业进行虚拟经营后形成的，是实体企业虚拟经营的结果。因此，虚拟经营是实体企业的一种经营方式，而虚拟企业是一种全新的企业模式，这两个概念虽然有着密切的联系，却不可混为一谈。

　　按照以往的虚拟企业定义,人们对虚拟企业的理解通常有两种:一种把虚拟企业理解为进行虚拟经营的实体企业,而另一种将其理解为由多个实体企业组成的企业集团。以上两种理解都不够准确。第一种没有将虚拟企业与形成虚拟企业的实体企业区分开来,实体企业虚拟经营后具备了原来实体企业没有的能力,这样形成的虚拟企业显然不能只包括该实体企业自身,还必须包括其虚拟化的那部分功能所对应的实现机构,否则,"虚拟"一词就无从谈起。第二种理解又过于宽泛,盟员企业不一定也不需要向虚拟企业贡献出自己的全部核心能力,所以不能将其全部纳入虚拟企业,而只能将贡献出资源或能力的那一部分纳入。当然,如果它贡献出了全部资源或能力,就可以将其全部纳入,但这只是一个特例,并不代表一般情况。

　　因此,按照以上分析,假设实体企业 A 进行虚拟经营,和实体企业 B 共同形成了虚拟企业 C。则:实体企业 A 是虚拟企业 C 的盟主,C 是由 A 虚拟经营形成的,A 未虚拟的剩余职能构成了 C 的一部分职能,因此,A 必须全部纳入 C,B 是盟员企业,仅仅将自身的一部分资源与能力贡献给了 C,所以只能将这部分纳入 C,因此,图 3 体现了对虚拟企业 C 的构成及其与实体企业 A、B 间关系的正确理解。当然,为了交流和表达的方便,我们可以说:C 是由 A 和 B 构成的虚拟企业,但必须明确三者的逻辑关系才不致发生认识上的错乱。这样一来,我们就理清了实体企业虚拟经营、虚拟企业以及虚拟企业内核心企业和伙伴企业间的逻辑关系,明确了虚拟企业的边界和范围。

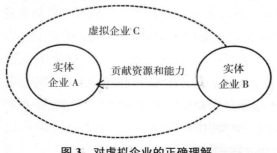

图 3　对虚拟企业的正确理解

(二)虚拟企业有效协调的实现机构

虚拟企业的产品和服务由成员企业来分工生产，这是虚拟企业"实"的一面。但更重要的是,成员企业为了相互协作,顺利完成预定目标,必须进行大量的信息交流和沟通,才能使虚拟企业作为一个整体进行运作,因此,高效的协调和沟通是虚拟企业成功的关键,这体现了虚拟企业"虚"的一面。那么,在虚拟企业组织结构中就必须有支持这些活动的结构体系,这是虚拟企业组织中的关键构件。

这个结构体系中的核心构件是一个发送/接受信息的功能模块,扮演着信息沟通和协调中心的职能。在虚拟企业的核心层,ASC 实现了这个模块的职能；在外围层,不论成员企业加入哪个集成任务模块,承担什么任务,都必须和其他伙伴进行信息的交互和共享,所以,在其纳入虚拟企业中的那部分能力和组织资源中就一定有这样一个功能模块。站在该实体企业的角度来看,对外,由这个功能模块和ASC 及其他伙伴的相同模块进行信息的沟通和交流；对内,由它组织和协调自身的资源和能力,组建工作团队,完成其工作任务。实际上,这个功能模块就是将加入虚拟企业的外围层企业与核心层企业联系起来的节点。

所以,实现虚拟企业有效运作的结构体系包括两部分,协调模块(The Cooperation Module,CM)和其他内部模块(The Internal Module, IM)。协调模块(CM)是虚拟企业有效协调的实现机构,包括该企业与整个虚拟企业信息网络间的所有联结功能；其他内部模块(IM)则描述了成员企业完成其工作任务所必需的机构、资源和能力,一般是以工作团队或流程的形式出现,也可能有多种组织形式,只要能满足虚拟企业对合作伙伴敏捷性的要求,怎样的形式都是可行的。

(三)虚拟企业的全息特性

全息现象就是指系统中的每一个相对独立的子系统在组织结

构、功能和模式上与系统整体相同,呈现整体成比例缩小的现象。信息表现了事物的模式或特征,而全息事物之间的信息相同或相似程度较大。具有全息特性组织的特征是:每个组织的构成单元都反映组织的整体特性。有利于组织中单个部分的独立运作,又能保证组织系统的完整性和协同性。即组织单个部分具有一定程度的自主性,能够在没有上层组织协调的情况下,独立把握环境、处理问题,又能和组织整体的协调保持一致,充分体现组织整体的能力特性和目标要求。

实体组织不具有全息性,按职能分设的不同部门和企业整体间的差异很大,其自身特性不能反映出整体的特性。而虚拟企业具有明显的全息特性,尤其体现在其协调机构上。从虚拟企业整体来看,ASC 与成员企业 CM 间的组织构成和协调关系,与成员企业内部 CM 与 IM 间的关系就有着很明显的全息特性。再如,虚拟企业是成员企业通过契约建立起来的动态企业联合,其每个集成任务模块也都是加入该模块的实体企业核心能力的联合,再到模块内部,各工作团队又是其中员工知识和能力的集合,这三者相互间都存在着全息特征。

(四)虚拟企业组织结构一般模型的提出

经过以上的讨论,我们理清了虚拟企业与加入虚拟企业的实体企业间的关系,得出了其协调和运作机构的构成方式,发现了虚拟企业组织结构的全息特征。这样一来,我们就对虚拟企业组织和运行中"虚"与"实"的两个层面都有了较清晰的理解和认识,在这个基础上,我们构建了虚拟企业组织结构的一般模型,如图 4 所示。

从模型中可以看到,外围的 6 个实线圆表示虚拟企业的外围层实体成员企业,图中心的虚线圆代表虚拟企业的核心层,椭圆形实线圆代表核心层企业,其中央是虚拟企业的最高决策机构——ASC;ASC 与外围层企业纳入虚拟企业的那一部分中的一个深色小实线圆以虚线相连,这个深色小实线圆就是伙伴企业中的协调模块,即 CM;

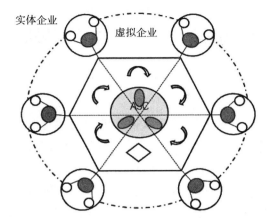

图4　虚拟企业组织结构的一般模型

注:⬤CM;⬬IM;⤵虚拟企业流程;┉┉企业边界;◇虚拟企业最终成果;◯核心层企业;○外围层企业;○信息沟通和协调网络;━━虚拟企业核心层;⬤虚拟企业。

资料来源:作者绘制

对外,CM 与其他伙伴企业的 CM 相连，对内,CM 与自身企业内部的两个浅色小实线椭圆以虚线相连，这两个浅色小实线椭圆就是伙伴企业的内部模块，即 IM;ASC、CM、IM 间都以虚线相连,这个虚线构成的网络就是虚拟企业赖以生存和发展的信息沟通与协调网络,虚拟企业的运行就是建立在这个网络平台基础之上的。

图4 中的环形箭头代表虚拟企业的运行流程，它们处于核心层与外围层之间，表示核心层和外围层企业都将加入某个能发挥自己核心能力的流程;流程箭头沿着一个方向首尾相续,表示虚拟企业流程运转的连续性;图中下方的菱形块代表虚拟企业流程运作的成果,我们可以将其理解为虚拟企业的产品，也可以理解为虚拟企业的战略目标或组建虚拟企业的其他动因。

在虚拟企业的日常运行中,核心层企业通过 ASC、外围层企业通过 CM 进行伙伴企业间的沟通与协调,ASC 与 CM 相联系,共享虚拟企业的信息和知识,实现并行同步式工作,协调解决运行中的问题;CM 通过信息的沟通和知识的共享对 IM 进行协调,完成相应的工作任务。

这个模型同时表达出了虚拟企业组织及运行"虚"与"实"的两面。"实"的部分是由核心层和外围层实体企业构成的两层次结构,即大小两个同心圆,这是虚拟企业运行的实体承载单位;而"虚"的部分就是协调、整合伙伴企业的资源和能力、驱动虚拟企业运行的信息沟通和协调网络,即由虚线构成的网络结构,虚拟企业就是在这样两个紧密联系、互为条件和基础的平台上运作的。同时,该模型也使我们可以清楚地看到虚拟企业资源和能力的范围,就是大点划线圆所包括的范围;该圆与代表实体企业的实线圆的交集代表伙伴企业对虚拟企业资源和能力的贡献,体现了前文所述的虚拟企业与虚拟经营间的关系。

四、虚拟企业组织结构一般模型的应用价值

以上提出的模型以较为简单直观的方式体现和表达了虚拟企业组织结构的主要特征和运作特点,有助于我们对虚拟企业及其管理问题的深入认识、理解和研究,也有助于虚拟企业组织、运行与管理的实践。

(一)理论应用价值

从虚拟企业概念提出至今,国内外对虚拟企业的研究只有十几年时间,一系列基础理论问题都还没有得到公认的答案,虚拟企业的组织构成就是其中之一,为进一步深入研究虚拟企业及其管理问题带来了很多障碍和不便。从已有的研究中我们也可以看出,虚拟企业

作为一种企业间的动态联合,具有极大的柔性,对其组织结构的研究如果过于具体,那么其形式必然是多种多样的,这样就很难得到一个具有普遍意义的虚拟企业模型从而进行更加深入广泛的研究,这也是目前对虚拟企业的认识存在巨大分歧的根本原因。

另外,国内外对虚拟企业组织结构的研究大多以计算机网络技术和模型为工具,所建立的虚拟企业结构模型带有强烈的技术色彩,多偏重信息网络技术在虚拟企业中的运用,难以为缺乏相关知识背景的实践者所理解和接受。

因此,本文的研究力求摆脱已有的模式,紧紧抓住虚拟企业的本质特征,从虚拟企业组织运行的基本方式和特点出发,找到了一个具有普适性的虚拟企业组织结构模型,为深入理解、应用和研究虚拟企业提供了一个基本的框架,为虚拟企业组织问题的研究找到了关键环节和切入点,为更加深入广泛地展开相关问题的研究搭建了基础理论平台。

(二)实践应用价值

该模型的实践意义在于,不论采取何种合作方式和运作模式,虚拟企业的组织构成和运作都必将具有模型所提出的主要特征,这为虚拟企业的成功组建和运行提供了思路。从模型中也容易发现,在虚拟企业的组织设计与运行中,必须注意的关键要素:①机遇。抓住市场机遇是虚拟企业构建的基本动因和组织运行的最终成果,也是伙伴企业共同合作的目标。②核心能力。这是核心层企业选择合作伙伴的基本尺度和标准,也是合作伙伴对虚拟企业应当做出的贡献。③伙伴。合作伙伴的敏捷性、信誉度、合作动机都是虚拟企业构建时要考虑的基本要素,应当进行认真细致的调研。④流程。虚拟企业的构建实际上是对实体企业流程的全新再造,虚拟企业就是一个以任务为中心的流程体系,流程设计合理与否、运行是否通畅是其实现目标的

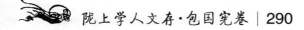

关键。⑤协调与沟通。这是虚拟企业成功运作的保证,CM 与 IM 则是虚拟企业组织结构中保证有效协调与沟通的关键构件,应在虚拟企业构建过程中给予高度重视。⑥整合。由 ASC、CM 与 IM 构成的网络整合了伙伴企业的资源和能力,其运行效率是虚拟企业成功的关键。

因此,虚拟企业的构建和管理必须高度重视以上要素,以抓住机遇为目标、以核心能力为节点、以合作网络为平台、以整合资源为基础、以流程运转为中心、以协调沟通为关键,通过伙伴企业间的通力合作,实现共同的发展。

（包国宪、贾旭东,原载于《中国工业经济》,2005 年第 10 期）

构建高绩效知识型团队的策略

构建高绩效知识型团队是一种组织创新、制度创新和管理创新，其基础和前提在于厘清团队建设的相关问题，明晰团队建设的逻辑思路。本文重点分析了高绩效知识型团队及其成员的特点，探讨了影响团队功能与成效的主要问题，依据团队建设的基本原理，提出了如何优化团队建设的具体对策。

伴随着全球化进程和管理流程的再造，知识工作者日益成为创造组织绩效的主体。实践表明：知识工作者比体力劳动者对团队更为依赖，团队在组织中是重要的学习单元和绩效单元。知识型团队超越了传统的群体（group）的概念，更加注重集体绩效，成员能力互补，是解决员工管理问题和实现组织目标的一种有效的途径。在这种情况下，如何把普通的工作群体打造成充满活力的高绩效知识型工作团队，日益成为各级组织和人力资源管理部门所关注的核心问题。

一、高绩效知识型团队及其成员的特点分析

团队是"若干技能互补的人组成的小型群体"。知识型团队作为一个动态集体，因其成员多样性显得与众不同，与一般团队相比，知识型团队具有自己的特点。主要有：1. 以使命和目标为导向。团队整体的行为具有持之以恒但又不失灵活的特点。在为完成使命或愿景而设计战略的同时，不断自我提醒和告诫"决不能在正确的方向上做错误事情，我们所做的每一步都是为了靠近最终的奋斗目标"。2. 理

性、顽强并勇于创造。能够分清事情的轻重缓急、勇敢面对发生的问题。能够选择各种合适的方法清除障碍。3. 注重协同性。高绩效的团队要求把成员的智慧和力量都融合在一起，协同性成为推动整个团队前进的"看不见的手"。4. 善于构建人际关系网络。能够与那些相关的、能够帮助他们的人建立各种正式的与非正式的关系。5. 凝聚力。高绩效的团队是有向心力和凝聚力的团队，绝不是一群人的组合。团队的凝聚力是指成员之间互相吸引的程度、团队对其成员的吸引程度。这是一个团队引以为豪的一种整体感，会把所有成员牢牢地"粘"在一起。

与高绩效团队相对应，其成员也有独特的表现：1. 渴望成功。具有较完备的知识体系和比较开阔的视野，有活力、负责任，在成功的基础上寻求繁荣发展和共同提升。2. 不断改进。对自己和他人有很高的期望，并不断寻求进步。3. 良好的职业操守。遵循原则和方针，但又不拘泥于规则。能够坚持和他人沟通。无论是独立工作还是群众工作都能获得高效。4. 主动进取。反应迅速、态度积极乐观，行动能力强。5. 尊重领导。特别敬重和遵从识大体、有魄力、敬业的领导人，并且希望在其带领下共同争取外部资源与支持。6. 以人为本、强调协作。尊重知识、竞争和贡献胜过身份和地位，注重合作及解决问题。

对照上述分析，高绩效知识型团队建设中存在的主要问题：1. 受传统理念的"惯性"的影响，管理者对知识型团队还是依靠简单统一指挥和严格管控来实现，没有营造一种宽松和谐的团队氛围，团队成员创造力、主观能动性、责任感和事业心没有得到最大限度的发挥。2. 个人目标与团队整体目标间存在差异，造成团队成员之间甚至与团队整体目标发生冲突，而且，行为主体的目标越高或欲望越强烈时，就越容易卷入冲突当中。3. 当知识型团队与组织其他部门之间的依赖关系随着认知差异或者目标出现分歧时，或者依赖关系限制了各方的行为、欲望或产出时,处于团队或其他部门的成员就会站在各自立场上产生"局部思维",导致团队甚至组织的绩效下降。4. 个性冲突。知识型团队的成员自主性强,不愿俯首听命、任人驾驭,特别是处于职业生涯初期的知识型员工充满活力,对组织的忠诚度不高跳槽频繁,表现出极大的不稳定性,影响了团队建设的可持续性。

二、构建高绩效知识团队的基础

（一）互补增值原理

"互补"概念来源于几何学中的互补角。在团队建设中,特指团队成员之间在知识、气质、能力、性别、年龄等方面互相补充从而达到完美境界。互补增值原理强调团队的一组人必须有共同的理想、事业和追求,即必须有一个共同的目标。它突出的是"增值",因此要求合作者诚意待人,相互尊重。

（二）人性假设理论

如何解释人的行为,取决于如何看待人的本性。就人的工作行为而言,不同的人根据不同的认识,得出了不同的解释,选择了不同的实践政策。主要有"经济人"假设、"社会人"假设、"自我实现人"假设和"复杂人"假设。根据人性假设理论,人可在不同工作动机的基础上投身于组织,因而,针对人的需要的层次性和复杂性,策略灵活多变和激励内容多样化成为常见的管理政策。在团队建设中,可以采用不同的具有针对性的措施,满足不同成员的不同需要,培养团队精神,提高成员对团队的认同感。

（三）团队动力学理论

团队动力是团队成员追求团队目标的精神力量的总和。团体动力学的研究成果说明,团队成员之间存在着相互依存和相互作用的关系,也说明了个体在团队中会产生不同于处在单独环境中的行为

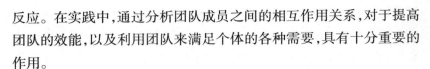

反应。在实践中,通过分析团队成员之间的相互作用关系,对于提高团队的效能,以及利用团队来满足个体的各种需要,具有十分重要的作用。

(四)反馈控制原理

它是将系统动力学原理应用到团队成员的选拔,指在选拔过程中,各环节、各因素或各变量形成前后相连、首尾相顾、因果相关的反馈环。其中任何一个环节或因素的变化,会引起其他环节和因素发生变化,最终又使该要素或环节进一步变化,形成反馈回路和反馈控制运动。反馈控制原理表明:把工作群体打造成的工作团队越多,则组织效率愈高;用于教育的投资增多,相应地被培养出的人才也会增多,组织发展也会更快,由此而形成良性的自增强循环。

三、建立充满活力的高绩效知识型团队的策略

团队是在共同目标指导下员工进行协作劳动的绩效小组,是一个典型的协作系统。在这个协作系统中,成员具有协作的意愿、共同的目标和经常的信息联系。因此,加强高绩效团队的建设应重点采取以下策略。

(一)建立基于共同目标的行为激励机制

要"撇开成员之间的利益冲突,而假设各成员拥有共同的目标,并且这一共同目标是各成员的主要目标……考察的重点是如何协调团队成员的活动,尤其是成员间的协作与交互工作"。共同目标是维系团队存在的基础,是增强团队凝聚力的关键因素。团队是全体成员的行动方向,要靠团队成员的共同努力来达成。在知识型团队中,个人英雄主义的时代已经不复存在,只靠几个人的鞠躬尽瘁,没有有效的团队协作,组织的竞争能力就会受到严重的削弱。组织竞争力的源泉在于团队的协作精神,充分而有效的协作,能够形成强大的团队合

力,产生强大的竞争力。团队作为一个有凝聚力的群体,要使团队成员能够有效地共同工作,每一个成员都必须清楚地认识到他和其他成员的行为目标是什么,如何行为才能符合整个团队的需要,同时,每一个成员也必须能够理解其他成员对整个团队目标做出的贡献。要营造相互信任的心理气氛,信任的因素有助于保持成员行为的完整性和统一性,避免成员被边缘化,关于新型组织中的信任,克雷默认为"临时组织中的信任可以更为精确地描述为某种集体理解(collective perception)和集体关联的特殊形式,它们可以控制(临时组织)不稳定、不确定、风险和预期的问题。一旦临时组织形成,这四种东西就立即变得相互关联。我们认为所有这 4 种事物都可以通过信任行为的变化得到控制"。因此,共同的目标、信任的团队气氛,有利于成员形成平等、民主、相互协商、共同决策的团队行为,与他人更好地合作共存、共同发展。

(二)建立基于业绩的科学评价机制

价值评价是人力资源价值链管理的核心,同时也是知识型团队管理和激励的重点和难点。(1)建立静态的职责考核和动态的目标考核,提高评价的实效性。团队的考核内容一般可以分为,以日常的工作态度和工作能力为主的静态职责考核以及与当期的工作安排相联系的以具体工作内容和工作目标为主的动态目标考核。但是,组织在制定团队的考核目标时,要把组织的战略目标层层落实到每个人的具体的工作目标中。通过设立明确的个人工作目标,来引导和统一团队成员的努力方向,最终实现组织的战略。最新的考核方式——平衡计分卡就体现了这一思想。(2)坚持项目考核和阶段性考核,保证评价的经常性。对于那些需要时间比较长才能完成的项目可以划分成几个阶段,设立相应的阶段目标,实行阶段性考核。这种方式有利于对项目的进展情况进行有效的过程监控,同时阶段性考核结果也可作为核发报酬的依据。(3)团队考核和个体考核相结合,增强评价的准确性。在知识型员工的团队中,团队的工作成绩和个体的努力是密不可分的。在考核个体的工作业绩时,可以与团队的整体业绩结合起来,根据团队的整体业绩来调整个体的工作业绩,以达到公平客观的目的。(4)建立市场信息反馈体系,保证评价的公平性。知识型团队的工作成果经常是直接面对客户或市场的,评价其劳动成果的好坏,最有说服力的考核标准应该就是客户的意见或在市场上的表现,可设立一些如市场占有率、顾客满意率等指标,作为评价团队工作价值的一个重要标准。(5)建立基于效率的成员动态管理机制高效的团队既要求团队成员有相似的兴趣,也要求团队成员具有互补性。团队成员的个性特征,体现了团队自身以及其他群体对团队的看法,主要是团队文化、团队伦理、团队形象、团队愿景、工作风格和能力等。团队的个性以及团队成员技能和品质的多样性,是与团队绩效相关的重要因素。不同的团队成员构成往往形成不同的团队绩效。高绩效的团队必须由高效能的成员组成。因此,要建立对团队成员的定期考核制度,重点考核每个成员对团队文化、工作目标的认同情况、履行岗位职责情况或重大项目任务的完成情况、培训需求以及工作热情等因素,并据此对成员作出调整或予以激励,使团队始终保持高效率的工作状态。台湾趋势科技公司里,员工们很随意,可以穿牛仔裤、拖鞋上班,相互间没有距离感。公司的快速发展说明,良好的团队文化增强了员工对团队的认同感和凝聚力,可以在提高业绩的同时为团队赢得良好的声誉,使团队能够长期有一个一贯的行为模式。

(三)建立基于绩效的薪酬保障制度

共同利益是高效团队的基础。建立以绩效为基础的团队薪酬保障制度,是提高知识型团队工作绩效的重要手段。团队的协作劳动需要以共同利益作为支撑。完全个人业绩工资制和平均分享团队全部报酬的分配方式,都不利于团队成员的相互协作。要保证团队工作的有效性和协作劳动的长期性,利益分配的原则是把个人业绩和团队业绩结合起来。这样,团队工资制必须在明确团队的职能和任务分工的前提下,由团队成员的基本工资、个人业绩工资和团队业绩奖金三个部分构成,其中,基本工资是固定部分,个人业绩工资和团队业绩奖金是浮动部分,每位成员的团队业绩奖金的数额随团队业绩的变化而变化。为了强化团队协作精神,每个成员加薪的数额和比例不仅要根据个人成绩,更要根据团队业绩来确定。这样做,一方面承认了个人的贡献,另一方面也可以使每位成员专注于对团队业绩的贡献。惠普公司实施了全面薪酬战略,公司一方面实施高薪酬、高福利的政策,另一方面为员工营造了良好的氛围,只要你四处走动一下,时常会看到一群人在为同事庆祝生日或者某件有意义特殊的事情,惠普的发展很大程度上源于这个战略的成功实施。

(四)建立以 SMT 为代表的授权机制

SMT(self management team)是指围绕知识型员工对工作自主性的需求,通过授权,将一个个战略单位自由组合,挑选自己的成员、领导,确定其操作系统和工具,并利用信息技术来制定他们认为最好的工作方法。SMT 的基本特征是:工作团队做出大部分决策,选拔团队领导人,团队领导人是负责人而非老板,信息沟通没有中间环节通过人与人直接进行,团队将自主确定并承担相应的责任,由团队来确定并贯彻其工作计划的大部分内容。施乐公司采用的就是自我管理式团队这种授权机制,它的基本特征是工作团队做出大部分决策、自己选拔团队领导人、团队的领导人不过是团队的服务者等。

(五)建立基于战略的人力资本培训理念

知识型团队的决定性因素是人力资本。随着中国融入全球化的竞争浪潮,高端人才将由过去的"远距离挖掘"转变为"直逼式抢夺",

人才资源竞争变得更加激烈。组织的竞争将从规模竞争到品牌竞争、制度竞争,再到人才竞争、学习力的竞争,而提高组织与个人竞争力的最有效途径就是培训。知识型团队如果不注重培训,导致的直接后果是缺乏长远的竞争优势,随着成员整体素质和长远竞争实力的下降,必须导致组织运行效率下降。因此,要从关系组织发展的战略高度重视对团队人力资本的投资。学习和培训的机会是对知识型团队成员的一种非货币奖励报酬,可以实现团队人力资本的增值,让其获得更多的预期收入。同时,通过学习和培训提高团队成员的水平,也是整个组织在飞速发展的时代中保持生存和持续竞争力的必然需要。

(包国宪、修卿善,原载于《中国软科学》,2010 年第 4 期)

管理教育

建设受人尊重的高水平管理学院

尊敬的校领导、各职能部门领导、各位教授、老师们、同学们：

今天，我们在这里举行管理学院成立典礼，意味着我校管理学科发展步入了一个新的轨道。这是兰州大学的大事，也是管理学院的大事，更是我们管理学科各专业师生的大事。

根据我校学科建设规划和学校成立管理学院的宗旨，经学科划分，管理学院涵盖了工商管理、公共管理和信息管理三个一级学科。目前已有企业管理、会计学、行政管理、旅游管理和情报学 5 个硕士学位授权点，有工商管理、会计学、市场营销、人力资源管理、行政管理、旅游管理、信息管理与信息系统和图书馆学等 8 个本科专业，并有 MBA 和 MPA 两个专业硕士学位授权点。目前学院有各类在校学生 1380 名，其中本科生 1043 名，包括 MBA 在内的硕士研究生 337 名。另外还有 260 名企业 MBA 研究生。我院教师还积极参与了人事部、兰州大学和国家培训网联合开办的全国行政管理专升本远程教学资源的开发，承担了继续教育学院管理类专业的部分教学任务。

全院共有教职员工 60 名，专任教师 50 名，其中教授 8 名、副教授 19 名、讲师 13 名、助教 10 名，这是令我们自豪的最大财富，也是我们做好工作的坚实后盾和信心的源泉。

回顾过去，我们做了很多很多，我们每一个教职员工都付出了艰辛和汗水。展望未来，我们任重道远。更需要聪明、才智和合作，因为我们要进行的是一次新的创业。我们有许多事情要办、许多工作要做,但首先要紧紧抓住学科建设这个中心不放松,学科建设是带动教学、科研和学院各项工作的龙头,是教学和科研的立足之本、特色之基、发展之源。因此,学科建设在学院工作中具有战略地位,学院的一切工作都要围绕着这个中心来考虑、来部署、来实施。在建设中既要正视现实,寻找差距,又要挑战困难,寻求管理学院发展的最佳途径。把学院学科建设放在全国大坐标系中去审视、去定位。我们要根据学校的要求,围绕学科建设做好队伍建设和基层科研教学组织建设,形成一种制度,通过送出去、请进来和培训、交流、合作等方式为青年教师不断创造机会和条件,使他们通过提高自己、发展自己而对学院的学科建设作出贡献。我们将以现有师资为基础,积极引进学术带头人和博士毕业生,充实师资队伍,优化师资结构,为建设一流的管理学科打下最坚实的基础。我们将根据学科特点和专业要求,以先进的理念、务实的作风、得力的措施和可操作性手段积极推进研究所建设,并积极探索院内各研究所之间,学院与兄弟院系之间以及我院与全国及国际著名大学的管理学院、商学院之间的合作机制和途径,以开放的胸怀、开放的姿态去整合社会资源。通过开放、合作和资源整合机制凝练出优势学科和特色方向,建立起有竞争力的学术团队,形成良好的学术风气,构建宽松而积极进取的学术研究氛围。

本科生教学质量和研究生培养质量是我们的生命线,我们将围绕学科建设优化专业结构、调整课程结构,把市场导向与学科发展战略协调起来,改革教学方式方法,提高研究生和本科生的培养质量和学位论文质量,采取切实措施改善管理学院毕业生的综合素质和职业技能,提高毕业生的就业率和考研率。我们要以创新的观念,适应管理实践的需要,开发出工商管理和公共管理方面的务实性课程。经营管理好 MBA 和 MPA,打造兰州大学 MBA 和 MPA 品牌,为申办EMBA 和 EMPA 授权点积累经验,打下基础。

科学研究和为社会服务是现代大学学院的重要职能，也是学科建设的重要内容。管理学院按照学校"做西部文章、创国内一流"办学方针和学科规划方向，积极组织申请国家课题和横向项目，根据科研发展战略建立起基础数据库、相关行业数据库、科研实习基地和产学研合作平台，通过一段时间的努力建设，切实提高我院科学研究能力，产出一批有影响的科研成果，为争取管理学专业博士点创造条件。同时要不断深化、强化对社会服务的职能，提高为社会服务水平，打造管理学院为企业和政府咨询服务的品牌。

我们将按照研究型高水平大学的要求来规划、组织、管理、评价全院的科研、教学和学生工作。要做到这些，首先要管好自己的事。管好自己的事我们有人才优势和理论优势；管好自己的事也是全体师生的迫切要求，也是适应激烈竞争环境的先决条件。我们必须坚持以人为本，视全体教职员工和广大学生的发展为己任；坚持为教师服务、为科研教学服务、为学生服务的方针；坚持教授治院理念，使专家教授在学院发展和学科建设中发挥实实在在的作用。按照学校要求和部署，尽快解决教授的办公室问题并创造条件逐步改善教授的工作条件，使他们心情舒畅，为学科建设贡献才智。我们也要换位思考，尊重广大管理人员的创造和劳动，充分发挥他们的作用，使他们一心一意为学院发展提供服务和保障。

"上有好者，下必甚焉！"这是古今通鉴。院领导班子成员，要在学校党政领导下，严以律己，勤政廉政，带好头，树正气，全心全意为学院发展着想，为教职员工着想，发扬兰大光荣传统和优良学风，带领全院教职员工把管理学院办好，把我校的管理学科建设好。

各位老师、各位同学、朋友们：西北给了我们艰苦的环境，也给了我们坚强的性格；开放会使我们面临更为激烈的挑战，但也会给我们带来很多机遇，直面困难、迎接挑战、参与竞争、分工与合作，这是管理学院应当而且必须恪守的信念。

最后,衷心感谢校领导、学校职能部门、兄弟院系对管理学院的支持和帮助,衷心祝愿全院教职员工与管理学院一起发展,祝愿广大同学在管理学院健康成长!

谢谢大家!

（在 2004 年 5 月 20 日兰州大学管理学院成立大会上的致辞）

解放思想，开拓进取，创新学院发展模式

落实党的十七大精神，就是要深入贯彻科学发展观，结合工作实际加大解放思想的力度，坚持改革开放，创新工作思维，创新发展模式，推动管理学院又好又快发展。

一、结合实际解放思想，形成管理学院发展的新动力

2004 年 5 月兰州大学管理学院成立以来，学院领导班子和全体师生员工，上下一心，群策群力，开拓进取，在学科建设、人才培养、科学研究和社会服务方面均取得了较为显著的成就并初步形成了健康发展的良好环境和机制。但是面对成绩，面对发展中遇到的新问题，还需要继续解放思想，并为管理学院更好发展注入新的动力。

1. 破除自满和安于现状的思想，树立追求卓越的新观念

面对取得的成绩，对我们来讲，既是一种激励，又是一种压力。管理学院的大部分同志，能以此为新的起点，再接再厉，不断追求新的高度，新的成就。但也有少数人，产生了自满情绪，有了安于现状的念头。认为现在已经不错了，发展够快了。这是实现建设国内一流、国际知名管理学院目标的一大思想障碍。面对这一障碍我们必须科学地克服：一是认真学习十七大精神，实事求是，解放思想，找出产生这一思想情绪的根源；二是认真分析兰州大学管理学院与国内一流管理学院的差距，形成一种必要的压力；三是科学制定发展目标，以及缩小与国内一流学院差距的措施，增强全院师生的信心，并形成全院为

实现发展目标的动力。

2. 破除"唯条件、唯地域"思想，强化战略性竞争意识，寻求管理学院发展的有利条件

兰州大学地处欠发达地区，在这样一个区域，对有些学科的发展形成了排他性条件，对管理学科而言，有很多不利影响。一是管理学大多发展于发达地区；二是在社会甚至学术界的交流中，把经济落后与管理落后和管理学研究落后相提并论。加之我校管理学科的发展滞后是不争事实，尽管这三四年有了长足发展，但与"985工程"大学中的大部分院校的管理学科相比仍处于落后状态。这种情况下，最容易，也是最有理由的理由就是我们地处西北、经济欠发达等。但是，如果坚持解放思想，在不能中找可能，在劣势中找优势，并据此创新发展战略，从而形成一定的竞争优势是完全可能的。我们必须充分利用我们在西北有较明显竞争力的优势寻求发展，奠定必要的基础；必须利用兰大名校效应，在管理学院发展中扩大这一效应，充分发挥西北区域的竞争优势的基础上，寻求发展的新的制高点，办好深圳、上海、广州 MBA、MPA 项目，发展国际项目，办好兰州大学管理科学研究院（深圳），做好科研项目规模和层次的突破，为东西部发展做好桥梁；必须利用目前学科带头人短缺，建立健全科研、教学、管理团队，发挥科研上的团队优势，形成科研的团队文化，为跨越式发展奠定组织条件；必须利用过去管理学院教师收入低，边际效用高的优势，创新创收模式，把教学、科研、社会服务与创收结合起来，改善教师收入，增强引进人才的吸引力；必须利用综合性管理学院在学科上交叉、融合、互补的优势，快速实现有限目标的突破，带动全面发展。

3. 破除区域观念，树立全球视野，为学院目标实现定好位

兰州大学的办学理念是："做西部文章，创一流大学"，管理学院的目标是把兰州大学管理学院办成国内一流、国际知名、开放式、综

合性、研究型管理学院。正如校领导多次讲的,我们不能坐在西部做
西部文章,而是要跳出西北做西部文章,用西部精神做西部文章,利
用全球资源,整合社会资源做西部文章,以全球视野,统揽管理学科
发展。因为管理学,特别是管理科学与工程,工商管理学科应该是国
际语境,国际标准。而公共管理又是有鲜明中国特色和地方差异的学
科。因此,我们应破除区域狭隘观念,解放思想,树立全球视野,把世
界一流学者引进来,把有条件走向国际学术舞台的青年学者送出去,
着眼培养未来 10 年、20 年的国际知名学者,从而为办一流管理学院
建立起人才支柱。

二、再学习、再思考、再规划,审视管理学院的发展战略

通过学习"十七大"精神,在学习思考中解放思想,在解放思想中
审视管理学院的规划和战略,在以下几个方面下功夫。

1. 如何利用全球教育资源和社会资源方面应下大工夫

2004 年管理学院成立的时候,我们已经提出了"人才强院、国际
化、学院文化促进发展"等三大战略,这四年来,在人才引进与培养,
国际合作与交流,学院文化建设方面都取得了显著成绩,特别是在国
际化方面,应该说成绩较大。但作为继续解放思想的一大结论,我认
为国际化的思路、渠道、模式、方式、方法还需要进一步创新,一个直
接绩效就是通过创新,如何最大限度地利用全球管理教育资源,如何
优化这一资源,如何整合社会资源,以弥补我们地域差距、物质差距、
师资差距、能力差距和知名度差距等,从而为管理学院师生发展创造
条件,为实现管理学院目标找到路径和工具。因为我们清楚知道,要
实现一流学院的目标,国际化是不可缺少的战略。

2. 在办学思路方面应进一步调整

建院初,我们提出了培养管理精英、管理学术精英和高级管理技

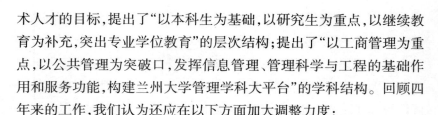

术人才的目标,提出了"以本科生为基础,以研究生为重点,以继续教育为补充,突出专业学位教育"的层次结构;提出了"以工商管理为重点,以公共管理为突破口,发挥信息管理、管理科学与工程的基础作用和服务功能,构建兰州大学管理学科大平台"的学科结构。回顾四年来的工作,我们认为还应在以下方面加大调整力度:

(1)把培养企业家和高级管理技术人才作为实现培养目标的重中之重。一方面这是由我院学科结构、学生组成决定的;第二方面,这也是兰州大学百年来人才结构上的一个缺陷,弥补这一缺陷的任务很自然落在了管理学院身上;第三方面,这也是未来国家和社会最为需要的人才。

(2)在本科生教育中,调整本科专业结构,力争办成办好管理学基地班,把目标确定为"管理学理论创新人才"。

(3)在博士教育中,应把培养学术大师,产出优秀论文,形成"行政管理"特别是"政府绩效管理研究基地"作为重要目标。

(4)在专业学位教育上,应把品牌建设放在首位,提高兰州大学MBA 教育品牌价值。一是突出特色;二是加强师资力量;三是开发课程与教学技术、方式;四是争取 EMBA 项目,丰富 MBA 教育资源;五是加大国际化力度,创办 IMBA,争取 3~5 年内实现国际认证。

(5)在所有的社会服务、教学科研、人才培养上,走高端发展、质量第一、品牌至上的道路。

三、结论

通过学习、思考,我们每走一步都要与解放思想相伴,我们所有的创新都要靠解放思想开路,解放思想就是要创新,要走前人不肯走、不想走、不敢走的路子;解放思想就是要坚持科学发展观,解放思想就是要实事求是。

1. 以只争朝夕姿态,以实事求是态度,以打持久战的精神准备,咬定青山不放松,全院上下形成一个向目标迈进的合力、动力和牵引力;

2. 为实现跨越式发展奠定制度基础,形成健康的学院文化;在科研、教学、人才培养、社会服务功能中,形成先进、激励和有活力的一系列制度和机制;形成竞争与合作,个性张扬与团队发展,自由探索与战略聚焦相结合的学院文化,为学院发展营造良好的外部环境。

3. 想方设法引进、培养造就学科带头人和学术骨干,把提升、优化师资队伍与结构作为实现学院目标的重要支柱。

4. 想方设法增加教师收入,改善办学条件,奠定实现学院目标的物质基础。

(在 2008 年 7 月 20 日学院工作会议上的发言提纲)

创新教育教学模式　全面提升本科生培养质量

经过几个月的准备,全院本科教学工作会议终于召开了。这次会议是为了贯彻教育部、财政部关于"十二五"期间实施"高等学校本科教学质量与教学改革工程"的意见和兰州大学关于进一步深化本科教学改革,全面提高教学质量的若干意见精神(即 45 条)召开的。是我院质量提升体系创新主题年的一个重要活动。同时,建院以来,本科教学以及管理方面因人员变动较为频繁,体制机制不健全,从思想认识方面还有很多不到位,工作着力不够,投入不足,缺乏对本科教育教学规律的研究等等。可以说,狠抓本科教学质量对我院来讲已到了刻不容缓的地步。所以,这次会议非常重要。一是要贯彻有关精神,二是研究解决问题的办法。会议要讨论新的教学计划,促进本科教学的办法,何文盛副院长对这两个文件要做说明,许鹏飞处长要就学校45 条讲些意见,下午安黎哲副校长还要做指示。我今天主要想讲三方面内容,一是要进一步深化对本科教学工作的认识;二是改革创新教学管理体制和机制方面的内容;三是加强的几项措施。讲这些内容,主要是想引导大家讨论、集思广益,开好这个会。

一、进一步深化对本科教学工作的认识

这里要把本科教育和本科教学两个概念区分清楚,不然会造成概念混淆。

过去我们对本科教学的认识是从基础地位和研究生重要生源角

度认识的,对本科生工作是从前沿阵地与后方重镇方面认识的。这些都对推动我们本科教育与教学工作起到了积极作用,也取得了一定成效,但今天看来这种认识还远远不够,需要进一步深化。

1. 要深化精英教育目标的主要载体是本科生这一认识

我们的人才培养有三大目标:管理精英、管理学术精英、高级管理技术人才。我们的本科生从 1300 人缩减到 800 人,我们还要减,最终减到 500 人。本科生具有:①生源质量好,可谓是千万人中挑选出来的;②可塑性强;③可实施系统培养的特点,从而可借助兰大本科教育的一切优势和传统,可利用管理学院的一切社会资源。

2. 要进一步深化对本科生研究导向的教学模式认识(管理专业研究导向与应用导向从根本上是一致的)

我们所讲的研究导向、实践导向、问题导向是一致的,是一回事。我们追求的是解决问题的方法。如果不以研究为导向,那研究型大学的管理学院与社会培训中心有什么区别? 要使其成为培养创新型人才和全面提升本科生素质的主导途径。为什么要提这个问题呢?过去我们认为研究型大学学院的主要标志就是本科生与研究生的比例结构,只认为研究生是科研的生力军和组成部分。但这不能诠释作为基础的本科生教育、教学在研究型大学中的地位、作用和功能。我们的MBA、MPA 等不能承担研究型大学的大部分功能,只能靠硕、博士和本科生,主体是本科生。我们也一直在通过尝试各种教学模式培养出创新型人才,结果怎么样呢? 其实,创新型人才培养的关键是培养模式,而撬动这一模式的杠杆是研究导向的教学模式。在教师引导下,把灌输式教学变成发现问题、分析问题和解决问题的过程学习。我想这是一种根本性转化,我们可以通过诸如成功计划、案例教学、研究设计、创新创业等方式强化这一研究导向模式的功能。

3. 进一步深化"一切为了师生的成长与成才"这一根本宗旨的

认识,我们要把它当做工作的标准、配置资源的准则。

一是不仅指学生,永远是师生,没有教师的发展,学生的发展是一句空话,同样,没有学生的发展,教师的发展就失去了根本意义,二者不能对立起来。二是重塑师生的教学关系和人际关系。过去我们批评过保姆关系,现在看来基本是喂鸭子关系。我当过 3 个班的班主任,班主任就是保姆,现在还不如那时候。所谓重塑,还是老祖宗讲的教学相长关系,但具体内容、形式需要创新,比如参与式学习、解决实际问题、合作研究等等。不要把瞎编的东西带到课堂,国外课堂都是解决问题。人际关系首先要研究理解这一代孩子,老办法就是训、罚、放羊、卡,现在都是无济于事的。要建立起互相尊重、平等友爱的关系,这是实现教育功能的前提。三是要细化、具体化和操作化"一切为了师生的成长与成才"理念,使其贯彻在本科教育的全部工作中,贯穿于本科教学的所有环节。只喊口号不下身法,如同只打雷不下雨一样,更有甚者,害人害事害己。细化就是用是否有利于师生成长成才来制定计划,来安排工作,来考虑课程的设置,课程中讲的内容(四大力学),物理学专业有四大力学,这是物理学的看家本领。具体化就是落实到每个师生,而不是抽象的整体,每一门课、每一章、每一节都要很清楚讲什么内容。老师是组织者、引导者、表演者。操作化就是要测量、评估、反思、总结,要在师生中进行满意度调查。

另外,还要强化的几个认识:

①"竞争性"教学计划。追求达到"5 最":最优课程、最佳教材、最合理结构、最有效模式、最及时把学术前沿和实践中的最新问题反映到教学中去。我们借鉴全世界最著名的管院教学计划,最终形成中国特色、兰大特色、管院特色的教学方案。

②怎样更好地发挥教学中学生的主体地位和教师的主导地位?学生要愿意学习、主动学习、快乐学习。这一问题是以人为本在本科

教学中的具体体现。既要从教学模式、方式方法中解决,也要从教学支撑以及技术手段等方面予以解决。但首先要从教学思想、教学理念和认识方面进一步强化。

③强化改革创新意识。培养创新型人才,必须要创新教学理念、教育思想、模式、教学计划等。

过去深受苏联教育思想的影响,在打基础、知识学习与训练方面是强项,但怎样更好、更有效、更节约地解决问题,欧美的一系列创新思维与思想值得我们借鉴,并将其运用于教学和培养的各个环节中。

④强化全院、全员重视关心本科教学工作的意识,寓大学生教育于教学之中,教学是本科生教育的核心组成部分和重要载体。现在的问题是后勤、行政与教学分离。教学是第一要务,基础之基础是本科教学。现在专业多了,人多了要求多了,要避免块块制、条条制。

二、改革创新教学管理体制和机制

1. 在教授委员会内成立学院教学指导委员会,以指导、研究、评估本科教学的重大问题、重大政策,委员会在教授中产生。各教学系成立专业教学指导委员会,由系主任担任主任委员或召集人,负责本专业教学计划制定、教学研究、咨询与指导。学院教学指导委员会对各专业教学指导委员会有指导、提名、评价、奖罚建议等权力。各专业教学指导委员会对课程、师资、教学团队建设等有指导、建议、评价的权力。每个委员会制定工作教程,形成工作机制。

2. 由院长、教学院长、各系主任、学生工作负责人和行政副院长组成学院本科教学决策体系。对本科教学中的重大问题进行研究、决策、协调、处理。体现学校45条中的本科教学"一把手"工程要求。

3. 以教学副院长、系主任、教学办公室组成教学运行监控体系,对教学的日常运行,有关教学方面的政策、规章制度的执行、学生成绩等相关事项管理方面负具体责任。

4. 以学院服务中心形成的本科教育服务体系与机制,对教学运行服务、监控,为学院提供相关信息。

5. 建立以每个学生为对象的学生综合信息系统,以每个教师为对象的教师综合信息系统,具体按照线—面体制配置相关权能。班主任、辅导员、学工组等都要参与到这个系统的开发、管理和利用中去。我们小学时,每年每学期都要和家长见面,现在也要组织和家长见面。

6. 成立管理教育研究所。在本科教学中,主要体现师资计划执行、课程建设、教学方法、教学团队建设研究等,协助认证在本科生中的导入以及学院每年制定的重大教学改革研究课题的组织实施。近两年重点是课程与教学团队建设。一部分老师是教学型教师,另一部分是研究型教师。

7. 成立学院教学评估领导小组,制定教学评估体系与标准,组织实施教学评估,进一步优化学生学习评价体系。

8. 按学校相关要求和学院实际需要建立学院领导、教授、教学顾问相结合的听课观摩制度,包括反馈和跟踪改进机制。

9. 建立起教学事故责任追究制度和防范机制。

我们对老师和学生不能用综合评价的方法,我们想出了一个办法,就是"跳栏",道德是第一道栏,跳不过就淘汰,过了就跳下一栏。

三、主要强调的几项措施

1. 把院长与本科生的座谈会,学院领导、系主任、班主任值班制度落到实处,2~3 周举办一次。

2. 不断调整完善"竞争性"教学计划,管理教育研究所要跟踪这一动态趋势。这一计划要随时完善,就像欧洲的房子基础课不变,但选修课可以变。选修课要把科研反映到课程中去。我们的科研项目大概 100 个，每一个项目开一门课，就会形成 100 门选修课。一门综合性课程，可以几个人拿出一个方案，形成一个团队。综合本身就是一种创新。

3. 评选学院教学名师，树碑立传，让其成为学院文化的重要组成部分。

4. 把"成功计划"办成管院素质教育的特色品牌项目。加大投入，下功夫抓好创业创新项目培育，建立 100 个实习基地，筹办高水平留学和创业培育基金。

5. 狠抓特色专业、精品课程和双语课程的建设。我们的国际 MBA 班着眼点在国际 MBA，但目标在本科生，让聘请的外教给本科生上课。

6. 在本科教育领域建立领导力与社会责任发展培训中心。我们计划和美国波特兰州立大学联合来办。

7. 改善榆中校区的学术环境，营造良好学习氛围，特别是英语学习、研究、读书、创业环境等。

8. 加强教学管理，使本科教学管理真正成为本科教学的育人平台、服务平台和提高教学质量的促进机制。

（在 2012 年 6 月 14 日本科教学工作会议上的讲话提纲）

开启"研究型人生"的新阶段

尊敬的各位领导、老师,亲爱的同学们:

　　大家上午好! 在这秋风送爽,丹桂飘香的美好季节,我们迎来了2010 级研究生新同学。今天,不管对老师而言,还是对同学们而言都是令人兴奋的。对老师而言,我们又增加了一批生龙活虎的学子,为学校带来了一股新风,注入了新鲜血液。对同学而言,大家又跃上了人生的一个新阶段。在这里我代表研究生导师对各位同学通过努力,成为兰州大学一名研究生表示衷心祝贺和热烈欢迎。同时,也为我自己能在今天的迎新典礼上代表研究生导师发言感到非常荣幸。

　　我是管理学院的一名教授,毕业于兰州大学物理系,在庆阳家乡基层工作八年后, 于 1988 年 6 月调回母校工作, 到今年已经 22 年了。从读书,到工作,我见证了兰州大学的变化和发展,特别是亲历了去年百年校庆的盛典,作为百年名校兰州大学的一员,倍感自豪和骄傲。

　　今天,我想借此机会与大家聊两点:一是就人生而言,大学的研究生阶段意味着什么? 二是就专业而言,又意味着什么?

　　研究生学习是大学学习生活的继续,也是一种升华。有人说这一段是"一种特立独行的思考;一种深远巨大的影响;一种兼容并收的氛围;一种穿行时空的光芒;一种刻骨铭心的境界;一种运行人生的能力……"。通过这一大学的高级阶段学习,完成"人格教育、通识教育和终生教育的基础"。联合国教科文组织 21 世纪教育委员会主席德洛尔在给教科文组织提交的研究报告中，提出了高等教育的四大支柱，即让学生学会认知、学会做人、学会做事、学会共处。我认为，还应学会领导。面对全球化的各种挑战，我们最为缺乏的资源就是领导力。现代社会，任何一个优秀的科学家必然是一位卓越的领导者。领导是一种影响力，是一种责任、是一种担当、是一种精神，同时也是一种社会需求。所以，研究生学习过程是文化浸润、科学熏陶、意志修炼、灵魂净化、认知形成的过程，其本质是一种人文过程。这是任何组织、任何其他形式的教育都不可替代的。因此，经过研究生阶段学习将迈入人生的一个全新境界。希望同学们珍惜、把握好这一阶段，为自己的人生成功培养良好的综合素质。

科学研究作为现代大学重要职能之一，主要靠研究生培养这一载体去完成。通过科学研究训练，不但可以使同学们学习其知识，而且掌握其方法，使自己在专业发展方面得到提升，为自己的事业成功奠定良好基础。在专业发展方面，根据自己的体会我向大家提三点建议，仅供参考。

1. 强化问题意识。提出问题是认识深化的本质反映。爱因斯坦认为，提出问题比解决问题更重要。说明对科学研究而言，问题是多么的重要，提不出问题，解决问题就无从谈起。钱伟长教授经常讲"应该觉得自己不懂的东西很多很多，那你就是很有学问，你觉得什么东西都懂，你大概是没有学问的。我们要培养这种人，满肚子都是问题的人，这种人是我们国家需要的。"特别是对博士研究生而言，问题意识显得尤为重要。

2. 重视理论基础与研究方法。对于创新人才的培养，其扎实的理论基础、科学的研究方法、先进的研究工具至关重要。兰州大学的学生素来以基础好、潜力大、有后劲而闻名于社会。我校的长江学者、国家杰出青年基金获得者均位居全国高校前列，去年有 3 位教授当选两院院士,排名仅次于清华大学。这些都作为"兰大现象"被社会广泛关注,探索其中的原因,我认为除了"自强不息、独树一帜"校训和"勤奋、求实、进取"校风为核心内容的兰大文化外,教学中重基础是最为关键的因素。大家都熟知歌德的名言"理论是灰色的,实践之树长青",这是强调要理论联系实际,理论要建立在实践的基础上。但很少有人提及拿破仑讲过的一句名言,"理论是不可战胜的"。在大学讲理论、讲学术、讲研究、讲创新这是最最天经地义的。在研究生阶段,加强研究训练,打好扎实的基础,将会影响你的学术生涯,甚至影响你的人生与命运。

3. 尽量拓展自己的知识面。不管什么专业的研究生,提倡学自然科学的同时学点人文社会科学,学人文社会科学的时候学点自然科学。这是研究生综合素质必需的。莱布尼兹曾讲,中国的周易哲学对他创立逻辑数学有很大影响。季羡林讲过"21世纪要发展社会科学、推进理论创新,非文理结合不可。人文科学和自然科学绝不像从前讲得那样泾渭分明。从一部科学史可以看到边缘学科越来越多。到了21世纪,我想边缘学科还要增加,增加的同时,文科和理科的互相渗透能不能达到?我想真要创新,应该从这地方开始。"学科细分是供研究的,不是供学习的。梁思成把只有文科或只知理科的人叫半个人。他说"半个人的时代不是社会进步,这样的知识分子要担负起中国人进步的使命是不可能的"。我最近做了一个大致统计,在中国50名著名的经济学家中,具有文内交叉背景的占50%,具有文理交叉背景的占40%。大家熟知的著名经济学家马寅初、于光远、林毅夫、茅于轼等都是理工出身。在对中国工程院院士的等距随机抽样的100名院士中,30%以上的有学科交叉背景。其实,大家都会明显地注意到,在我们熟知的科学家中,都有非常深厚的人文功底和艺术修养。管理学院在近期修订专业学位研究生教学计划时,增加了"中外历史文化"和"科学技术基础及前沿问题"两大系列讲座,就是为了拓展学生的知识面。希望每一位 2010 级研究生同学一开始就特别重视这一点。

最后,祝各位老师身体健康。预祝各位同学学业有成,生活愉快。谢谢大家!

(在 2010 年 9 月 3 日兰州大学 2010 级研究生入学典礼上的讲话)

兰州大学 MBA 教育的道德承诺

尊敬的大会主席、各位嘉宾、女士们、先生们：

很荣幸受邀出席 2007 年"世界经理人高峰会"并做主题演讲。我任职的兰州大学是中国为数不多的几所综合性"985 工程"大学之一。2009 年我们将迎来她的百年华诞。近一百年来，特别是中华人民共和国成立后和改革开放以来，经过一代又一代"兰大人"的努力，兰州大学不但拥有了文、史、哲、理、工、农、经济、管理、法律、教育和医学等十一个学科门类组成的完整学科结构、完备的教育教学体系并具备了一定的规模和现代化条件，而且在百年办学实践中形成了"勤奋、求实、进取"的优良学风和"艰苦奋斗、自强不息、争创一流"的兰大精神，成为名副其实的综合性、高水平大学。也许是因为兰州大学根植于陇上 7800 年厚重历史的缘由，也许是"兰大人"在西北艰苦环境下形成的坚强性格使然，外界将之称为"兰大现象"，苦苦探索，以求揭秘。兰州大学校长周绪红教授把兰大现象及其表现出来的精神喻为胡杨精神。胡杨树生长在西北沙漠之中，具有"千年不死、千年不倒、千年不朽"的钢铁般意志和无怨无悔的精神境界。兰大的辉煌既是这种精神所致，也是这种境界的见证。这里我给诸位列举三个数字：一个是在 1995 年，美国 Science 周刊评出了中国 13 所最杰出的大学，兰州大学位居第六。第二个是根据 SCI 统计，兰州大学是中国在国际学术刊物上发表论文最多、引用率最高的大学之一。从 1998年到 2002 年，累计被引用次数，在全国高校排名第 13 位。特别是

1992、1993连续2年发表论文数名列第三,被引用次数名列第六,引起了学术界的广泛关注。第三个是20世纪80年代,由诺贝尔物理学奖获得者李政道教授发起组织的全国重点大学物理、化学专业出国研究生选拔考试中,兰州大学先后5次获得团体总分和个人第一名。第一个数字标志着兰大的综合实力和国际知名度;第二个数字表示了科研水平;第三个数字则显示了兰大的教学质量。

兰州大学商学教育与兰大同岁,源远流长。早在1909年兰大成立初,就设置了银行会计专科。历经九十余载的风雨和改革开放的推动,特别是2004年兰州大学管理学院的成立,为实现我们的宏伟目标搭起了一座现实的桥梁。兰州大学管理学院是一所综合性管理学院,拥有工商管理、公共管理、管理科学与工程和信息管理四个一级学科。形成了博士、硕士、本科教育教学体系。

兰州大学MBA教育项目是1996年开始的,第一次招收到的学生只有21名。经过10多年的努力,已经形成了独具特色的MBA教育体系,建立起了兰州大学MBA校友网络,MBA的规模和质量稳步提高。

兰州大学MBA教育健康发展以及表现出的光辉前景,得益于明确的培养目标,丰富的教育资源,先进的学院文化与战略,以及广泛的国际合作与特色项目的支持。

我们MBA的培养目标是:为国家特别是西部地区培养具有国际视野,洞悉市场规律,富有创新精神及领导能力的现代企业家和职业经理人。我这里讲的现代企业家,既不是计划经济体制下产生的优秀厂长经理,也完全不同于被经常褒扬的儒商和红顶商人。他们是中国市场经济的主角和英雄,是当代中国社会的脊梁,中国的发展前途在于他们。

在MBA教育实践中,我们形成六大优势和特色。一是作为中国综合性"985工程"大学中的综合型管理学院,奠定了MBA培养目标所要求的深厚历史文化根基,构建起了MBA综合素质所需要的兰州大学管理学科大平台。这是我们最为重要的基础优势。

二是先进的学院文化与科学战略的支持,使兰州大学在MBA教育质量和效率方面具备了持续提高的能力。我们的MBA教育以学院使命为引领,战略为支撑,形成了形式和内涵统一的MBA教育文化体系。这个体系包括了院徽、院旗、院训、学院使命、人才培养理念,以及以"创新、合作、竞争"为主要内容的行为趋向。学院的使命表述为:"为国家培养管理精英、管理学术精英和高层次管理技术专家,以高素质复合型管理人才,优秀科研成果及高水平的社会服务能力,推动经济发展和社会进步,并以此作为传承和创新管理科学的历史任务。"我们的人才培养理念主要有四句话,即"兼容并蓄、涵泳体察,历练贤达、服务社会"。国内外MBA教育实践证明,管理学院的使命和办学理念是MBA教育的精神支柱和灵魂。正因为如此,欧美国家才把商学院的使命及学院文化作为MBA评估认证的关键因素。

三是竞争性的课程体系为实现培养目标打下了坚实的基础。我们以课程体系为基础,探索出国际合作、校企合作、东西部合作的教学模式和教学方法。我们认为,从中国MBA生源地知识结构、职业经历以及师资的优劣势来看,MBA学习必须重视理论学习和课堂学习。

四是学院与发达国家多所著名大学的管理学院,与国内许多大型企业建立了合作交流关系。在上海、深圳、广州等发达地区建立了MBA教学实习基地,这些国际合作和特色项目既为MBA学生提供了学习交流、开拓视野、吸收养分、发表观点的平台,也对提高我们MBA的师资水平起到了重要作用。

　　五是由于兰州大学 MBA 和 MPA 项目均由管理学院承担,因此,MBA 教学与 MPA 教学可以相互借鉴,使 MBA 学生有机会和条件,在国家需求和政策的把握方面得到训练,以培养他们的战略思维能力。这是兰大 MBA 项目的重要特色,受到 MBA 学生和企业的认同。

　　六是把荣誉和责任教育放在突出的地位。MBA 在当代世界经济发展中扮演着重要的角色,中国 MBA 是我国市场经济体制大厦的重要建设者。能否建立起以诚信为核心的信誉体系是对中国市场经济最为严峻的考验,也是对 MBA 教育最为现实的考验。因此,我们始终把职业精神、道德修养、社会责任教育贯穿于 MBA 教育的全过程。

　　主席先生,各位嘉宾:虽然我们 MBA 教育已有 10 年的历史了,已经形成了自己的特色和优势,但与兄弟学院相比,还有差距,还不能满足飞速发展的中国市场经济的需要。因此,应该说,我们的 MBA 教育才刚刚起步。我们将孜孜不倦地探索,以国际化视野定位目标,凝练特色、强化优势;积极创造条件,在继续优化课程和教学体系的同时,把 MBA 教育的品牌建设放在首位。这也应当成为中国 MBA 教育追求的方向。我们的道德承诺是:向优秀企业培养、输送优秀的 MBA 毕业生,并使他们成为优秀的企业家和高层次管理技术专家。这是兰大管理学院 MBA 教育理想的最终归宿。最后,预祝 2007 年世

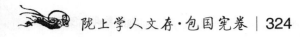

界经理人高峰会圆满成功。谢谢大家！

（在 2007 年 9 月 20 日香港"世界经理人高峰会"上的演讲①）

---

　　① "世界经理人峰会"由世界经理人集团、世界品牌实验室和世界媒体实验室发起。联合中国 50 家主流媒体共同举办"罗伯特·蒙代尔（RobertA.Mundell）世界经理人成就奖"评选活动，以表彰那些在各行业成绩卓著并对社会有显著贡献的经济界、管理界和企业界精英。本次会议主要由三位诺贝尔经济学奖得主参加会议并给获奖的经理人颁奖，他们是罗伯特·蒙代尔（Robert A.Mundell）教授、托马斯·谢林（Thomas C. Schelling）教授及埃德蒙·费尔普斯（Edmund S.Phelps）教授。

　　罗伯特·亚历山大·蒙代尔（Robert Alexander Mundell），加拿大经济学家，1999 年诺贝尔经济学奖得主，被誉为"欧元之父"。曾在联合国、世界银行、国际货币基金组织及欧洲经济委员会担任高级顾问。

　　托马斯·克罗姆比·谢林（Thomas Crombie Schelling），美国经济学家、社会学家，马里兰大学公共政策学院教授，研究领域是外交事务、国家安全、核策略和武器控制。因为"通过博弈论分析改进了我们对冲突和合作的理解"与罗伯特·奥曼共同获得 2005 年诺贝尔经济学奖。曾任美国科学院院士，美国艺术与科学学院院士，美国经济学会杰出会士。1991 年担任美国经济学会主席。1995 年担任东部经济学会主席。

　　埃德蒙·斯特罗瑟·费尔普斯（Edmund Strother Phelps, Jr.），美国经济学家，现任美国哥伦比亚大学政治经济学教授。2006 年，埃德蒙·费尔普斯因其"在宏观经济跨期决策权衡领域所取得的研究成就"而获得诺贝尔经济学奖。

中国 MBA 教育的使命

尊敬的大会主席、各位嘉宾、女士们、先生们：

大家好！

首先，非常感谢本次论坛邀请我做主题演讲，使我有机会向各位阐述对于中国 MBA 教育的一点思考并介绍我所供职的兰州大学 MBA 项目的情况。

兰州大学地处甘肃，是中国最西北部的"985"工程大学。这并不是说它是最西北部的高校，而是全国"985"工程大学中处于最西北部（甘肃）的地理位置。甘肃的欠发达，仅仅指它的经济，而它同时又是个文化大省、工业重镇。

兰州大学 MBA 是从 1998 年开始招生的，经历了 10 多年不断的探索发展。我把 MBA 的发展总结为三个阶段，即：引进学习、消化吸收、创新发展。与中国 MBA 整体发展阶段一致，目前兰州大学 MBA 也正处在从第二阶段向第三阶段迈进的过程中。

近 20 年来，中国 MBA 教育事业的发展成就有目共睹，对中国经济与商业文化的发展做出了积极的贡献。同时我们也清楚地看到了存在的一些问题，比如课程问题、师资问题、教育资源问题、生源问题、就业问题、职业发展问题等等。但是在我看来，就像世界 MBA 在 100 年来发展过程中出现的问题一样，这些都是不是问题的问题。为什么呢？这些问题都可以在时间的推移中通过发展去解决。那么中国 MBA 存在的最大的问题是什么呢？我认为，就是本次论坛的主题所提出来的两个关键词:即"国际化"与"本土化"的关系问题。这是一个教育的问题,更是一个文化的问题。

大家都知道,早在"五四"时期,甚至更早时候,中国的仁人志士都在探讨中国文化与世界文化的关系问题,探讨中国与世界的关系问题。产生出许多理论思想,而占据主导地位的常常就是"中体西用",我把它叫作"中体西用"论。表面上看,它解决了很多问题,但实质上很多问题用这样的思想、这样的观点是没法解决的。MBA 教育是舶来品,当这样一个西方发达国家的教育项目、教育理念传到我国时,就存在一个我们怎样看待的问题。究竟是全盘吸收还是创造中国本土化的 MBA 教育体系?大家经常谈论这一问题,如何把它很好地解决,实际上是我们面临的最大的问题,因为这是个认识论的问题。在我看来,应该让 MBA 教育融合到中国文化中来,我们应该积极拥抱它。简单地讲,我们不能再用"中体西用"论,而是"中西融合"论来指导我们 MBA 的发展。

有了这样的基本的认识论思想之后,我们就要积极推行 MBA 教育的使命。让 MBA 教育的使命来体现 MBA 教育发展的认识论思想。我们 MBA 教育使命的核心要素是什么呢?过去我们在 MBA 教育中注重的是知识的学习、技能的掌握、技术的掌握,但在我看来,MBA 教育使命最核心的要素有五点:

第一,公民教育。毫无疑问,各国都把 MBA 培养目标定义为商界精英、商业领袖及高级职业经理人等。但是就像所有的高等教育一样,不管培养什么人,我们首先培养的是合格的现代公民。现在社会上有一种声音:"当官要学曾国藩,经商要学胡雪岩"。这句话的毛病在哪里呢?在于它仍然是一种封建思想,贯穿的是一种官商结合的腐朽思想。我们培养的企业家、职业经理人,首先是一个合格的现代公民,他要有权利意识、义务意识、规则意识。正因为贯穿了这一思想,我们兰州大学 MBA 教育在 10 多年来得到了快速的发展，已经超越了它在西部欠发达地区的经济基础和背景。

第二，责任教育。我们本次论坛的主题——低碳经济、这两年发生的全球金融危机以及国内发生的一系列社会责任事件都表明：在 MBA 教育中社会责任教育至关重要。实际上，我这里提到的责任教育含义更为宽泛，它包括个人责任、企业责任、公共责任，而所有这些都是支撑我们社会更有秩序、每个人每个企业的权利得到更大保障的基础条件。

第三，理解教育。我们讲中西文化的交融、中外 MBA 教育的交融，这些前提条件是理解，要理解别人。我们需要跨国际的理解、跨民族的理解、跨文化的理解。只有理解，才能让我们的 MBA 教育融入国际 MBA 教育的大舞台。

第四，领导教育。领导的概念我们常常有误解，常常把领导与职务、职位相混淆。其实，对于领导教育，西方很早就比较关注。比如我们现在向国外院校推荐我们的学生时，对方一般比较关注三个问题：第一要有良好的学习成绩，第二要有社会责任感，第三就是要有领导力。我对兰州大学 MBA 学生有一个要求：就是我们的 MBA 可以什么都没有，但是不能没有领导力和社会责任感，因为这是 MBA 重要的、特殊的社会地位所决定的。领导的含义，领导的角色，我们都和西方还有很大的差距，需要我们认真地去教育，从而才能够融入这样的理念当中。

第五，成功教育。这大概是我们面临的一个问题，也是一个挑战。正如今天的政府总是有一个政绩的冲动一样，今天的企业家、职业经理人包括我们的 MBA 毕业生总是有一个世界 500 强的情结，这就是他们对"成功"最重要的理解和诠释。但是，如果是这样的一种价值导向，我们未来的商业体系和市场价值体系会是什么样的？我认为，如果这样一直追求下去，我们的政府就会唯 GDP 论，就会造成环境污染、资源的浪费、不可持续发展等一系列问题，企业界也会产生许多问题。这不仅仅是资源的消耗和浪费问题，我认为更严重的是会出现价值危机。所以我们在成功教育里面提倡价值多元化，通过价值追求实现以人为本，实现企业、企业家和职业经理人的成功，从而促进社会和世界的和谐。

这样的 MBA 教育使命我们如何去实现它呢？我认为有两条：第一，把 MBA 教育使命的教育贯穿于 MBA 教育的全过程，从招生、教学、毕业到校友管理，要始终坚定地贯穿 MBA 教育的使命，把公民教育、责任教育、理解教育、领导教育、成功教育重重地写在我们 MBA 教育的方方面面和每一个环节上。第二，近几年在 MBA 教育中，我们花了很大的气力、下了很大的决心在构建我们 MBA 的课程体系，很多学院已经探索开设了商业伦理、社会责任、国际视野等方面的一些课程。但我认为这是远远不够的。我们要把 MBA 教育使命通过具体形式贯穿到 MBA 课程体系的全部，贯穿到每一门课程以及每一门课程的所有内容。

我们兰州大学管理学院从 2007 年已经注意到这样一个问题，我们通过一个机制、两大天条和"三双"优势来贯穿 MBA 教育的使命。一个机制就是建立起 MBA 教育的国际合作与东西部交流机制。我们已经与世界十几个国家的几十所大学商学院和很多东部一流的大学商学院建立了合作交流关系。从制度和机制上切实保障兰州大学 MBA 学生融入更为优质的发展环境。两大天条就是把 MBA 品牌当作自己的生命线，倍加珍惜、竭力打造；把社会责任和企业伦理贯彻于 MBA 教育的各个方面和全过程。"三双优势"是我们兰大 MBA 教育质量的坚实基础，也是兰大 MBA 品牌影响力的重要来源。一是双综合的学科背景优势。兰州大学管理学院包括了工商管理、公共管理、信息管理、管理科学与工程在内的大部分管理类专业,加之兰州大学综合性学科的支撑,对于以培养企业家和高层次管理人才为己任的 MBA 项目而言,这是必须的。对我们的学院而言,这又是得天独厚的。二是双为主的教学模式。根据我国 MBA 师资现状、MBA 生源地知识结构,我们始终坚持 MBA 教学以系统的管理学理论为主,学习理论以课堂教学为主的原则,形成了兰州大学独特的 MBA 教学模式。用人单位评价说,兰州大学的 MBA 毕业生,基础好、有后劲。三是双项目提供的优势。从不同的知识背景、不同的职业立场、不同的视角去讨论问题,从宏观上把握战略与方向,这是提高 MBA 研究生智慧的最重要的方法之一。兰州大学的 MBA 和 MPA 项目均由管理学院承担,从而使 MBA 和 MPA 学生有更多互相交流、互相学习、共同提高的机会。所以通过这样的一个机制、两大天条和"三双"优势,使我们兰州大学对于 MBA 教育使命得以具体化、得以贯穿。

各位朋友、各位老师、各位同学,如果说大学是中世纪对人类的重要贡献,那么以 MBA 为标志的商学教育则是现代大学对社会的最重要贡献之一。百年来,尽管对 MBA 教育褒贬不一,但 MBA 对经济、对社会所做的贡献是不争的事实,面对全球化的挑战、面对金融危机,我们不得不在 MBA 教育中,重塑角色、强化使命。让我们的 MBA 有思想、有灵魂,MBA 教育更加生动、更加鲜活,通过 MBA 教育使我们的社会更加和谐。

谢谢大家!

(在 2010 年 6 月 5 日中国科技大学第十一届中国 MBA 发展论坛之中外 MBA 教育论坛上的发言)

大变局时代的自我认识

尊敬的各位嘉宾,各位老师,亲爱的毕业生同学们:

大家上午好!

很荣幸作为教师代表在这一神圣的典礼上发言,向 2019 届每一位毕业生送上老师们共同的祝贺和良好的祝愿。祝贺大家通过努力完成了学习任务,顺利毕业,祝愿大家将开启人生新征程,挥洒青春,奉献社会。此时此刻,我们还要由衷地感谢大家,因为你们而使教师有了非凡的荣誉和价值;也因为你们,而使大学具备了绝无仅有的权威和永葆青春的生命。也更因为你们,而使处在中国欠发达地区的兰州大学大放异彩,居一隅而雄天下。"兰大现象"的真正密码,只有在包括你们在内的一代又一代毕业生的奋斗史中才能得以真正的解读。

大学,只有大学,才是比我们所有人都年轻的知识殿堂。因此,她永远是我们每个人生活、工作、创业、攀登、跋涉的源头活水,兰州大学就是我们共同的精神家园。以上这段话就是我在兰大从教 31 年,工作生活中的真实体悟。我想再过二三十年,大家一定会有与我同样的感知和体会。

在上个月我收到邀请在毕业典礼上代表教师发言时,倍感荣幸,而又诚惶诚恐。面对不同层次,不同专业,处在不同境况中的毕业生,在大家离校时,我究竟要给大家说点什么呢?我通过管理学院学生工作渠道和大学生领导力与社会责任示范班渠道做了初步了解,同学们在离校之际有很多困惑与问题,管理学院李艳霞和霍达收集了一下,拿来了 14 个问题。我归纳起来大致有三方面。一是如何认识兰大,兰大毕业生的优势和差距在什么地方？二是如何认识今天我们面临的环境,迎接现实的挑战？三是如何认识自我,学校和老师眼中成功究竟指的是什么？

关于第一个问题,其实也是我多年来一直思考探索的问题。我认为,兰大毕业生的优势首先来源于一百多年来积淀的优良学风所体现出来的精神底色。特别注重基础理论和学习与研究能力,这已成为兰州大学及其师生最为显著的核心竞争力。其次来源于西北黄天厚土所承载的华夏文明所给予我们的文化养分；文化没有教育支撑则难以延续升华,而教育没有文化浸润则会变得低俗粗暴。三是来源于改革开放以来,面对区域经济相对落后、人才严重流失而使兰大人不懈坚守奋斗所形成的毅力和气概。就如泰戈尔所讲"世界以痛吻我,我要报之以歌"。这些都集中体现在"勤奋、求实、进取"的兰大学风和"自强不息,独树一帜"的校训中。关于兰大人,有无尽的描述和比喻,有人讲她是滚滚黄河水,有人喻之大漠的胡杨树,还有人称赞她是高原的一群鹰。社会对兰大毕业生的评价是"基础扎实,人品厚道,后劲十足"。这就是兰州大学毕业生最大的优势。进入新时代,如何保持这些优势、创新这些优势、转化这些优势并持续成为兰大每一位毕业生的竞争力,这是我给大家出的思考题。也是我们教育教学改革中要着力解决的一个战略性问题。

今天,面对经济全球化和世界多极化的国际大环境,面对我国成为世界第二大经济体,但人均收入仍处在落后的地位,城市化、工业化、信息化还不充分条件下又迎来了以物联网、智能化为核心标志的第四次技术革命浪潮,在国内各种矛盾交织显现情况下,又面临全球治理变革所带来的挑战。我们必须站在国内与国际、历史与现实、发展与变革交织的立交桥上看待这些问题,必须通过自己的变革来迎接挑战,变挑战为机遇。因此,希望同学们在这些大变局中学会用国际语言、国际视野、国际思维和国际行为诠释世界,成全自己,贡献社会。择善而决,择善而行,择善而从,建立信任,包容发展,是学习和运用国际语言的一些重要准则。而在新时代、全球化和复杂性交织中审视我们面临的难题和遭遇,必须具备国际视野和国际思维。要在人类命运共同体框架下思考我们自己,我们面临的问题和我们与别人的关系。国际化行为是以人类和谐进步为最高准则的行为规范,行为方向和行为方式。以善的标准去丈量人的行为,首先是自己的一言一行,一举一动。善良是对生命最神圣的注解,谁拥有它,谁就掌握了最伟大的生存法则。正如罗曼·罗兰讲的,"除了善良,我不承认世上还有其他高人一等的标志。""学习做大国公民"是包括每个兰大毕业生在内的所有中国社会精英在新时代应着力解决的一个大问题。同学们,这也是我们对大家毕业时的寄语和期望,也是你们毕业后在工作生活中应着力修为的地方。

如果说认识母校和认识环境还有很多人,包括很多专家帮助我们的话,认识自我则是需要自己毕其一生独自完成的课题。认识自我,要从清零开始,要通过反思和做具体工作去深化。很多大学生毕业后,一直在兴趣与职业、理想与世俗和过程与结果之间徘徊彷徨,这其实是每个人都要经历的状态。人生最难莫过于认识自己,认识自己是人生首先要面临的问题,而是最后才可能得以解决的问题。人生最大的悲剧就是最终也没有认识自己。认识自己要放下自己的全部,包括地位、荣誉、知识、经验和财富,这样你才能看得清、看得透;认识自己要反思自己,而反思首先要反思自己的"三观",即"世界观、人生观、价值观"。它关乎我们对世界的看法,对人生的态度和对生活的评价。人们常常把"三观"谓之"道",形而上谓之"道"。其实它很具体,就表现在你的所有行为中。大家熟知的孟加拉尤努斯教授办的村镇银行，使 600 多万人受益而脱贫，其中近一半是妇女；德国义工卢安克 2007 年独自来到广西贫困山区，日夜与留守儿童相伴，做孩子的老师，使这些远离父母的孩子又重新找到了快乐。我们中国这样的例子更多。这些都是由其"三观"指引下的作为。前几年大家分析央视某知名主持人犯罪的原因，有人认为他的问题出自"三急"上，急于升官，急于挣钱，急于成名。我不以为然，我认为他是不知道，甚至错误地回答"为什么要升官，为什么要挣钱和为什么要成名"。几年前，我给管理学院本科生写过一则寄语，也是与"三观"相关的。今年送给 2019届的毕业生。"信仰、使命、道德和爱是支撑一个人生活的四大支柱。因信仰而生，因使命而活，因道德而方圆规矩，因爱而坚强有力。社会上任何一个角色，只要在四大支柱中突出其一而成为生活方式的终极理由，他就是一个性格独特，血肉鲜活的人。而四个都具备，他就是个幸福完美的人。"比尔·盖茨认为，衡量幸福是看你给周围人带来多少快乐。希望这些对大家有所帮助。

认真做事，做好具体事是认识自己的金钥匙。当今有很多人夸夸其谈，好高骛远，为所欲为，手电筒只照别人。这样的人不是兰大毕业生应有的品格，这样的人终生也不会认识自己。做具体事，不是没有远大理想与追求，千里之行，始于足下。阿尔贝·加缪讲："一切伟大的行动和思想，都有一个微不足道的开始"。培根也讲过："人生如同道路，最近的捷径通常是最坏的路"，交通行车上有个"大道定律"，对人生也是有极深启示的。我们管理学院的院训很多人都知道，"学习管理就是学习成功"。我每年都要解读一次。因为"成功"太诱人，我很害怕理解上出现偏差，行为上走入歧途。我今年结合兰大校庆 110 周年"坚守奋斗"的主题，做这样的解读，希望对大家有所帮助。人生最大的成功就是让平凡变得不平凡，视不平凡为平凡。平凡不是平庸，平凡是生活心境，不平凡是一种价值追求。敢于自我牺牲是伟大与平庸的分水岭,跟着灵魂的脚步声前进,是我们解决很多困惑难题最重要的方法论。成功不是一种结果,而是只属于你自己的人生色彩。

同学们,今天的时代是个深刻变革的时代。作为新时代的社会精英,大家的使命是重构,要用自己的行为、智慧重构秩序,重构文化,重构治理,而实现重构的关键是重塑自己。"认识兰大、认识环境、认识自己"是实现重塑自己的起点。重塑是大家毕业后的又一征程。

最后,祝愿各位同学生活愉快,事业有成,人生成功。未来属于勇敢重塑自己的人。

谢谢大家!

(在 2019 年 6 月 18 日兰州大学 2019 届毕业典礼上的发言)

一切为了师生成长与成才

各位老师，各位同学，2016年管院最大变化应当是行政班子的新老更替，这是大家都关注的一件事情。让大家可以欣慰的是新班子年富力强，结构更加合理。相信新的领导班子在何文盛院长的领导下，一定会发扬优良传统，不断开拓创新，脚踏实地，扎实推进管院工作再上新台阶。

希望新班子及每个成员，心里多装些学院的事，多装些教职工的事，多装些学生的事，切实履行"一切为了师生成长与成才"的管院根本宗旨，真正体现以学生为中心，教授治学治院为核心的人本教育理念。

希望新班子及其成员，密切联系教职工、联系学生、联系管理实际，大事多讨论，要事有担当，决策谨慎拍，执行大胆干；合作不推责，分工不分家；大事不错，小事不拖，不断健全完善学院科学的决策体系和行政服务体系。

希望新班子及其成员，多做表率，少甩袖子；多些民主作风，少些官僚气息；多用影响力，少用职务权；多沟通，少命令；讲大局，顾全局；讲和谐大家庭，戒部门小利益；讲"上有好者，下必甚焉"的理念，戒"群众落后，唯我独尊"的思维；讲风雅朴实的学者领导风范，戒江湖气十足的土豪形象；用自己先进的行为、行动和行止，引领现代管理学院得风气之先，影响社会，弘扬现代管理文化。

希望新班子及其成员在工作中能像上届班子一样，谨言慎行、若

履薄冰,处理好三条根本性关系:

一是既敬畏师生员工,又代表其根本利益和长远利益。没有学生,学院就失去了存在的意义,没有教职工,我们就寸步难行。

二是既敬畏客观规律,又能克服千难万险。有一分可能,做到万分主观努力,带领学院为其使命愿景而奋斗。

三是既敬畏法纪,而又勇敢地破除不适时宜的教条禁锢,创造性地工作,实现管院利益和师生员工利益最大化。

希望大家按照习近平主席提出的"实干兴邦"精神,遇事如陈云所讲,"不唯上,不唯书,只为实,交换、比较、反复"。在校党委和"校领导"正确领导下,在学院党委大力支持下,获取学校职能部门的全力配合帮助,把兰州大学管理学院工作推向一个新高度、新水平,让每个管院人与学院同时进步、同时发展,管理学院应当对兰州大学和社会有更大贡献。

13年走来,有太多的感动,在我离开院长职位时,必须表示衷心的感谢。

首先,感谢管院的老师们,特别是创院时的41名教职员工,他们的理解、包容、支持和奉献,使管院的战略得以落地,他们的名字已刻在10周年院庆的银质奖章上;13年间引进、培养的青年学术骨干为战略实施和下个10年的发展打下了基础,他们是管院的未来,是管院的希望。

我要感谢前后与我搭班子并已离开管院领导岗位的各位同仁,他们是田中禾教授、沙勇忠教授、丁志刚教授和孙立国、黄松平、韩伟三位同志,他们在管院发展的不同阶段,在各自工作岗位上做出了创造性工作;离开管院领导岗位后,还关心、支持帮助着管院,我想说的是,他们永远是兰大管院人,管院不会忘记他们。

我还要感谢与我搭过班子,现在仍在学院领导岗位上的每个同志,特别是党委书记赵平同志,副书记沈正虎同志,他们服务中心、顾全大局,对行政工作的支持、帮助、监督、保障,使管院发展始终保持一颗清醒的头脑。

我要特别感谢学院学术委员会的各位委员,他们从建院以来,一改开会者、参会者姿态,以主人身份,带着强烈使命感、责任感,帮助着行政班子和我,为管院发展和学科建设献计献策、尽职尽责,保障了管院重大决策无闪失。

13年过去了,当我离开院长职位时,还要感谢学校党委和校领导对我的信任,对管院的信任和支持,这种信任才使我有了服务大家、服务管院的机会,也才使管院卓越成为可能。13年,学校三任党政一把手,陈德文书记、李发伸校长、王寒松书记、周绪红校长、袁占亭书记和王乘校长,以及离开兰大的和现在在位的各位领导,不管学校如何调整变化,他们都心无旁骛地支持了我的工作,支持了管院的发展,管理学院全体师生员工、全体校友永远感谢他们。

最后,我要感谢广大教职工和学校领导,给予我名誉院长头衔,这对我而言是一项无尚的荣誉,也是一份沉甸甸的责任。尽管也是第一次当名誉院长,但还是要竭尽全力当好,"虽然不知要去何方,但我已经出发",虽然现在还不知道如何履行职责,但我必须坚持三项原则:第一,对内促进和谐;第二,对外推动发展;第三,带头捍卫管理学院最根本的原则。我会以新的角色、新的方式和新的努力,与全院教职工一起为管院再创辉煌而献智出力。我相信兰州大学管理学院的明天会更加美好。

祝各位领导、老师工作顺利,身心健康。

谢谢大家!

(2016年卸任兰州大学管理学院院长时的讲话)

包国宪教授学术年表

1992 年

在《兰州大学学报》上发表《贫困地区生产要素流动阻滞及其克服》。

1993 年

由西北大学出版社出版《区域发展战略案例分析》。

1998 年

由兰州大学出版社出版《管理学——理论与方法》(第一版)

2000 年

《管理学——理论与方法》(第一版)获甘肃省社会科学优秀成果二等奖。

研究报告《西北欠发达地区农业可持续发展战略研究》获甘肃省社会科学优秀成果二等奖。

2001 年

在《光明日报》上发表《建立独立董事制度完善公司治理结构》。

2004 年

兰州大学中国地方政府绩效评价中心成立,任中心主任。

在《兰州大学学报》上发表《虚拟企业研究基础——实践背景与概念辨析》。

2005 年

被甘肃省评为"555 创新人才工程"第一层次人选。

被甘肃省评为宣传文化系统拔尖创新人才。

发布《甘肃省非公有制企业评议政府绩效评价结果报告》。

在中国最早关于政府管理的标志性学术期刊《中国行政管理》上发表《绩效评价:推动地方政府职能转变的科学工具——甘肃省政府绩效评价活动的实践与理论思考》。

在中国产业经济、企业管理领域的权威学术期刊《中国工业经济》上发表《虚拟企业的组织结构研究》。

受甘肃省政府委托,组织实施"甘肃省非公有制企业评价政府绩效"项目。成为国内首次由学术性中介组织实施的政府绩效评价活动。

研究报告《西北地区经济结构调整的战略分析与实证研究》获甘肃省社会科学优秀成果奖二等奖。

代表学院同德国莱比锡商学院签署合作协议。在举办工商管理双学士学位,互派研究生和访问学者,联合在甘肃举办高级经理和高级公务员培训项目等方面达成一致。

2006 年

获得"甘肃省优秀专家"称号。

作为学术带头人带领学院获批行政管理学博士点。实现了兰州大学乃至甘肃省管理类专业博士点零的突破，并且实现了西北地区行政管理专业博士点零的突破。

兰州大学与中国行政管理学会共建"兰州大学中国地方政府绩效评价中心"。

中国政府绩效管理研究会在兰州大学成立。担任"中国政府绩效管理研究会"副会长。

在《中国行政管理》上发表《政府绩效评价结果管理问题的几点思考》。

在《中州学刊》上发表《地方政府绩效评价中的"三权"问题探析》。

由中国人民出版社出版《虚拟企业管理导论》。

作为项目首席专家获批国家自然科学基金面上项目"中国地方政府绩效评价的组织模式及其管理研究"。

受邀出席在清华大学举办的首届中国公共服务评价国际研讨会。

2007 年

获得国务院特殊津贴。

获得中国行政管理学会"2006 年中国政府绩效评估研究贡献奖"。

由中国人民大学出版社出版《虚拟企业与战略联盟案例点评》。

研究报告《甘肃省市州政府与省直部门绩效评价方案及实施》获甘肃省第十次社会科学优秀成果三等奖。

接待访问学院的美国波特兰州立大学马克·汉菲尔德政府学院院长 Ronald Tammen 一行并签署工作计划。在互派教师进修访问、共同培养博士研究生、邀请美方教授定期来管理学院授课、共同建设英文学术网站、定期在双方轮换举办国际学术讨论会等七个方面达成了一致,实现了兰州大学公共管理学科国际合作零的突破。

获邀与北京大学中国经济问题研究中心主任林毅夫教授、光华管理学院院长张维迎教授,清华大学经济管理学院院长钱颖一教授一同担任"2006CCTV 中国经济年度人物评选活动"评委。

在世界经理人高峰会中发表主旨演讲。

2008 年

获宝钢教学基金会"宝钢优秀教师奖"。

获得"兰州大学隆基教学名师奖"称号。

担任兰州大学管理科学研究院(深圳)执行院长。

《视野·管理通鉴》创刊,担任主编、总编。

在《兰州大学学报》上发表《绩效评估:推动行政管理体制改革的新引擎》。

在《情报杂志》上发表《虚拟企业知识管理绩效评价研究》。

在世界企业家高峰会中发表主题演讲。

受邀参加美国新泽西州州立大学 Rutgers 分校举办的第四届中美公共管理国际学术研讨会。

受邀参加第五届中国西部企业发展与职业经理人高峰论坛。

2009 年

被兰州大学学生投票评选为"我最喜爱的十大教师"。

获得甘肃省第五届"高等学校教学名师奖"。

在《中国行政管理》上发表《中国公共治理评价的几个问题》。

由中国社会科学出版社出版《虚拟企业管理专题研究》。

百年校庆之际学院举办 "首届政府绩效管理与绩效领导国际研讨会"。

率团代表学院赴欧洲访问德国莱比锡商学院、荷兰伊拉斯姆斯大学、法国国家电信学院、意大利都灵大学，达成合作意向并签署行动计划。

率团代表学院与英国胡弗汉顿大学商学院签署合作协议。在学位项目、学生交流以及合作研究等方面达成一致。

率团代表学院与国际 MBA 协会（Assoication of MBAs，AMBA）进行沟通，获邀参加当年在中国杭州举行的 AMBA 国际 MBA 协会（AMBA）亚太区年会。

在世界经理人高峰会中发表题为《现代商学院的使命》的主旨演讲。

2010 年

获得"全国先进工作者"称号，受国务院表彰。

被甘肃省评为"甘肃省第一层次领军人才"。

作为项目首席专家获批国家自然科学基金"政府绩效管理的价值分析及其理论范式研究"。

在《求是》上发表《以科学决策推动科学发展》。

在中国公共管理领域中的权威学术期刊《公共管理学报》上发表《政府行为对企业技术创新风险影响路径》。

在《中国软科学》上发表《构建高绩效知识型团队的策略》。

在《科学学与科学技术管理》上发表《中国政府绩效评价：回顾与展望》。

在《北京行政学院学报》上发表《英国全面绩效评价体系：实践及启示》。

第十一届中国 MBA 发展论坛暨首届中国 EMBA 高峰论坛中外 MBA 教育分论坛中发表题为《MBA 教育必须强化的五大支点》的主

旨演讲。

学院首届行政管理专业博士生毕业。

访问台湾大学政治学系并举行工作会谈。

受邀参加第四届全国公共管理院长论坛并做了《MBA 教育模式对 MPA 教育的借鉴与启示》的专题发言。

2011 年

作为学术带头人带领学院获得公共管理一级学科博士学位授权，自设政府绩效管理二级学科博士授权通过国家评审。

获得教育部第六届高等学校教学名师奖。

由中国社会科学出版社出版《中国政府绩效管理年鉴》。

由科学出版社出版《从绩效管理到绩效领导的公共部门创新理论与实践》。

由中央编译出版社出版《中国政府绩效评估 30 年》。

《管理学原理》课程被评为年度甘肃省高等学校精品课程。

在美国波特兰州立大学参加"第二届政府绩效管理与绩效领导国际研讨会"并作报告。

受邀参加两岸虚拟组织与服务科学学术交流会。

2012 年

兰州大学中国地方政府绩效评价中心更名为兰州大学中国政府绩效管理研究中心。

在《公共管理学报》上发表《以公共价值为基础的政府绩效治理——源起、架构与研究问题》。

在《中国行政管理》上发表《基于公共价值的政府绩效管理学科体系构建》。

在《东北大学学报(社会科学版)》上发表《地方政府绩效研究视角的转变:从管理到治理》。

在《广东社会科学》上发表《政府购买居家养老服务的绩效评价研究》。

代表学院与美国内华达大学雷诺分校商学院签署合作协议。

代表学院与台湾科技大学管理学院签署合作协议。

受邀参加公共绩效治理:国际学术前沿与全球实践经验高端论坛并发表致辞。

受邀参加在新西兰奥克兰商学院举办的亚太商学院协会(AAPBS)年会。

受邀参加在马来西亚理工大学举办的亚太管理学院联合会(Association of Asia-Pacific Business Schools, AAPBS)年会。

受邀参加在上海交通大学举办的第五届"管理学在中国"学术研讨会。

2013 年

获得甘肃省宣传文化系统"四个一批"人才称号。

兰州大学中国政府绩效管理研究中心被列为甘肃省高等学校人文社会科学重点研究基地。

"综合性大学管理学科创新人才培养的成功计划模式"获得兰州大学教学成果一等奖。

在公共管理国际顶级期刊《行政与社会》(Administration & Society)中发表:《超越新公共治理:以价值为基础的全球绩效管理、治理和领导框架》(Beyond New Public Governance:A Value Based Global Framework for Performance Management, Governance, and Leadership)。

在《公共管理学报》上发表《政府绩效评价的价值载体模型构建

研究》。

在《行政论坛》上发表《我国政府绩效治理体系构建及其对策建议》。

作为项目首席专家获批国家自然科学基金面上项目"基于公共价值的政府绩效结构、生成机制及中国情境下的实证研究"。

与日本早稻田大学共同主办"第三届政府绩效管理与绩效领导国际研讨会"并作报告。

接待访问学院的韩国首尔大学行政大学院李胜钟教授一行并签署合作谅解备忘录。

2014 年

入选"万人计划"第一批教学名师。

获得《世界企业家》杂志发布的年度"中国十大最受尊敬的商学院院长"称号。

获得《世界企业家》杂志发布的年度"中国十大最具领导力商学院院长"称号。

领衔完成的"综合性大学管理本科创新人才培养的成功计划模式"获得甘肃省高等教育教学成果一等奖。

带领学院通过国际三大商学院认证体系之一：国际 MBA 协会（AMBA）认证。成为西北五省首个通过认证的学院。

访问美国罗格斯大学公共管理与事务学院，并与 Mark Holzer 教授举行工作会谈。在"3+2"项目、"4+1"项目以及选派管理学院优秀学生选修罗格斯大学课程等方面达成了重要共识。

兰州大学管理学院建院十周年之际，为院歌《我们是西北高原的一群鹰》作词。

兰州大学管理学院发起举办金城峰会，成立金城峰会理事会，任峰会理事长。

受邀参加美国公共行政学会年会（American Society For Public Administration，ASPA）。

受邀参加新西兰奥克兰梅西大学（Massey University）举办的 AMBA（国际 MBA 协会）的亚太区年会。

2015 年

在年度甘肃省领军人才考核中获得"优秀"。

获得《世界企业家》杂志发布的年度"中国十大最受尊敬的商学院院长"称号。

论文《以公共价值为基础的政府绩效治理——源起、架构与研究问题》获得教育部第七届高等学校科学研究优秀成果奖（人文社会科学）二等奖。

论文《我国政府绩效治理体系构建及其对策建议》获得甘肃省哲学社会科学优秀成果二等奖。

在《行政论坛》上发表《范式演进视域下的政府绩效沟通》。

在《上海行政学院学报》上发表《政府网站：透视政府绩效的一扇窗口》。

由高等教育出版社出版《政府绩效管理学——以公共价值为基础的政府绩效治理理论与方法》。

作为项目首席专家获得国家自然科学基金重点项目"政府职能转变背景下绩效管理研究"，资助金额 270 万元。该项目是我国首个政府绩效管理的自然科学基金重点项目。

作为项目首席专家获批"甘肃省利用世界银行贷款建设农村经济综合开发示范镇项目进度外部监测评估项目"。

参加连氏善治国际学术会议，应邀主持"中国和欧洲的善治与管理"会场,并做了题为《中国政府绩效管理:理论与实践》的邀请报告。

主办第四届政府绩效管理与绩效领导国际学术会议。

受邀参加美国公共行政学会年会(ASPA)。

受邀参加在泰国举办的 2015 亚太管理学院联合会(AAPBS)年会。

受邀参加六届中国行政改革论坛。

2016 年

担任兰州大学管理学院名誉院长。

获得"中国 MBA 卓越运营奖"。

获得《世界企业家》杂志发布的年度"中国十大最受尊敬的商学院院长"称号。

在第七届"21 世纪的公共管理"国际学术研讨会做了题为《PV-GPG 理论视角下的中国县级政府绩效评价体系研究》的邀请报告。

受邀参加美国公共行政学会年会(ASPA)。

受邀参加在意大利威尼斯举办的国际 MBA 协会(AMBA)的全球年会。

受邀参加在澳门举办的第七届"21 世纪的公共管理:机遇与挑战"国际学术研讨会。

受邀参加在日本名古屋商科大学举办的 AMBA (国际 MBA 协会)亚太区年会。

参加北京大学"政府创新与治理现代化"高端学术论坛。

2017 年

兰州大学中国政府绩效管理研究中心入选中国智库索引(CTTI)来源智库。

在《兰州大学学报(社会科学版)》上发表《公共治理网络中的绩

效领导结构特征与机制——基于"品清湖围网拆迁"的案例研究》。

参加在泰国孔敬市举办的第五届政府绩效管理及绩效领导国际学术会议。

受邀参加在台湾高雄举办的 2017 年台湾公共行政与公共事务系所联合会（TASPAA）年会暨国际学术研讨会。

受邀参加在敦煌举办的"一带一路"国际商学教育论坛。

受邀参加在浙江大学举办的第二届公共服务国际研讨会。

2018 年

受聘为甘肃省人民政府决策咨询委员会委员及政府效能与营商环境组组长。

受聘为北京大学公共管理研究中心兼职研究员。

"西部高校管理类本科专业教育模式创新：'成功计划'十二年探索与实践"获得高等教育 2018 年国家级教学成果二等奖。

兰州大学管理学院成为联合国 "责任管理教育原则"（PRME）会员。

包国宪教授导学团队获评兰州大学首届研究生"十佳导学团队"。

在《公共行政评论》上发表《基于 PV-GPG 理论框架的公共项目绩效损失问题研究——以 G 省世界银行项目为例》。

在《中国软科学》上发表《中国政府环境绩效治理体系的理论研究》。

美国公共行政学会年会（ASPA）年会上组织了主题为"通过公共价值驱动的绩效领导来改善政府服务：PV-GPG 模型能做出什么贡献？（Better Government Services Through Public-Value-Drive Performance Leadership：What Can the PV-GPG Model Contribute？）"的分论坛。

受邀参加在瑞典斯德哥尔摩举办的国际 MBA 协会（AMBA）全

球年会。

受邀参加中国公共管理学术年会（2018）暨第四届公共管理青年学者论坛。

2019 年

被评为兰州大学"萃英学者"。

《以公共价值为基础的政府绩效治理——源起、架构与研究问题》获得《公共管理学报》创刊 15 周年"学术贡献奖"论文。

在《南京社会科学》上发表《中国公立医院改革（2009—2017）：基于 PV-GPG 理论的定性政策评估》。

在"中国管理 50 人论坛"2019（下）发表了题为《大变局下的中国公共管理》的主旨演讲。

在美国公共行政学会年会（ASPA）中发表了题为"绩效领导如何应对风险？基于 PV-GPG 理论的探索性案例分析"与"基于 PV-GPG 理论的公共项目绩效损失测度方法研究"的演讲。

参加在越南胡志明市举办的第六届政府绩效管理与绩效领导国际学术会议。

2020 年

《政府绩效管理学——以公共价值为基础的政府绩效治理理论与方法》获得教育部第八届高等学校科学研究优秀成果奖（人文社会科学）二等奖。

在《行政论坛》上发表《政府绩效治理中的协同领导体系构建：超越个体层面的公共领导新发展》。

作为项目首席专家获批研究阐释党的十九届四中全会精神国家社会科学基金重点项目"国家治理效能目标导向下的政府职责体系

优化研究"。

主持发布《2019 中国县级政府绩效评价指数》报告。

受邀参加首届"华南公共治理高峰论坛暨公共管理学科建设"研讨会。

受邀参加中国公共管理高峰论坛暨国家治理能力现代化会议。

2021 年

获得甘肃省"园丁奖"优秀教师称号。

在《中国行政管理》上发表《党政融合机制下决策过程的绩效领导路径研究——来自中国 L 县的观察》。

在美国公共行政学会年会(ASPA)年会中发表了题为《中国县级政府绩效的测量》(How to Benchmark the Local Governments' Performance)的演讲。

受邀参加西部公共管理学科建设高峰论坛并作了题为《大变局背景下西北公共管理的几个战略性问题》的报告。

由社会科学文献出版社出版《县级政府绩效蓝皮书·中国县级政府绩效研究报告》。

……

兰州大学管理学院院歌

我们是西北高原的一群鹰

作词：包国宪
作曲：王 敏

《陇上学人文存》已出版书目

━━━━━ • 第四辑 • ━━━━━

《刘天怡卷》赵　伟编选　　《韩学本卷》孔　敏编选
《吴小美卷》魏韶华编选　　《初世宾卷》李勇锋编选
《张鸿勋卷》伏俊琏编选　　《陈　涌卷》郭国昌编选
《柯　杨卷》马步升编选　　《赵荫棠卷》周玉秀编选
《多识·洛桑图丹琼排卷》杨士宏编选
《才旦夏茸卷》杨士宏编选

━━━━━ • 第五辑 • ━━━━━

《丁汉儒卷》虎有泽编选　　《王步贵卷》孔　敏编选
《杨子明卷》史玉成编选　　《尤炳圻卷》李晓卫编选
《张文熊卷》李敬国编选　　《李　恭卷》莫　超编选
《郑汝中卷》马　德编选　　《陶景侃卷》颜华东　闫晓勇编选
《张学军卷》李朝东编选　　《刘光华卷》郝树声　侯宗辉编选

━━━━━ • 第六辑 • ━━━━━

《胡大浚卷》王志鹏编选　　《李国香卷》艾买提编选
《孙克恒卷》孙　强编选　　《范汉森卷》李君才　刘银军编选
《唐　祈卷》郭国昌编选　　《林家英卷》杨许波　庆振轩编选
《霍旭东卷》丁宏武编选　　《张孟伦卷》汪受宽　赵梅春编选
《李定仁卷》李瑾瑜编选　　《赛仓·罗桑华丹卷》丹　曲编选